BENS PÚBLICOS

ANDRÉ LUIZ DOS SANTOS NAKAMURA

Prefácio
Sérgio Ferraz

BENS PÚBLICOS

2ª edição revista, ampliada e atualizada

Belo Horizonte
FÓRUM
CONHECIMENTO JURÍDICO
2025

FÓRUM
CONHECIMENTO JURÍDICO

Luís Cláudio Rodrigues Ferreira
Presidente e Editor

Coordenação editorial: Leonardo Eustáquio Siqueira Araújo
Aline Sobreira de Oliveira
Revisão: Aline Almeida
Capa e projeto gráfico: Walter Santos
Diagramação: João Oliveira

Rua Paulo Ribeiro Bastos, 211 – Jardim Atlântico – CEP 31710-430
Belo Horizonte – Minas Gerais – Tel.: (31) 99412.0131
www.editoraforum.com.br – editoraforum@editoraforum.com.br

Técnica. Empenho. Zelo. Esses foram alguns dos cuidados aplicados na edição desta obra. No entanto, podem ocorrer erros de impressão, digitação ou mesmo restar alguma dúvida conceitual. Caso se constate algo assim, solicitamos a gentileza de nos comunicar através do *e-mail* editorial@editoraforum.com.br para que possamos esclarecer, no que couber. A sua contribuição é muito importante para mantermos a excelência editorial. A Editora Fórum agradece a sua contribuição.

Dados Internacionais de Catalogação na Publicação (CIP) de acordo com ISBD
Elaborado por Odilio Hilario Moreira Junior - CRB-8/9949

N163b Nakamura, André Luiz dos Santos

Bens públicos / André Luiz dos Santos Nakamura. – 2. ed. rev. ampl. e atual. –. Belo Horizonte: Fórum, 2025.

278 p. 14,5x21,5cm

ISBN impresso 978-65-5518-911-7
ISBN digital 978-65-5518-912-4

1. Direito administrativo. 2. Direito civil. 3. Direito constitucional. 4. Direito urbanístico. 5. Administração Pública. I. Título.

CDD: 342
CDU: 342

Ficha catalográfica elaborada por Lissandra Ruas Lima – CRB/6 – 2851

Informação bibliográfica deste livro, conforme a NBR 6023:2018 da Associação Brasileira de Normas Técnicas (ABNT):

NAKAMURA, André Luiz dos Santos. *Bens públicos*. 2. ed. rev. ampl. e atual. Belo Horizonte: Fórum, 2025. 278 p. ISBN 978-65-5518-911-7.

A Alice e Alvaro, por me mostrarem o verdadeiro sentido da vida.

Agradeço à:

– minha esposa Katieli, por ter me dado tudo o que a vida tem de mais relevante: amor, família, companheirismo e segurança;

– Tiffany, por ser minha amiga mais fiel, amorosa e divertida;

– Cristiana Corrêa Conde Faldini e Yara de Campos Escudero Paiva, por nossa parceria na Coordenadoria de Assuntos Fundiários.

O Estado, no tocante a seus membros, é senhor de todos os seus bens, pelo contrato social, que, no Estado, serve de base a todos os direitos... O direito de cada particular sobre sua parte do solo está sempre subordinado ao direito da comunidade sobre o todo, sem o que não haveria solidez no laço social nem força real no exercício da soberania.

(Jean-Jacques Rousseau)

SUMÁRIO

PREFÁCIO

Compromissos acadêmicos e profissionais me impeliram, repetitivamente, a estudar a temática da dominialidade pública e da intervenção estatal na propriedade privada. É claro que essa impulsão dos compromissos somente se tornou irresistível por causa da atratividade intelectual que tais matérias exerciam sobre mim (e ainda exercem).

Na toada dessa maré de obrigações e de prazerosa vivência, a análise das questões, referidas no parágrafo anterior, conduziu-me a conhecer os trabalhos do jurista André Luiz dos Santos Nakamura, distinguido autor publicista e procurador do Estado de São Paulo.

A início, minha aproximação se deu pelo acesso aos pareceres e ensaios do professor Nakamura, sobre diversos aspectos concernentes ao estudo do instrumento da desapropriação. Em tais trabalhos, sempre encontrei uma revisita autoral, frequentemente inovadora, de antigos (mas sempre atuais) tópicos que o conceito e a disciplina da desapropriação envolvem. Porém, havia ainda bem mais para quem consultasse esse acervo doutrinário: havia também a descoberta, ou a revelação, de novos ângulos e de novas questões, muitas das quais careciam (e sempre carecerão) não só de aprofundamentos meditativos, mas, sobretudo, da inquietude pesquisadora de jovens autores, não resignados à abordagem histórica (rica, mas datada com a marca cultural do tempo em que produzida), clássica e importante, mas merecedora de *aggiornamento*. E os trabalhos de André Luiz dos Santos Nakamura trouxeram, aos meus estudos, a visão renovadora que sempre busquei, iterativamente, sem obter a resposta. Dos antigos (por exemplo, Solidônio Leite e Macário Picanço), até a monumental monografia do saudoso Seabra Fagundes, estive quase sempre garimpando, com a intenção de não só colher o ouro conceitual que tais doutrinadores propiciavam, mas também com a esperança do novo: a pepita inesperada, a comprovar que o novo está lá, à nossa disposição, desde que, em nossa mineração, não nos fechemos só no peneirar veios já há muito revelados.

A plena maturidade dos artigos e pareceres, de André Nakamura, consolidou-se em seu excelente volume de comentários sobre o antigo, mas sempre útil e presente, Decreto-Lei nº 3.365. Trata-se de obra que, em meu entender, ocupa, ao lado da homóloga de Seabra Fagundes, lugar de imenso destaque na bibliografia jurídica brasileira.

E agora, como perfeita – e até previsível, ou pelo menos muito desejada – evolução de suas reflexões, vem a lume o seu *Bens Públicos*. É dizer, com ciência e coerência, André Nakamura viajou do principal instrumento interventivo na propriedade privada (desapropriação) para o estudo e a sistematização do escalão mais elevado e abrangente: a propriedade pública.

Aqui também os desafios são imensos. A começar pela própria dificuldade e amplitude do tema a enfrentar. Mas a isso se adiciona a parca (embora, em geral, valiosa) bibliografia brasileira sobre a matéria. E se quisermos dar uma visão maior e completa dos ingentes obstáculos, que André Nakamura teve de enfrentar, lembro que todos os nossos Tribunais hesitam – e, muitas vezes, erram – ao tratar da dominialidade pública, de como ela se forma, como se desconstitui, como ela deve ser (até por imperativos constitucionais) disciplinada e, pois, utilizada no cotidiano. É claro que a presença, em nossos tempos, de entes diversos, em paralelismo à Administração Pública, exercentes de atividades de interesse da sociedade, torna ainda mais desafiadora a tarefa de conceituar com exatidão a dominialidade pública.

Em meu entendimento, *Bens Públicos* é uma obra completa, preenchendo lacuna de nossa bibliografia, mas de forma alguma cerceando a criatividade da doutrina brasileira, que à matéria queira (e tomara que queira) dedicar-se. Aqui, temos a meditação e a remeditação sobre tradicionais questionamentos: a tipologia dos bens públicos, os desafios da afetação e da desafetação, a alienação e a utilização dos bens públicos, alguns dos muitos destaques que a obra contém. Mas, ao lado de tudo isso – que é muito bem desenvolvido, merecendo entusiásticos aplausos – o autor focaliza e, acima de tudo (palmas reiteradas), equaciona problemas que são típicos de nosso presente e de nosso estágio de desenvolvimento social, administrativo e, até mesmo, político. É, por exemplo, o que se dá quando cuida do direito à moradia, da tão necessária regularização fundiária, do fator tempo na configuração do que sejam terras tradicionalmente ocupadas pelas comunidades indígenas etc. Em minha opinião, também nesses, por vezes, dramáticos aspectos da disciplina jurídica do domínio público, *Bens Públicos* alcança um nível de acerto e de utilidade invejáveis.

Não é meu hábito, quando honrado com um convite para prefaciar, cometer o que hoje se define como *spoiler*: dizer o que o autor diz e explica, antecipar suas opiniões, adiantar suas conclusões. Tudo isso é juízo de segunda mão, o que não me agrada fazer. Minha conclamação é outra: leiam, estudem e analisem *Bens Públicos*. Para mim, é obra de fôlego, que ocupa agora um lugar bem alto na galeria de títulos dedicados à matéria. Ela integra meu catálogo de obras de permanente e inafastável consulta e remissão.

É claro que nem todos concordarão integralmente com as afirmações e opiniões do autor. Mas isso não é o objetivo de qualquer jurista: o que os move é a provocação, a audácia na formulação de teses que impactarão e dividirão, sempre na certeza de que, segundo o magistério bíblico e os estudos da física quântica, do *big bang* sempre nasce a luz. A divergência é o que vivifica o conhecimento.

Para encerrar, uma incitação ao professor André Nakamura: concordo com ele, ao esboçar a moldura em que se enquadra a teoria do domínio eminente. Mas esse conceito, secularmente brandido e reiteradamente alegado, frequentemente não passa de inspiração autocrática para maximizar a intervenção estatal na dominialidade privada. Que tal, em breve tempo, nos premiar com um trabalho vinculado a essa específica indagação?

Por ora, um juízo claro: *Bens Públicos*, de André Luiz dos Santos Nakamura, é a mais bem acabada obra brasileira moderna sobre o assunto, pensando e repensando tudo o que até hoje se produzira no particular, assim como propondo soluções novas e até inéditas, para problemas bem brasileiros, ainda carentes de um enfrentamento consistente e coerente.

Em poucas palavras: obra imprescindível e inspiradora.

São Paulo, junho de 2022.

Sérgio Ferraz
Professor Titular de Direito Administrativo da PUC Rio. Procurador Aposentado do Estado do Rio de Janeiro. Membro da Academia Brasileira de Letras Jurídicas. Foi decano do Conselho Federal da Ordem dos Advogados do Brasil e Presidente do Instituto dos Advogados Brasileiros. Consultor Jurídico do Ministério da Justiça. É atualmente Consultor Jurídico e Advogado militante.

APRESENTAÇÃO

No ano de 2007, iniciei minha atividade de procurador do Estado de São Paulo na Procuradoria do Patrimônio Imobiliário. Após, no ano de 2013, fui exercer minhas funções na Coordenadoria de Assuntos Fundiários da Procuradoria do Estado, atualmente denominada Assistência de Gestão de Imóveis, onde continuo até a presente data. Ao longo desses anos, os bens públicos sempre estiveram presentes na minha atuação profissional.

Diversas questões complexas envolvendo a dominialidade pública foram-me apresentadas para serem juridicamente solucionadas. Cada parecer jurídico envolvendo o assunto "bens públicos" demandou um estudo da legislação, da doutrina e da jurisprudência. Tais estudos foram se acumulando e se tornaram abrangentes. Daí, surgiu o propósito de compilar todo o conhecimento, acumulado durante 15 anos de intensa atuação profissional, e elaborar um livro que pudesse ser um guia seguro para todos os profissionais do Direito que atuam com bens públicos.

No Capítulo 1, apresento uma teoria geral da dominialidade pública, diferenciando-a do direito de propriedade disciplinado no Código Civil. Da alienação dos bens públicos, conforme a disciplina da vigente Lei de Licitações (Lei nº 14.133/2021) e demais normas do ordenamento jurídico nacional, trato no Capítulo 2. As outorgas de uso privativo de bens públicos, suas espécies e seus requisitos são objeto de estudo no Capítulo 3. Por fim, no Capítulo 4, analiso os bens públicos em espécie, abrangendo os elencados na Constituição Federal, bem como os previstos na legislação esparsa.

Sem a pretensão de esgotar o assunto, elaborei um texto teórico e prático, fundamentado na doutrina e na Jurisprudência pátrias, buscando abranger todas as questões sobre os bens públicos, que, certamente, será de grande utilidade a todos os profissionais de Direito e gestores públicos.

A primeira edição se esgotou. Mantida a mesma estrutura da edição anterior, foram atualizados assuntos relevantes em razão da superveniência de nova legislação e de decisões judiciais relevantes. Também, alguns assuntos tiveram uma abordagem mais aprofundada. Assim, temos uma obra mais completa e atualizada.

CAPÍTULO 1

DOMÍNIO PÚBLICO – ASPECTOS GERAIS

Para a correta formulação de uma teoria geral dos bens públicos, necessário definir o conceito dos vocábulos "bens", "bens públicos", "domínio eminente", "domínio público" e "propriedade pública" que, muitas vezes, são utilizados de forma incorreta.

1.1 Noção jurídica de bem

O tema central desta obra são os bens públicos. Preliminarmente, necessário conceituar o termo "bens". Conforme lição de Orlando Gomes, o termo "bem", num sentido amplo, abrange "toda e qualquer utilidade, física ou ideal, que possa incidir na faculdade de agir do sujeito".[1] Já num sentido mais restrito, o termo "bem" representaria "o objeto dos direitos reais".[2]

Os conceitos de bens e coisas não se confundem. Segundo Orlando Gomes, "a noção de *bem* compreende o que pode ser objeto de direito sem valor econômico, enquanto a de *coisa* restringe-se às utilidades patrimoniais, isto é, as que possuem valor pecuniário".[3] Segundo Pontes de Miranda, "é ao conceito de bem, e não ao de coisa, que se prendem a distinção entre bens públicos e bens particulares".[4] Alguns bens públicos têm valor econômico e poderiam ser

1 GOMES, Orlando. *Introdução ao Direito Civil*. 12. ed. Rio de Janeiro: Forense, 1996. p. 200.

2 GOMES, Orlando. *Introdução ao Direito Civil*. 12. ed. Rio de Janeiro: Forense, 1996. p. 200.

3 GOMES, Orlando. *Introdução ao Direito Civil*. 12. ed. Rio de Janeiro: Forense, 1996. p. 201.

4 PONTES DE MIRANDA. *Tratado de Direito Privado*. Tomo II: Bens. Fatos Jurídicos. 2. ed. Campinas: Bookseller, 2000. p. 52.

considerados como "coisas públicas"; outros, entretanto, tais como o meio ambiente ecologicamente equilibrado (bem de uso comum do povo, conforme dispõe o art. 225 da Constituição Federal),[5] não podem ser valorados economicamente, razão pela qual estariam abrangidos pelo termo "bem", mais amplo que "coisa".

Dessa forma, a presente obra irá tratar dos bens públicos, abrangendo os de valor econômico (coisas públicas) e os que não têm valor econômico.

1.2 Domínio eminente

Todos os bens podem ser apropriados pelo Estado. A teoria do domínio eminente informa a existência de um poder político que permite ao Estado submeter à sua vontade todos os bens situados em seu território. Conforme lição de Hely Lopes Meirelles, "o domínio eminente é o poder político pelo qual o Estado submete à sua vontade todas as coisas de seu território".[6] Em razão da soberania estatal, o domínio eminente se projeta sobre toda a propriedade existente no território nacional.

O domínio eminente incide sobre bens públicos e sobre a propriedade privada. Nesta, o domínio eminente se manifesta pelas limitações e restrições à propriedade privada, em razão da função social desta. Sobre os bens públicos, o domínio eminente resulta num "*regime público patrimonial* especial, de competência de cada entidade política".[7]

O domínio eminente não é uma autorização para que o Estado possa se apropriar de todos os bens existentes em seu território. Conforme lição de Diogo de Figueiredo Moreira Neto, "o *domínio eminente* é um *conceito político*, inerente ao poder soberano, mas o seu *exercício* é um *conceito jurídico*, e não de fato, dependente apenas da *definição legal* que lhe for atribuída *in abstractu* no ordenamento jurídico".[8]

---

5 BRASIL. *Constituição da República Federativa do Brasil de 1988*. Disponível em: http://www.planalto.gov.br/ccivil_03/constituicao/constituicao.htm. Acesso em: 24 set. 2021.

6 MEIRELLES, Hely Lopes. *Direito Administrativo Brasileiro*. 35. ed. São Paulo: Malheiros, 2009. p. 522.

7 MOREIRA NETO, Diogo de Figueiredo. *Curso de Direito Administrativo*. 15. ed. Rio de Janeiro: Forense, 2009. p. 381.

8 MOREIRA NETO, Diogo de Figueiredo. *Curso de Direito Administrativo*. 15. ed. Rio de Janeiro: Forense, 2009. p. 380.

Assim, o domínio eminente é exercido na forma disciplinada pelo ordenamento jurídico, em especial pela Constituição Federal.

No ordenamento jurídico vigente no Brasil, é garantida a propriedade privada (art. 5º, XII e 170, II da Constituição Federal),[9] bem como a justa e prévia indenização em caso de desapropriação (art. 5º, XXIV da Constituição Federal). O domínio eminente, no Direito positivo brasileiro, somente pode servir de fundamento às limitações e restrições estatais à propriedade privada, estas precedidas de indenização, na forma estabelecida pela Constituição Federal. Conforme Hely Lopes Meirelles,[10] "em nome do domínio eminente é que são estabelecidas as limitações ao uso da propriedade privada, as servidões administrativas, a desapropriação, as medidas de polícia e o regime jurídico especial de certos bens particulares de Interesse Público".

Assim, o domínio eminente não resulta na propriedade do Estado sobre todos os bens. O domínio eminente apenas possibilita a imposição, pelo Estado, de limitações e restrições à propriedade privada. Entretanto, no exercício do domínio eminente, deve ser observada a garantia da justa e prévia indenização em dinheiro, prevista no inciso XXIV da Constituição Federal.

1.3 Domínio público, bem público e propriedade pública

Cumpre agora conceituar e diferenciar as expressões "domínio público", "bem público" e "propriedade pública.

Segundo a disciplina legal constante do Código Civil,[11] art. 98, são públicos os bens do domínio nacional pertencentes às pessoas jurídicas de direito público interno; todos os outros, segundo o Código Civil, são particulares, seja qual for a pessoa a que pertencerem. Comentando a definição do art. 65[12] do Código Civil

---

[9] BRASIL. *Constituição da República Federativa do Brasil de 1988*. Disponível em: http://www.planalto.gov.br/ccivil_03/constituicao/constituicao.htm. Acesso em: 24 set. 2021.

[10] MEIRELLES, Hely Lopes. *Direito Administrativo Brasileiro*. 35. ed. São Paulo: Malheiros, 2009. p. 523.

[11] BRASIL. Lei nº 10.406, de 10 de janeiro de 2002. *Institui o Código Civil*. Disponível em: http://www.planalto.gov.br/ccivil_03/leis/2002/l10406compilada.htm. Acesso em: 24 set. 2021.

[12] Art. 65. São públicos os bens do domínio nacional pertencentes à União, aos Estados, ou aos Municípios. Todos os outros são particulares, seja qual for a pessoa a que pertencerem.

de 1916,[13] muito semelhante à do art. 98 do vigente Código Civil, Pontes de Miranda já alertava acerca do desacerto da conceituação dizendo que "a definição atende à titularidade do direito, com certa confusão entre bens de todos e bens da entidade estatal, e não ao título (direito público, direito privado)".[14] O conceito trazido pelo art. 98 do Código Civil, na verdade, é o conceito de propriedade pública, e não de bem público. A expressão "bens públicos" é mais ampla que "propriedade pública", conforme será abaixo demonstrado.

Conforme lição de Ruy Cirne Lima, "o conceito de domínio público e de patrimônio administrativo excede ao de propriedade pública".[15] Continua o referido autor afirmando que "formam o domínio público e o patrimônio administrativo, todos os bens, pertençam a quem pertencerem, que participam da atividade administrativa e se achem, por isso mesmo, vinculados aos fins desta".[16] No mesmo sentido, Hely Lopes Meirelles conceitua domínio público:

> O *domínio público* em sentido amplo é o poder de dominação ou de regulamentação que o Estado exerce sobre os bens do seu patrimônio (bens públicos) ou sobre bens do patrimônio privado (bens particulares de Interesse Público), ou sobre coisas inapropriáveis individualmente, mas de fruição geral da coletividade (*res nullius*).[17]

José Cretella Júnior conceitua a dominialidade pública da seguinte forma:

> *Coisas públicas* são os objetos do Estado ou de outro órgão administrativo, que se encontram diretamente a serviço dos fins da Administração, ou seja, adstritas a seu uso. Dentro das *coisas públicas* distinguem-se as que se destinam de maneira determinada ao serviço de todos – *coisas públicas de uso comum* – e os objetos de que se utiliza a Administração para o cumprimento

---

[13] BRASIL. Lei nº 3.071, de 1º de janeiro de 1916. *Código Civil dos Estados Unidos do Brasil.* Disponível em: http://www.planalto.gov.br/ccivil_03/leis/L3071impressao.htm. Acesso em: 24 set. 2021.

[14] PONTES DE MIRANDA. *Tratado de Direito Privado.* Tomo II: Bens. Fatos Jurídicos. 2. ed. Campinas: Bookseller, 2000. p. 167.

[15] LIMA, Ruy Cirne. *Princípios de Direito Administrativo.* 7. ed. Revista e reelaborada por Paulo Roberto Pasqualini. São Paulo: Malheiros, 2007. p. 186.

[16] LIMA, Ruy Cirne. *Princípios de Direito Administrativo.* 7. ed. Revista e reelaborada por Paulo Roberto Pasqualini. São Paulo: Malheiros, 2007. p. 187.

[17] MEIRELLES, Hely Lopes. *Direito Administrativo Brasileiro.* 35. ed. São Paulo: Malheiros, 2009. p. 522.

> de seus fins – bens instrumentais do Estado. As *coisas públicas*, em seu conjunto, formam o *domínio público*, a *dominialidade pública*.[18]

Pelas lições acima, pode-se concluir que o *domínio público* é um poder que o Estado exerce sobre determinados bens, destinando-os ao uso comum do povo ou como instrumento para a realização da atividade administrativa. São considerados integrantes do domínio público, os bens afetados a um serviço público ou de Interesse Público, independentemente de sua titularidade/propriedade, nos termos disciplinados no Direito Civil. *Os critérios para a definição do conjunto de bens integrantes da dominialidade pública são a funcionalidade e a não titularidade.*

O bem, objeto da propriedade privada, se afetado a um serviço público, é um bem público, em razão da sua finalidade. Segundo Gaspar Ariño Ortiz:

> Com isso não se afirma a possibilidade de domínio público em mãos privadas, mas se afirma a existência de outro modo de *publicatio* das coisas, que se produz não pelo dado de sua titularidade, mas pelo dado de sua funcionalidade ou, se se preferir, pelo fato de sua afetação ao serviço público. Afetação que funcionaria não como título de propriedade, mas como título de potestade sobre elas.[19]

Não se confunde a noção de bem público com a de propriedade disciplinada no Direito Civil. *A dominialidade pública abrange não somente bens que são de propriedade dos entes integrantes da Administração Pública (bens da propriedade pública), mas também abrange bens de propriedade privada afetados a uma atividade administrativa. Todos os bens, de propriedade pública ou privada, afetados a uma atividade administrativa ou ao uso da coletividade, são bens públicos.* Nesse sentido é a lição de Celso Antônio Bandeira de Mello,[20]

> Os bens particulares quando afetados a uma atividade pública (enquanto o estiverem) ficam submissos ao mesmo regime da propriedade pública. Logo, têm que estar incluídos no conceito de bem público.

---

[18] CRETELLA JÚNIOR. José. *Tratado do Domínio Público*. Rio de Janeiro: Forense, 1984. p. 10.

[19] ORTIZ, Gaspar Ariño. A afetação de bens ao serviço público. O caso das redes. *Revista de Direito Administrativo*, Rio de Janeiro, v. 258, p. 11-25, maio 2013.

[20] MELLO, Celso Antônio Bandeira de. *Curso de Direito Administrativo*. 22. ed. São Paulo: Malheiros, 2007. p. 877.

Os bens integrantes da dominialidade pública são os chamados bens públicos. Estes não são apenas os bens de propriedade de um ente de Direito público, mas também abrangem os bens de propriedade privada afetados a um serviço público ou de Interesse Público. Conforme lição de José Cretella Júnior, "para nós *bens públicos são as coisas materiais ou imateriais,* assim como *as prestações, pertencentes às pessoas jurídicas públicas, objetivando fins públicos e sujeitas a regime jurídico especial, de direito público, derrogatório e exorbitante do direito comum*".[21] E continua José Cretella Júnior, explicando que

> [...] quanto ao primeiro característico, observe-se que o *pertencerem* ao Estado não implica em seres todos os bens públicos de direito pessoal ou real, no sentido das leis civis. Muitos desses bens lhe *pertencem* no sentido de que *são por ele administrados,* no interesse coletivo.[22]

Deve-se afastar qualquer relação entre a propriedade privada disciplinada no Código Civil e a dominialidade pública. Pontes de Miranda, ao discorrer sobre os bens públicos, corretamente alerta que "é por direito público que são do Estado, sendo-lhes estranha a concepção de propriedade privada, instituição de direito privado".[23] A noção de propriedade do Código Civil[24] não se presta à definição do regime jurídico da dominialidade pública. Segundo o art. 1.228 do Código Civil, o proprietário tem a faculdade de usar, gozar e dispor da coisa, e o direito de reavê-la do poder de quem quer que injustamente a possua ou detenha. Tais poderes são incompatíveis com a própria atividade administrativa exercida pelo ente público. Conforme lição de Marçal Justen Filho, "a pessoa de direito público titular do bem público não está investida na faculdade de usar o bem como melhor lhe aprouver ou lhe dar a destinação que quiser".[25] No mesmo sentido, Floriano de Azevedo Marques Neto ressalta que

---

[21] CRETELLA JÚNIOR. José. *Tratado do Domínio Público.* Rio de Janeiro: Forense, 1984. p. 19.

[22] CRETELLA JÚNIOR. José. *Tratado do Domínio Público.* Rio de Janeiro: Forense, 1984. p. 21.

[23] PONTES DE MIRANDA. *Tratado de Direito Privado.* Tomo II: Bens. Fatos Jurídicos. 2. ed. Campinas: Bookseller, 2000. p. 169.

[24] BRASIL. Lei nº 10.406, de 10 de janeiro de 2002. *Institui o Código Civil.* Disponível em: http://www.planalto.gov.br/ccivil_03/leis/2002/l10406compilada.htm. Acesso em: 24 set. 2021.

[25] JUSTEN FILHO, Marçal. *Curso de Direito Administrativo.* 8. ed. Belo Horizonte: Fórum, 2012. p. 1.036.

"os objetivos e pressupostos do direito de propriedade dos bens privados não são os mesmos aplicáveis aos bens públicos".[26] Sobre a não aplicação do regime jurídico do Direito de Propriedade do Direito Civil à dominialidade pública, assim se manifesta Ruy Cirne Lima:

> A tese dominante entre nós, idêntica à esposada neste livro, é a de que o regime do domínio público e do patrimônio administrativo não tem como suporte a propriedade, nem pública, tampouco privada. Os direitos exercidos pela Administração Pública sobre esses bens não decorrem do direito de propriedade, mas de um vínculo específico, consubstanciado pela relação de administração, que protege a destinação pública desses bens, mesmo contra seus proprietários eventuais, que eles não têm mais a livre disposição.[27]

A propriedade disciplinada no Código Civil, mesmo que titularizada por um ente estatal, não é sinônimo de bem público. Este pode abranger aquela, mas não necessariamente existe tal coincidência; por isso, Pontes de Miranda alertava que "bens públicos são os bens regidos pelo direito público e os bens regidos pelo direito privado, se pertencentes ao Estado".[28] Os bens integrantes da dominialidade pública são regidos pelo direito público, e não pelo Código Civil. Conforme lição de Ruy Cirne Lima, "a relação de administração e a propriedade não se excluem, ainda que coincidentes sobre os bens de domínio público e do patrimônio administrativo".[29] A propriedade privada de determinado bem, mesmo objeto de registro na forma da lei civil, não afasta sua condição de bem público. Nesse sentido, decidiu o Superior Tribunal de Justiça que "o registro imobiliário não é oponível à União para afastar o regime jurídico ao qual estão submetidos os bens públicos".[30]

---

[26] MARQUES NETO, Floriano Azevedo. *Bens Públicos*: Função Social e Exploração Econômica. O Regime Jurídico das Utilidades Públicas. Belo Horizonte: Fórum, 2009. p. 115.

[27] LIMA, Ruy Cirne. *Princípios de Direito Administrativo.* 7. ed. Revista e reelaborada por Paulo Roberto Pasqualini. São Paulo: Malheiros, 2007. p. 188.

[28] PONTES DE MIRANDA. *Tratado de Direito Privado.* Tomo II: Bens. Fatos Jurídicos. 2. ed. Campinas: Bookseller, 2000. p. 167.

[29] LIMA, Ruy Cirne. *Princípios de Direito Administrativo.* 7. ed. Revista e reelaborada por Paulo Roberto Pasqualini. São Paulo: Malheiros, 2007. p. 189.

[30] BRASIL. Superior Tribunal de Justiça. REsp 1.681.210/RN. Rel. Min. Regina Helena Costa, Primeira Turma, julgado em: 05.02.2019.

O domínio público tem supremacia perante a propriedade privada. Em razão do Interesse Público inerente ao domínio público, dele decorrem qualidades e prerrogativas que o tornam especial. O Superior Tribunal de Justiça denominou o domínio público como um "superdireito de propriedade do Estado":

> Ao contrário do que poderia sugerir a história fundiária do Brasil, o domínio público não se encontra em posição jurídica de inferioridade perante o domínio privado, como se equivalesse a algo de segunda classe ou, pior, de nenhuma classe. Longe disso, o legislador, com o objetivo primordial de salvaguardar interesses maiores da coletividade do hoje e do amanhã, encarregou-se de instituir um superdireito de propriedade do Estado, conferindo-lhe qualidades e prerrogativas peculiares, como indisponibilidade (inalienabilidade e imprescritibilidade) e autotutela administrativa, inclusive desforço imediato.[31]

Integram a dominialidade pública os bens móveis, imóveis, materiais e imateriais afetados a uma atividade da Administração Pública ou ao uso comum do povo, de propriedade pública ou privada, bem como os bens integrantes do patrimônio dos entes de Direito Público. Apesar de a quase totalidade dos trabalhos doutrinários, bem como de a Jurisprudência tratar dos bens públicos imóveis, os bens públicos móveis podem ser tão ou mais relevantes que aqueles. A titularidade de direitos, como as ações representativas do capital social de empresas e os decorrentes de obrigações contratuais, pode representar valores muito mais elevados que os de bens imóveis.

De todo o acima exposto, percebe-se que os bens públicos não são somente os bens de propriedade pública, mas todos, independentemente de sua propriedade civil, afetados a um serviço público ou de Interesse Público. A afetação é o critério determinante para que um bem possa ser considerado como integrante da dominialidade pública.

1.4 Classificação dos bens públicos

Os bens públicos já eram classificados no Direito Romano. Conforme nos ensina José Cretella Júnior,[32] na divisão apresentada

---

[31] BRASIL. Superior Tribunal de Justiça. REsp 1.755.340/RJ. Rel. Min. Herman Benjamin, Segunda Turma, julgado em: 10.03.2020.

[32] Cf. CRETELLA JÚNIOR. José. *Tratado do Domínio Público*. Rio de Janeiro: Forense, 1984. p. 45.

por Gaio, nas *Institutas II, 1*, e por Justiniano, nas *Institutas, 21*, as coisas eram divididas em *in patrimonio* (estavam no patrimônio privado) e as *extra patrimonio* (fora do patrimônio privado). Estas eram divididas em *res nullius humani juris* e *res nullius divini juris*, subdivididas em: i) *res sacrae* (consagradas aos deuses superiores, como os templos e os objetos de culto); ii) *res religiosae* (afetadas aos deuses inferiores, como os túmulos) e; iii) *res sanctae* (não voltadas aos deuses, mas com caráter religioso). Já as *res nullius humani juris* eram subdivididas em: i) *res communes* que não podem, em razão da sua natureza, ser objeto de propriedade privada, tais como os mares, os portos, os rios; ii) *res publicae*, propriedades de todos e, assim, fora do comércio jurídico, como as terras e os escravos públicos e; iii) *res universitatum* ou *universitates*, patrimônio próprio do Estado, como o fórum, as ruas, as praças públicas.

A doutrina classifica os bens públicos em domínio público, patrimônio administrativo e patrimônio fiscal. Os bens integrantes do domínio público equivalem aos bens que o Código Civil[33] denominou de bens de uso comum, ou seja, são utilizados por toda a coletividade. O domínio público seria "a forma mais completa de participação de um bem na atividade de Administração Pública".[34] Ainda, segundo lição da doutrina, "os bens do patrimônio administrativo são meramente instrumentos de execução dos serviços públicos; não participam propriamente da Administração Pública, porém do aparelho administrativo; antes se aproximam do agente do que da ação por este desenvolvida";[35] correspondem aos bens que o Código Civil denominou de bens de uso especial. Por fim, os bens do patrimônio fiscal são os que "fornecem à Administração os recursos de que necessita para a manutenção de suas atividades";[36] seriam o que o Código Civil denominou de bens dominicais.

---

33 BRASIL. Lei nº 10.406, de 10 de janeiro de 2002. *Institui o Código Civil*. Disponível em: http://www.planalto.gov.br/ccivil_03/leis/2002/l10406compilada.htm. Acesso em: 24 set. 2021.

34 LIMA, Ruy Cirne. *Princípios de Direito Administrativo*. 7. ed. Revista e reelaborada por Paulo Roberto Pasqualini. São Paulo: Malheiros, 2007. p. 189.

35 'LIMA, Ruy Cirne. *Princípios de Direito Administrativo*. 7. ed. Revista e reelaborada por Paulo Roberto Pasqualini. São Paulo: Malheiros, 2007. p. 189-190.

36 LIMA, Ruy Cirne. *Princípios de Direito Administrativo*. 7. ed. Revista e reelaborada por Paulo Roberto Pasqualini. São Paulo: Malheiros, 2007. p. 191.

O Código Civil, em seu art. 99, classificou os bens públicos em três categorias: bens de uso comum do povo, bens de uso especial e bens dominicais.

1.4.1 Bens de uso comum do povo

Conforme lição da doutrina, "os bens de uso comum do povo são os bens necessários ou úteis à existência de todos os seres vivos, que não podem ou não devem ser submetidos à fruição privativa de ninguém".[37] Bens de uso comum do povo são os que se destinam ao uso geral da coletividade, tais como rios, mares, estradas, ruas e praças. O que caracteriza o bem de uso comum é o uso universal, *uti universi*, por todos os membros da coletividade, de forma indeterminada, segundo Hely Lopes Meirelles:

> No uso comum do povo os usuários são anônimos, indeterminados, e os bens utilizados o são por todos os membros da coletividade – *uti universi* –, razão pela qual ninguém tem direito ao uso exclusivo ou a privilégios na utilização do bem: o direito de cada indivíduo limita-se à igualdade com os demais na fruição do bem ou no suportar os ônus dele resultantes.[38]

Não apenas bens corpóreos compõem o acervo de bens de uso comum do povo. O art. 225 da Constituição Federal[39] expressamente determina que o meio ambiente ecologicamente equilibrado é um bem de uso comum do povo. Conforme lição de Lúcia Valle Figueiredo, "se o meio ambiente foi definido como bem de uso comum do povo, integra, sem dúvida, o patrimônio estatal, como bem incorpóreo".[40]

A fruição do bem de uso comum do povo, entretanto, não é totalmente livre. Qualquer ato praticado que possa impedir ou

---

[37] JUSTEN FILHO, Marçal. *Curso de Direito Administrativo*. 8. ed. Belo Horizonte: Fórum, 2012. p. 1.045.

[38] MEIRELLES, Hely Lopes. *Direito Administrativo Brasileiro*. 35 ed. São Paulo: Malheiros, 2009. p. 530.

[39] BRASIL. *Constituição da República Federativa do Brasil de 1988*. Disponível em: http://www.planalto.gov.br/ccivil_03/constituicao/constituicao.htm. Acesso em: 24 set. 2021.

[40] FIGUEIREDO, Lúcia Valle. *Curso de Direito Administrativo*. 8. ed. São Paulo: Malheiros, 2006. p. 567.

dificultar o acesso ao bem de uso comum por toda a coletividade deve ser repelido por meio do Poder de Polícia. Conforme José Cretella Júnior, "o *poder de polícia* converge para o uso comum dos bens públicos, não no sentido de restringi-lo em si, e por si, mas sempre para, fazendo uma restrição, permitir a melhor utilização dos bens por parte do público".[41]

Além do poder de polícia, para a preservação e a conservação do bem de uso comum do povo, faz-se necessário o envolvimento da comunidade. A atuação desta, mediante o engajamento de todos na preservação do bem de uso comum do povo, pode ser até mais eficiente que o Poder Público. Nesse sentido é a conclusão de Roberta Buendia Sabbagh:

> Para o uso sustentável dos recursos comuns seria necessária a instituição de instrumentos de empoderamento da comunidade, estimulando sua participação e atuação, associada a mecanismos de direcionamento, regulação e ativismo por parte de órgãos públicos, com um mínimo de fiscalização.[42]

Apesar de o uso ser de todos, a lei pode atribuir a uma determinada pessoa o dever de conservar o bem de uso comum, tal como ocorre com as calçadas. Conforme informa Irene Patrícia Nohara, "se a calçada é considerada bem público, a conclusão mais coerente seria reconhecer a responsabilidade do Poder Público de conservar as calçadas".[43] Entretanto, justifica-se atribuir ao proprietário do imóvel lindeiro à calçada o dever de conservá-la. Esta, apesar de utilizada por todos, é utilizada de forma mais intensa pelo proprietário do imóvel a que está anexada. Ademais, a função social da propriedade justifica a imposição de deveres ao proprietário para o favorecimento da coletividade, no caso, a conservação da calçada.

A condição de bem público de uso comum não depende da existência da propriedade disciplinada no Direito Civil. No que se

---

[41] CRETELLA JÚNIOR. José. *Tratado do Domínio Público.* Rio de Janeiro: Forense, 1984. p. 113.

[42] SABBAGH, Roberta Buendia. Bens públicos e recursos de acesso comum: instituições que influenciam sua conservação nos bairros Cota do Parque Estadual da Serra do Mar de São Paulo. *Revista de Administração Pública,* v. 46, n. 6, p. 1625-1647, 2012.

[43] NOHARA, Irene Patrícia. *Direito Administrativo.* 9. ed. São Paulo: Atlas, 2019. p. 803.

refere aos bens de uso comum do povo, existe um dever de zelo e administração pelo ente público competente que não se coaduna com a ideia de propriedade, mesmo pública. Segundo Pontes de Miranda, "o titular, no art. 66, I,[44] é o povo".[45] Conforme lição de Arnaldo Rizzardo,[46] em relação aos bens de uso comum do povo, "a titularidade do domínio é da União, ou dos estados, ou dos municípios, ou do Distrito Federal, ou dos Territórios, conforme quem exerce o dever de vigilância, tutela e fiscalização para o uso público". O domínio do bem de uso comum do povo é da coletividade e a administração de um ente público. Nesse sentido, José Carlos Freitas:[47]

> Os bens de uso comum do povo pertencem ao domínio eminente do Estado (*lato sensu*), que submete todas as coisas de seu território à sua vontade, como uma das manifestações de soberania interna, mas seu titular é o povo. Não constitui um direito de propriedade ou domínio patrimonial de que o Estado possa dispor, segundo as normas de direito civil. O Estado é gestor desses bens e, assim, tem o dever de sua superintendência, vigilância, tutela e fiscalização para assegurar sua utilização comum.

Todas as pessoas têm o direito subjetivo de utilizar os bens públicos de uso comum.[48] Ninguém pode se apossar do bem de uso comum do povo, impedindo qualquer pessoa de utilizá-lo. Qualquer tipo de apropriação do bem de uso comum do povo gera um dano presumido (*in re ipsa*) à coletividade, conforme decidiu o Superior Tribunal de Justiça:

> Inatacável, portanto, o acórdão recorrido ao confirmar o julgamento antecipado da lide. Construção ou atividade irregular em bem de uso comum do povo revela dano *in re ipsa*, dispensada prova de prejuízo

---

44 Do Código Civil de 1916, correspondendo ao art. 99, I, do vigente Código Civil.

45 PONTES DE MIRANDA. *Tratado de Direito Privado.* Tomo II: Bens. Fatos Jurídicos. 2. ed. Campinas: Bookseller, 2000. p. 168.

46 RIZZARDO, Arnaldo. *Parte Geral do Código Civil.* 5. ed. Rio de Janeiro: Forense, 2007. p. 377.

47 FREITAS, José Carlos. Da legalidade dos condomínios fechados. *In*: *Doutrinas Essenciais de Direito Registral.* v. 4. p. 1.095.

48 Nesse sentido: "Em compensação, todo cidadão que preencher os requisitos exigidos pelo Estado é investido no *direito subjetivo público* de utilizar os bens públicos dos três tipos – *uso comum, uso especial* e *dominical* –, desde que a utilização seja compatível com a destinação do bem, tendo o particular o direito de recorrer ao Poder Judiciário, caso seja impedido do exercício de seu direito". (CRETELLA JÚNIOR. José. *Tratado do Domínio Público.* Rio de Janeiro: Forense, 1984. p. 63.).

in concreto, impondo-se imediata restituição da área ao estado anterior. Demolição e restauração às expensas do transgressor, ressalvada hipótese de o comportamento impugnado contar com inequívoca e proba autorização do órgão legalmente competente.[49]

1.4.1.1 Cobrança pelo uso de bens públicos de uso comum

Em regra, o bem de uso comum do povo não admite o uso privativo excludente dos demais membros da coletividade. Todos devem ter acesso ao bem de uso comum do povo. Conforme lição de Diogo de Figueiredo Moreira Neto, "sua característica é a *universalidade*, admitindo-se que, em princípio, a utilização por qualquer pessoa não tolherá nem prejudicará a utilização de outra".[50]

Entretanto, seria possível algum tipo de limitação de acesso, desde que fundada em razões de Interesse Público, para a preservação do bem de uso comum do povo. A limitação de acesso ao bem de uso comum do povo deve ter por única finalidade assegurar que todos os demais interessados possam também ter acesso ao mesmo bem ou preservá-lo. Nesse sentido, Hely Lopes Meirelles ensina que:

> Esse *uso comum* não exige qualquer qualificação ou consentimento especial, nem admite frequência limitada ou remunerada, pois isso importaria atentado ao direito subjetivo do indivíduo de fruir os bens de *uso comum do povo* sem qualquer limitação individual. Para esse uso só se admitem regulamentações gerais de ordem pública, preservadoras da segurança, da higiene, da saúde, da moral e dos bons costumes, sem particularizações de pessoas ou categorias sociais.[51]

O Código Civil,[52] no art. 103, dispõe que "o uso comum dos bens públicos pode ser gratuito ou retribuído, conforme

---

[49] BRASIL. Superior Tribunal de Justiça. REsp 1.457.851/RN. Rel. Min. Herman Benjamin, Segunda Turma, julgado em: 26.05.2015.

[50] MOREIRA NETO, Diogo de Figueiredo. *Curso de Direito Administrativo*. 15. ed. Rio de Janeiro: Forense, 2009. p. 390.

[51] MEIRELLES, Hely Lopes. *Direito Administrativo Brasileiro*. 35. ed. São Paulo: Malheiros, 2009. p. 529.

[52] BRASIL. Lei nº 10.406, de 10 de janeiro de 2002. *Institui o Código Civil*. Disponível em: http://www.planalto.gov.br/ccivil_03/leis/2002/l10406compilada.htm. Acesso em: 24 set. 2021.

for estabelecido legalmente pela entidade a cuja administração pertencerem". Em razão do referido dispositivo legal, parte da doutrina admite a possibilidade de uso remunerado de bens de uso comum do povo. Admitindo a cobrança pelo uso do bem público de uso comum, assim se manifesta Marçal Justen Filho:[53]

> Entre as exigências de fruição, pode-se encontrar a remuneração, destinada a compensar das despesas necessárias à manutenção da coisa ou produzir um processo de seleção quando não houver viabilidade de fruição do mesmo bem por um número indeterminado de pessoas. A remuneração não reflete, usualmente, modalidade de exploração econômica do bem, mas costuma ser uma contrapartida remuneratória das despesas necessárias à manutenção da integridade da coisa.

Entretanto, o Poder Público não tem a livre disponibilidade para impor restrições ao uso do bem público, salvo para, no exercício do poder de polícia, assegurar o melhor uso para todos os demais membros da coletividade, ou conservá-lo. Conforme José Cretella Júnior:

> Se, por um lado, as pessoas jurídicas públicas, detentoras ou, pelo menos, fiscalizadoras dos bens públicos, podem vigiar para que não haja excessos ou ilegalidades na utilização dos bens afetados ao uso de todos, por outro lado, o próprio Estado é limitado em suas faculdades restritivas, sob pena de ferir, em sua própria essência, a natureza interna, a afetação do bem ao uso comum. Qualquer restrição, a não ser que envolvesse, momentaneamente, altos interesses coletivos ou a segurança do próprio Estado, tiraria do bem comum a sua razão de ser – que é a utilização por todos –, prejudicaria o ser humano em seu direito de usar uma porção do solo, franqueado a todos e, contraditoriamente, desafetado por motivos não justificados.[54]

A remuneração pelo uso do bem público de uso comum poderia gerar uma discriminação econômica entre os usuários. Um bem de uso comum seria utilizado apenas pelos que pudessem pagar pelo seu uso. Referida situação seria extremamente injusta com os mais pobres, que poderiam perder o livre acesso a praias, parques e praças, em manifesta ofensa aos princípios fundamentais da República

---

[53] JUSTEN FILHO, Marçal. *Curso de Direito Administrativo*. 8. ed. Belo Horizonte: Fórum, 2012. p. 1.050.

[54] CRETELLA JÚNIOR. José. *Tratado do Domínio Público*. Rio de Janeiro: Forense, 1984. p. 112.

Federativa do Brasil, insculpidos no art. 3º da Constituição Federal.[55] Assim, o uso normal do bem de uso comum do povo deve ser sempre gratuito, conforme lição de José dos Santos Carvalho Filho:

> O uso comum, entretanto, deve ser gratuito, de modo a não causar qualquer ônus aos que utilizem o bem. Essa exigência de gratuidade é decorrência da própria generalidade do uso; se fosse oneroso, haveria discriminação entre os que poderiam e os que não poderiam sofrer o ônus.[56]

A única interpretação de acordo com a Constituição Federal para o art. 103 do Código Civil leva à conclusão que somente o uso comum extraordinário e o uso privativo (nas hipóteses em que pode ser admitido) do bem de uso comum do povo podem ser objeto de cobrança. Existe o denominado uso comum ordinário e o uso comum extraordinário. Conforme lição de Maria Sylvia Zanella Di Pietro, "o uso comum ordinário é aberto a todos indistintamente, sem exigência de instrumento administrativo de outorga e sem retribuição de natureza pecuniária".[57] O uso comum ordinário é gratuito e universal. Entretanto, existe o denominado *uso comum extraordinário*. Segundo Maria Sylvia Zanella Di Pietro:

> Trata-se de utilizações que não se exercem com exclusividade (não podendo, por isso, ser consideradas privativas), mas que dependem de determinados requisitos, como o pagamento de prestação pecuniária ou de manifestação de vontade da administração, expressa por meio de ato de polícia, sob a forma de licença ou autorização. O uso é exercido em comum (sem exclusividade), mas remunerado ou dependente de título jurídico expedido pelo Poder Público.[58]

O uso comum extraordinário impõe ao ente Público titular do seu domínio o exercício de Poder de Polícia mais intenso, se comparado ao uso comum ordinário. A possibilidade do uso comum extraordinário decorre de uma decisão do ente público responsável pela administração do bem e deve ser compatível com as suas

---

55 BRASIL. *Constituição da República Federativa do Brasil de 1988*. Disponível em: http://www.planalto.gov.br/ccivil_03/constituicao/constituicao.htm. Acesso em: 24 set. 2021.

56 CARVALHO FILHO, José dos Santos. *Manual de Direito Administrativo*. 27. ed. São Paulo: Atlas, 2014. p. 1.183.

57 DI PIETRO, Maria Sylvia Zanella. *Direito Administrativo*. 28. ed. São Paulo: Atlas, 2015. p. 835.

58 DI PIETRO, Maria Sylvia Zanella. *Direito Administrativo*. 28. ed. São Paulo: Atlas, 2015. p. 834.

características. Se permitido um uso comum extraordinário, haverá a necessidade de criação e efetiva implantação de um aparelhamento estatal que possa executar uma vigilância/fiscalização mais extensa ou mais intensa da que era normalmente feita em relação ao bem, quando objeto apenas do uso comum ordinário; por exemplo, a permissão de visitação de pessoas em uma unidade de conservação ambiental demandará a contratação de agentes públicos para fiscalizar os visitantes para que estes não causem danos ao meio ambiente. É um uso do bem de uso comum que não restringe o uso geral, mas gera uma situação em que a intensidade ou a qualidade de uso demandam uma especial atuação da Administração Pública. Segundo Maria Sylvia Zanella Di Pietro, "o uso comum extraordinário está sujeito a maiores restrições impostas pelo poder de polícia do Estado, ou porque limitado a determinada categoria de usuários, ou porque sujeito a remuneração, ou porque dependente de outorga administrativa". Nos casos de uso comum extraordinário, pode haver a cobrança de remuneração pelo uso do bem de uso comum. Nesse sentido, de acordo com Edmir Netto de Araújo:

> No Brasil, em certos casos o uso comum pode ser remunerado (CC, art. 103), o que leva à consideração da existência de uso comum ordinário (como o de vias públicas, parques, rios etc.) e o uso comum extraordinário, em que, embora abertos os bens à utilização de todos, a lei faz depender do atendimento de certas condições, seja título jurídico (autorização, licença etc.) ou remuneração (pedágio, bilhetes de entrada. p. ex.).[59]

Entretanto, salvo na hipótese do pedágio, que tem previsão constitucional (art. 150, V, da Constituição Federal),[60] a cobrança pelo uso extraordinário do bem público de uso comum tem natureza de taxa decorrente do Poder de Polícia (art. 145, II, da Constituição Federal) e depende de lei específica. Um exemplo é a taxa para a visitação da ilha de Fernando de Noronha, prevista na Lei Estadual do Estado de Pernambuco nº 10.403/1999.[61]

---

[59] ARAÚJO, Edmir Netto de. *Curso de Direito Administrativo*. 5. ed. São Paulo: Saraiva, 2010. p. 1.138.

[60] BRASIL. *Constituição da República Federativa do Brasil de 1988*. Disponível em: http://www.planalto.gov.br/ccivil_03/constituicao/constituicao.htm. Acesso em: 24 set. 2021.

[61] PERNAMBUCO. Lei nº 10.403, de 29 de dezembro de 1989. *Institui os tributos no âmbito do Distrito Estadual de Fernando de Noronha, dispõe sobre a sua competência tributária e dá outras*

Também é possível a cobrança pelo uso anormal do bem de uso comum. Uso anormal é "aquele que atende a finalidades diversas ou acessórias, às vezes em contradição com aquela destinação".[62] Em regra, trata-se de um uso privativo, ainda que limitado a um espaço definido, do bem de uso comum do povo. O uso privativo do bem de uso comum do povo é possível, desde que não abrangente da total extensão do bem e não impedindo o uso natural do bem de uso comum, como um todo. Seria o caso, por exemplo, de instalação de bancas de jornal ou de cadeiras de estabelecimentos comerciais em espaço determinado das calçadas. Conforme lição de Thiago Marrara,

> Os bens de uso comum aceitam usos privativos, usos especiais e mesmo usos 'dominicais' (i.e. exploração econômica) em favor de seu proprietário ou de terceiros. O uso múltiplo é inerente à destinação dos bens de uso comum do povo, mas isso não impede outras espécies de uso, inclusive com exclusividade e de modo aprazado ou não. Todos esses tipos de uso secundários serão possíveis desde que se respeite a função primária do bem.[63]

O uso privativo de bem de uso comum deve ser sempre remunerado, salvo justificativa de Interesse Público que demonstre a vantajosidade para a coletividade da outorga graciosa. Trata-se de preço público, razão pela qual não depende de lei para ser instituído.

1.4.2 Bens de uso especial

Os bens de uso especial são os utilizados pela Administração Pública para o desenvolvimento das atividades administrativas dentro do âmbito de sua competência. Diferem os bens de uso especial dos de uso comum porque aqueles não estão disponíveis ao uso de todos, mas apenas aos que atenderem às normas que regem o

---

providencias. Disponível em: https://legis.alepe.pe.gov.br/texto.aspx?tiponorma=1&numero=10403&complemento=0&ano=1989&tipo=&url=. Acesso em: 24 set. 2021.

[62] DI PIETRO, Maria Sylvia Zanella. *Direito Administrativo.* 28. ed. São Paulo: Atlas, 2015. p. 832.

[63] MARRARA, Thiago; FERRAZ, Luciano. *Direito Administrativo dos bens e restrições estatais à propriedade.* Tratado de Direito Administrativo. v. 3. DI PIETRO, Maria Sylvia Zanella (coord.). São Paulo: Revista dos Tribunais, 2014. p. 89.

funcionamento do serviço público ou de utilidade pública. A fruição dos bens de uso especial é restrita àquelas pessoas autorizadas pela Administração Pública.

São exemplos de bens de uso especial os que abrigam as repartições públicas, os hospitais públicos e os estabelecimentos de ensino públicos. Note-se que esses bens não se destinam ao uso da coletividade, tais como os bens de uso comum. Assim, por exemplo, uma escola pública não atende à coletividade sem qualquer manifestação prévia da Administração Pública, mas somente àqueles que forem admitidos, mediante matrícula, para se servirem do serviço público lá prestado.

São considerados bens de uso especial os de propriedade das pessoas jurídicas de Direito Público utilizados para suas atividades administrativas. Também se enquadram nessa categoria os bens afetados aos serviços públicos, ainda que de propriedade privada. Os bens dos concessionários afetados ao serviço público concedido também são bens de uso especial. Por fim, os bens das empresas públicas e sociedades de economia mista prestadoras de serviços públicos, se estiverem afetados a um serviço público ou de utilidade pública, também são bens públicos de uso especial.

1.4.3 Bens dominicais

Os bens dominicais constituem o patrimônio das pessoas jurídicas de direito público, como objeto de direito pessoal, ou real, de cada uma dessas entidades. Abrangem todos os demais bens públicos que não são de uso do povo nem de uso especial, ou seja, os bens de propriedade dos entes públicos sem uma destinação pública. São os bens não afetados a uma finalidade pública, mas de titularidade de um ente público; se houver uma afetação ao uso especial ou ao uso comum do povo, deixam de ser dominicais.

Os bens dominicais são os bens de propriedade pública. Somente seriam bens dominicais os que são objeto de direito de propriedade, na forma disciplinada no direito civil, de algum ente de direito público. Sobre os bens dominicais não há a denominada afetação que transforma qualquer bem, independentemente da propriedade civil, em público. Somente os bens cuja aquisição o

Estado realizar, na forma da lei civil, podem ser chamados de bens dominicais, conforme lição de Pontes de Miranda:

> A disciplina jurídica dos bens mencionados no art. 66, I e II é publicística; a dos bens mencionados no art. 66, III, privatística. Os chamados bens 'dominicais', bens do patrimônio privado as entidades estatais, são bens que pertencem à União, aos Estados Federados, ao Distrito Federal, aos Territórios e aos Municípios, a título privado, – o que pertence ao Estado, e não se inclui no art. 66, I, ou no art. 66, II, é patrimonial, dominical, sem se poder fazer distinção quanto a serem móveis ou imóveis, fungíveis ou infungíveis, consumíveis ou inconsumíveis.[64]

Segundo o parágrafo único do art. 99 do Código Civil,[65] também são bens públicos dominicais os bens pertencentes às pessoas jurídicas de direito público a que se tenha dado estrutura de direito privado. Tal norma é de redação confusa e gera grande controvérsia na doutrina. José dos Santos Carvalho Filho, comentando referida norma, assinala que:

> O que significaria dar estrutura de direito privado a uma pessoa de direito público: a ideia da norma é, no mínimo, estranha. Há duas hipóteses que teriam pertinência no caso: ou a pessoa de direito público se transforma em pessoa de direito privado, logicamente adotando a estrutura própria desse tipo de entidade; ou continua sendo de direito público, apenas adaptando em sua estrutura alguns aspectos (e não podem ser todos!) próprios de pessoas de direito privado. Ao que parece, somente essa segunda hipótese se conformaria com o texto legal, mas fica difícil entender a razão do legislador. Se a intenção foi a de tornar mais flexível a disponibilização dos bens dessas entidades, qualificando-os como dominicais, seria mais razoável que a lei responsável pela introdução da nova estrutura de direito privado já atribuísse aos bens a referida qualificação, e isso porque o novo diploma já estabelece que os bens dominicais podem ser alienados, observadas as exigências da lei (art. 101).[66]

Segundo Maria Sylvia Zanella Di Pietro, a exegese decorrente do parágrafo único do art. 99 do Código Civil implica a conclusão de

---

[64] PONTES DE MIRANDA. *Tratado de Direito Privado.* Tomo II: Bens. Fatos Jurídicos. 2. ed. Campinas: Bookseller, 2000. p. 170.

[65] BRASIL. Lei nº 10.406, de 10 de janeiro de 2002. *Institui o Código Civil.* Disponível em: http://www.planalto.gov.br/ccivil_03/leis/2002/l10406compilada.htm. Acesso em: 24 set. 2021.

[66] CARVALHO FILHO, José dos Santos. *Manual de Direito Administrativo.* 27. ed. São Paulo: Atlas, 2014. p. 1.165.

que "a destinação do bem é irrelevante, pois, qualquer que seja ela, o bem se inclui como dominical só pelo fato de pertencer a pessoa jurídica de direito público a que se tenha dado estrutura de direito privado, a menos que a lei disponha em sentido contrário".[67]

Na verdade, o parágrafo único do art. 99 do Código Civil deve ser interpretado segundo a teoria geral dos bens públicos. Se entendermos que as "pessoas jurídicas de direito público a que se tenha dado estrutura de direito privado" são as empresas públicas e as sociedades de economia mista, os bens destas podem ser públicos, de uso especial, se utilizados para a prestação de um serviço público, ou podem ser privados, se utilizados para a exploração de atividades econômicas. Por sua vez, se "as pessoas jurídicas de direito público a que se tenha dado estrutura de direito privado" forem autarquias ou fundações públicas, seus bens serão sempre públicos, de uso comum (se afetados para o uso da coletividade), de uso especial (se afetados a um serviço público) ou dominiais (se desafetados).

1.4.3.1 Bens dominiais, função social da propriedade pública e princípio da eficiência na gestão do patrimônio público

O bem dominial, apesar de não afetado, deve ser objeto de alguma utilidade para a Administração Pública. Todo bem patrimonial pode e deve ser fonte de riquezas. Um bem público, se não afetado a um serviço público, deve ser utilizado para gerar riquezas para a Administração Pública. Um bem dominial pode ser alugado, ser objeto de concessão de uso, ser permutado por outro bem mais adequado para uma posterior afetação. O que não se pode admitir é a existência de um patrimônio público sem qualquer destinação, gerando despesas de manutenção, onerando os cofres públicos e subtraindo valores orçamentários que poderiam ser aplicados em serviços públicos ou de utilidade pública.

A má administração de bens públicos imóveis não é um problema apenas do Brasil. Em regra, a Administração Pública tem

---

[67] 'DI PIETRO, Maria Sylvia Zanella. *Direito Administrativo*. 28. ed. São Paulo: Atlas, 2015. p. 814.

muitos órgãos e entes. Falta um cadastro unificado e atualizado que possa dar uma visão global da abrangência e da utilização do patrimônio público imobiliário. Conforme alerta de Detter e Fölster:[68]

> O maior desafio na avaliação da riqueza pública em muitos países permanece com os bens imóveis, já que os registros estão, com frequência, fragmentados e espalhados por vários departamentos, cada um se agarrando à sua peça do quebra-cabeça, negando aos demais o acesso às suas informações. Qualquer tentativa de avaliar valores, de fazer um orçamento para avaliar atividades de administração e de avaliar o desempenho do portfólio de ativos públicos perde-se na procrastinação e na burocracia. Como resultado, os ativos são administrados de modo improvisado e, não raro, reativo.

A má gestão de bens públicos dominiais é causa de desperdício de recursos públicos. Não é incomum entes públicos terem imóveis não utilizados e pagarem aluguéis para instalarem repartições públicas. No ano de 2017 foi noticiado que a União gastava mais de 1,6 bilhão por ano de aluguel, mesmo possuindo mais de 10.000 imóveis vazios.[69] O Governo do Estado de São Paulo possui 3.984 imóveis vagos e/ou invadidos.[70]

Além de desperdício de recursos públicos, a má gestão imobiliária atenta contra o princípio da função social da propriedade, previsto no art. 5º, XXIII da Constituição Federal.[71] Segundo Silvio Luís Ferreira da Rocha, os bens públicos também devem cumprir a sua função social.[72] Toda propriedade, inclusive a pública, deve cumprir a sua função social. Não é admissível que o Estado, cuja única razão de existir é a busca do Interesse Público, possa ter uma propriedade que não atenda à função social.

---

68 DETTER, Dag; FÖLSTER, Stefan. *A riqueza pública das nações*. São Paulo: Cultrix, 2016. p. 72.

69 MESMO com mais de 10 mil imóveis vazios, governo gasta 1,6 bi com aluguel. *BBC News Brasil*, 27 out. 2017. Disponível em: https://www.bbc.com/portuguese/brasil-41719519. Acesso em: 25 set. 2021.

70 SÃO PAULO. *Sistema de Gerenciamento de Imóveis*. SGI. Disponível em: http://sgi.governo.sp.gov.br/. Acesso em: 29 set. 2024.

71 BRASIL. *Constituição da República Federativa do Brasil de 1988*. Disponível em: http://www.planalto.gov.br/ccivil_03/constituicao/constituicao.htm. Acesso em: 24 set. 2021.

72 "Afirmamos que o princípio da função social da propriedade ganhou contornos nítidos no ordenamento jurídico e que os seus efeitos incidem, também, sobre o domínio público, embora, às vezes, haja a necessidade de harmonizar o princípio da função social com outros princípios e com o Interesse Público". (ROCHA, Silvio Luís Ferreira da. *A função social da propriedade pública*. São Paulo: Malheiros, 2005. p. 127).

Conforme lição de Marçal Justen Filho, "excluídos os bens destinados à preservação, todo o restante do patrimônio estatal deve ser explorado do modo mais intenso possível".[73] O Estado, tal como o particular, não pode ser um especulador imobiliário. Também, não pode o Estado ser um mal administrador e ter bens públicos que apenas lhe geram despesas. Todo bem público deve ser afetado a uma finalidade pública ou gerar riquezas ao ente público. Nesse sentido, de acordo com Floriano de Azevedo Marques Neto:

> Contudo, no caso dos bens dominicais, parece-nos ser uma verdadeira afronta à cláusula geral de função social imaginar possível que o ente público detenha um acervo de bens (móveis ou imóveis) e não lhes dê qualquer uso, nem mesmo no sentido de geração de receitas empregáveis no custeio de necessidades coletivas ou na viabilização de empreendimentos públicos. Se bens dominicais existem, a eles deve ser dada a destinação patrimonial: o acervo destes bens deve ser administrado de forma a propiciar resultado econômico (rendas para a Administração) ou a permitir que os particulares o façam, preferencialmente com reversão de ônus em favor do Poder Público. Enfatizamos isso por identificar um certo ranço cultural que vê que a atividade pública como contraposta, antípoda, à atividade econômica.[74]

Se não for possível uma afetação a uma finalidade pública, ou um uso que gere receitas orçamentárias, como locação, concessão ou fundo público de investimento imobiliário,[75] deve o ente público alienar, na forma da lei, o seu patrimônio imobiliário, sob pena de grave descumprimento do princípio constitucional da eficiência administrativa. A situação de um bem público sem qualquer uso em serviço público ou exploração econômica deve ser transitória. Não havendo possibilidade de afetação do bem

---

[73] JUSTEN FILHO, Marçal. *Curso de Direito Administrativo*. 8. ed. Belo Horizonte: Fórum, 2012. p. 1.038.

[74] MARQUES NETO, Floriano Azevedo. *Bens Públicos*: Função Social e Exploração Econômica. O Regime Jurídico das Utilidades Públicas. Belo Horizonte: Fórum, 2009. p. 221-222.

[75] No Estado de São Paulo, foi criado, com fundamento do art. 3º, II da Lei Estadual nº 16.338/2016, o primeiro fundo de investimento imobiliário formado por bens públicos. (SÃO PAULO. Lei nº 16.338, de 14 de dezembro de 2016. *Autoriza a alienação dos imóveis que especifica e dá outras providências*. Disponível em: https://www.al.sp.gov.br/repositorio/legislacao/lei/2016/lei-16338-14.12.2016.html. Acesso em: 29 set. 2021.).

dominical, este deve ser locado, concedido ou alienado. Conforme lição de Patrícia Baptista:

> Não sendo o bem passível de afetação, o melhor mesmo é vendê-lo para que os recursos possam ser empregados aí sim na realização de um verdadeiro Interesse Público. O Poder Público não deve ser proprietário imobiliário sem propósito de Interesse Público específico. Fere a lógica tanto da ideia de domínio público como da de domínio privado.[76]

Para que exista eficiência na gestão do patrimônio público imobiliário, em especial dos bens públicos dominiais, necessária a existência de um órgão centralizado, em cada ente da federação, responsável pelo armazenamento e pela atualização de informações sobre os imóveis de propriedade do ente público, seu estado de conservação e uso atual. Também, deve cada imóvel ser atribuído à administração de um órgão, responsável pelo seu uso, destinação e conservação. Por fim, cada imóvel deve ter um agente público especialmente por ele responsável, com o dever de zelar pela conservação do imóvel, impedindo invasões, e assegurando o cumprimento da função social da propriedade pública; esse agente gestor do imóvel deve, sempre que não for possível a utilização do bem público para um serviço de utilidade pública ou para exploração econômica, propor a alienação onerosa, sob pena de responder pelos prejuízos ao erário resultantes da má administração do bem público.

1.5 Afetação e desafetação

Um bem público dominial se torna de uso especial ou de uso comum do povo em razão da afetação. Conforme lição da doutrina, afetação é o "fato administrativo pelo qual se atribui ao bem público uma destinação pública especial de interesse direto ou indireto da Administração".[77] A afetação pode ser lícita, em relação aos bens de

---

[76] BAPTISTA, Patrícia. A funcionalização da propriedade pública: problemas da perspectiva civilista sobre o regime jurídico dos bens públicos. *RFD-Revista da Faculdade de Direito da UERJ*, n. 31, p. 246-271, 2017.

[77] CARVALHO FILHO, José dos Santos. *Manual de Direito Administrativo*. 27. ed. São Paulo: Atlas, 2014. p. 1.167.

domínio do ente público, ou ilícita, que "decorre da desapropriação indireta, que atinge bens pertencentes ao particular".[78]

A afetação pode ocorrer em dois graus. Conforme lição de Diogo de Figueiredo Moreira Neto, "num primeiro grau, alça-se à categoria de *bem público de uso especial* e, subindo mais um grau, à de *bem de uso comum do povo*, que é a mais elevada afetação".[79]

A afetação pode ser intrínseca, em razão das próprias características de um bem público, tal como uma praça ou uma via pública, que são naturalmente utilizadas pela população. Também pode ocorrer pela consolidação de uma dada situação de fato; como exemplo, pelo uso reiterado e constante de um bem para um serviço público. Por fim, pode ocorrer mediante prática de ato administrativo do ente público titular do bem, destinando-o a uma finalidade de Interesse Público.

A desafetação é a operação em sentido contrário ao da afetação. Em razão da desafetação, o bem passa da categoria de bem público de uso comum para a categoria de uso especial ou dominical. Também, pela desafetação, o bem de uso especial passa para a categoria de bem dominical.

Parte da doutrina entende que a desafetação deve ser realizada por lei. Conforme lição de Marçal Justen Filho, "a desafetação é ato estatal, cuja formalização depende de autorização legislativa, por meio do qual o Estado altera o regime jurídico aplicável ao bem público, produzindo sua submissão ao regime de bem dominical".[80] Entretanto, não se faz necessária edição de lei para desafetar um bem público. Conforme lição de José dos Santos Carvalho Filho, "a afetação e a desafetação constituem *fatos administrativos*, ou seja, acontecimentos ocorridos na atividade administrativa independentemente da forma com que se apresentam".[81]

A afetação e a desafetação são fatos administrativos, ou seja, ocorrem sem a necessidade de um ato formal declarando o início da

[78] NOHARA, Irene Patrícia. *Direito Administrativo*. 9. ed. São Paulo: Atlas, 2019. p. 796.

[79] MOREIRA NETO, Diogo de Figueiredo. *Curso de Direito Administrativo*. 15. ed. Rio de Janeiro: Forense, 2009. p. 387.

[80] JUSTEN FILHO, Marçal. *Curso de Direito Administrativo*. 8. ed. Belo Horizonte: Fórum, 2012. p. 1.055.

[81] CARVALHO FILHO, José dos Santos. *Manual de Direito Administrativo*. 27. ed. São Paulo: Atlas, 2014. p. 1.168.

utilização (ou o fim desta) do bem em um serviço público ou para a utilidade pública. Somente a desafetação de bens de uso comum do povo depende de ato expresso do ente público. Nesse sentido é a lição de Celso Antônio Bandeira de Mello:

> Já a *desafetação* dos *bens de uso comum*, isto é, o seu trespasse para o uso especial ou sua conversão em bens meramente dominicais depende de lei ou de ato do Executivo praticado na conformidade dela. É que, possuindo originariamente *destinação natural* para o uso comum ou tendo-a adquirido em consequência de ato administrativo que os tenha preposto neste destino, haverão, de toda sorte, neste caso, terminado por assumir uma *destinação natural* para tal fim. Só um ato de hierarquia jurídica superior, como o é a lei, poderia ulteriormente contrariar o destino natural que adquiriram ou habilitar o Executivo a fazê-lo.[82]

Em razão da necessidade de lei, em relação aos bens de uso comum, o mero não uso não pode resultar em desafetação, conforme Maria Sylvia Zanella Di Pietro:

> O que é inaceitável é a desafetação pelo não uso, ainda que prolongado, como por exemplo, no caso de uma rua que deixa de ser utilizada. Em hipótese como essa, torna-se necessário um ato expresso de desafetação, pois inexiste a fixação de um momento a partir do qual o não uso pudesse significar desafetação. Sem essa restrição, a cessação da dominialidade pública poderia ocorrer arbitrariamente, em prejuízo do Interesse Público.[83]

Assim, a afetação e a desafetação podem ser realizadas mediante um ato formal, proveniente do Chefe do Poder Executivo, ou decorrer de um fato administrativo, ou seja, o início do uso de determinado bem para uma finalidade pública ou, ao contrário, pela cessação deste uso, como o fechamento de um estabelecimento de ensino que foi transferido para outra localidade. Apenas nos casos de desafetação de bens de uso comum do povo, necessária autorização legislativa.

A competência para a afetação e/ou a desafetação é do ente público titular do bem público. Conforme lição de Diogenes

---

[82] MELLO, Celso Antônio Bandeira de. *Curso de Direito Administrativo*. 27. ed. São Paulo: Malheiros, 2010. p. 915.

[83] DI PIETRO, Maria Sylvia Zanella. *Direito Administrativo*. 28. ed. São Paulo: Atlas, 2015. p. 820.

Gasparini, "essas competências são expressões da autonomia que a Constituição outorgou a cada uma das entidades componentes da Federação no trato de bens de sua propriedade".[84] Assim, não poderia uma lei federal ou um ato administrativo de autoridade federal desafetar bens estaduais ou municipais; da mesma forma, não poderia o Estado desafetar bens do Município e, este, daquele ou da União.

1.5.1 Limites constitucionais à desafetação de bens públicos

A desafetação de bens públicos não é um ato totalmente livre do administrador público. Além dos casos expressamente previstos na Constituição Federal,[85] tais como os dos artigos 225, §5º e 231, §4º, existem limitações implícitas ao poder de desafetar bens públicos decorrentes dos direitos fundamentais. Se a desafetação de um bem público ocasionar a lesão a um direito fundamental assegurado pela Constituição Federal, ela é eivada de nulidade.

Os limites constitucionais implícitos ao poder de desafetar bens públicos podem atingir tanto bens de uso especial, como bens de uso comum. Todas as gerações de direitos fundamentais podem resultar na impossibilidade, no caso concreto, de desafetação de um bem público. A *primeira geração* dos direitos fundamentais é composta pelos direitos de defesa contra o Estado. A *segunda geração* dos direitos fundamentais é composta pelos direitos econômicos, sociais e culturais que exigem a atuação estatal. A *terceira geração* é formada pelos direitos coletivos, como a autodeterminação dos povos, o direito ao desenvolvimento, à paz e ao meio ambiente saudável. E, por fim, aparece a *quarta geração*, representada pelo direito à democracia fundamentado nos direitos humanos.[86]

Deve ser analisado, no caso concreto, se a desafetação do bem público representa uma lesão a um direito fundamental. Os direitos

---

[84] GASPARINI, Diogenes. *Direito Administrativo*. 17. ed. São Paulo: Saraiva, 2012. p. 964.

[85] BRASIL. *Constituição da República Federativa do Brasil de 1988*. Disponível em: http://www.planalto.gov.br/ccivil_03/constituicao/constituicao.htm. Acesso em: 24 set. 2021.

[86] Cf. MULLER, Friedrich. *O novo paradigma do direito*. 2. ed. São Paulo: RT, 2009. p. 166.

fundamentais, em especial os direitos sociais, impõem obrigações positivas[87] ao Estado (na forma do art. 6º da Constituição Federal), que deve promover as condições materiais necessárias para que as pessoas possam ter acesso à educação, saúde, alimentação, trabalho, moradia, transporte, lazer, segurança e previdência social; deve, ainda, o Estado dar especial proteção à maternidade e à infância e assistir aos desamparados.[88] Também impõe obrigações negativas, visto que os direitos sociais já usufruídos pela população não podem ser retirados pelo Estado. Por fim, este deve proteger os beneficiários dos direitos sociais de ações lesivas de particulares. Nesse sentido, para Jorge Reis Novais:[89]

> Por sua vez, do facto de no cumprimento destes deveres estatais se visa garantir jurídico constitucionalmente o acesso individual a bens jusfundamentais sociais, resulta que da titularidade dos correspondentes direitos decorram, para os particulares, situações ou posições de vantagem traduzidas normativamente, na sua dimensão subjectiva principal. Em correspondentes pretensões, face ao Estado, à realização, garantia ou manutenção dessas posições de vantagem relativas ao acesso aos bens jusfundamentalmente protegidos pelos direitos sociais.

Bens públicos podem ser o instrumento de efetivação de direitos sociais. Se a desafetação de um bem público resultar no descumprimento do Estado do dever de assegurar efetividade a um direito social, ela é vedada pelo ordenamento jurídico. Suponha-se que um governante decidisse desafetar todos os imóveis utilizados

---

87 Nesse sentido: "Direitos sociais são a espécie de direitos humanos que apresenta, como requisito para sua concretização, a exigência da intermediação dos entes estatais, quer na realização de uma prestação fática, quer na realização de uma prestação jurídica". (AGRA, Walber de Moura. Direitos Sociais. *In*: MARTINS, Ives Gandra da Silva; MENDES, Gilmar Ferreira; NASCIMENTO, Carlos Valber do. *Tratado de Direito Constitucional*. 2. ed. São Paulo: Saraiva, 2012. v. 1. p. 583-633).

88 Nesse sentido: "Portanto, e uma vez que respeitam a bens que as nossas sociedades não dispõem em abundancia, mas que são indispensáveis ao bem-estar e a uma vida digna, tais normas impõem ao Estado, não apenas o dever de proteger o acesso a tais bens que os particulares alcançam através de meios próprios, não apenas a garantia geral e abstracta de acesso a esses bens por parte de todos os indivíduos, como acontece com todos os direitos fundamentais, mas também a realização de prestações fácticas destinadas a promover o acesso a esses bens econômicos, sociais ou culturais a quem não dispõe de recursos próprios para o alcançar". (NOVAIS, Jorge Reis. *Direitos Sociais*. Coimbra: Editora Coimbra, 2010. p. 42.).

89 NOVAIS, Jorge Reis. *Direitos Sociais*. Coimbra: Editora Coimbra, 2010. p. 43.

para atendimento da educação básica, para aliená-los, descumprindo o dever constitucionalmente imposto aos entes públicos de assegurar educação para crianças e adolescentes (art. 227 da Constituição Federal). Ou se um administrador público decidisse desafetar um parque estadual urbano que fosse um dos principais equipamentos de lazer da população de uma região metropolitana, visando alienar onerosamente a área, resultando em notória ofensa ao direito social ao lazer, assegurado no art. 6º da Constituição Federal. Ou, por fim, se uma municipalidade decidisse desafetar a principal via pública da cidade, gerando o caos na mobilidade urbana, em manifesta ofensa ao direito social ao transporte. Tais atos administrativos seriam nulos de pleno direito, pois representariam uma ofensa direta a direitos fundamentais assegurados pela Constituição Federal, subsumindo-se à hipótese prevista na alínea "c" do parágrafo único do art. 2º da Lei da Ação Popular.[90]

É discricionária a decisão pela desafetação de um bem público. Entretanto, não existe discricionariedade juridicamente válida se ela resultar em ofensa a um direito fundamental. A discricionariedade que ocasiona uma ofensa a um direito fundamental é viciada e colide com normas da Constituição Federal. Nesse sentido é a lição de Hartmut Maurer:

> Os direitos fundamentais e os princípios gerais para a atuação administrativa, em especial, os da necessidade e da proporcionalidade, são barreiras objetivas do poder discricionário, mas também devem ser observados nas considerações do poder discricionário. Sua violação torna a decisão discricionária viciosa.[91]

Apesar de ser uma decisão discricionária da Administração Pública, a desafetação de um bem público pressupõe a existência de um Interesse Público válido (como obtenção dos recursos decorrentes da alienação para realização de outros investimentos públicos) que não pode contrariar outro Interesse Público de igual ou maior relevância. Não atende ao Interesse Público lesionar direitos

---

[90] BRASIL. Lei nº 4.717, de 29 de junho de 1965. *Regula a ação popular*. Disponível em: https://www.planalto.gov.br/ccivil_03/leis/l4717.htm. Acesso em: 9 out. 2021.

[91] MAURER, Harmut. *Direito Administrativo Geral*. Tradução de Luiz Afonso Heck. São Paulo: Manole, 2006. p. 151.

fundamentais assegurados pela Constituição. Se a desafetação de um bem público ocasionar ofensa a um direito fundamental, trata-se de ato vedado ao administrador público. Conforme lição de García de Enterría "la discrecionalidad es esencialmente una libertad de elección entre alternativas igualmente justas".[92] Se uma das alternativas resultar em injustiça, não há discricionariedade. Assim, não há discricionariedade em decidir pela desafetação de um bem público se o resultado for a lesão a um direito fundamental.

Por fim, ressalte-se que não se está propondo que todo bem público que serve de instrumento para a efetivação de um direito fundamental não possa ser desafetado. Se a desafetação não causar, no caso concreto, ofensa ao direito fundamental por existirem outros aptos a atendê-lo, nada há de ilegal na desafetação. Assim, por exemplo, se existirem dois imóveis afetados ao serviço público de educação e a demanda for satisfatoriamente atendida por apenas um, o outro poderá ser livremente desafetado.

1.6 Desnecessidade de registro do bem público imobiliário

A propriedade imobiliária, no Direito brasileiro, somente é adquirida mediante o registro, na forma do art. 1.245 do Código Civil.[93] No nosso sistema registral, somente a escritura pública é meio hábil a instrumentalizar a transferência da propriedade imóvel, mas não é suficiente. O registro é o ato que ocasiona a transferência da propriedade. Em regra, no nosso sistema jurídico, o registro da propriedade é constitutivo. Conforme lição de Orlando Gomes:

> Sem *transcrição*, não se adquire *inter vivos* a propriedade de bem imóvel. É seu principal *modo de aquisição*. Não basta o *título translativo*. Preciso é que seja registrado. Do contrário, não opera a transferência, a que simplesmente, serve de *causa*. Assim é nos sistemas jurídicos como o nosso, que não reconhecem *força translativa* aos *contratos*. Neles, o *negócio*

---

92 GARCÍA DE ENTERRÍA, Eduardo; FERNÁNDEZ, Tomás-Ramón. *Curso de Derecho Administrativo I*. Madrid: Thomson Civitas, 2004. p. 467.

93 BRASIL. Lei nº 10.406, de 10 de janeiro de 2002. *Institui o Código Civil*. Disponível em: http://www.planalto.gov.br/ccivil_03/leis/2002/l10406compilada.htm. Acesso em: 24 set. 2021.

> *jurídico*, que tenha a função econômica de transferir o domínio, produz, tão-somente, a *obrigação* de o transferir. Quem adquirir a título oneroso um bem de raiz serve-se do contrato de compra e venda, instrumentado numa escritura pública, que é apenas o *titulus adquirendi*, da propriedade da coisa comprada. Para que a *transferência* se verifique, isto é, para que o comprador se torne o dono da coisa comprada, é preciso que o título de aquisição seja *registrado* no *Ofício de Imóveis*.[94]

Como a dominialidade pública não se confunde com o direito de propriedade, a condição de bem público independe do registro imobiliário. Apenas a propriedade privada imobiliária depende da existência de registro. O bem público prescinde de registro imobiliário. O registro da propriedade de bem público em nome de particular é inoponível ao ente público. Conforme lição de Walter Ceneviva:

> Os bens públicos integram o patrimônio da União, dos estados e dos municípios. O domínio público é uma das formas de exercício da soberania, nem confundível com a propriedade, nem a ela equiparável. Por isso não é sujeito ao registro imobiliário, destinado às modificações dos direitos reais sobre imóveis.[95]

Um bem imóvel formalmente registrado como propriedade particular será um bem público, caso esteja sendo utilizado para alguma finalidade pública, em razão da sua afetação. Ensina Eduardo Vianna Motta que:

> Modernamente, considera-se que não é o título de aquisição civil, nem o registro imobiliário que conferem ao bem o caráter público. É a destinação administrativa, possibilitando o uso comum de todos, que afeta o bem de dominialidade pública.[96]

A finalidade do registro de imóveis é constituir e dar publicidade às propriedades particulares. No caso dos bens públicos, a notoriedade do uso do bem dispensa o registro da propriedade para

---

[94] GOMES, Orlando. *Direitos Reais*. 17. ed. Rio de Janeiro: Forense, 2000. p. 140.

[95] CENEVIVA, Walter. *Lei dos Registros Públicos Comentada*. 15. ed. São Paulo: Saraiva, 2003. p. 563.

[96] MOTTA, Eduardo Vianna. Bens de Uso Comum do Povo. Natureza Jurídica da relação entre eles e a pessoa de direito público – modos de aquisição. *Doutrinas Essenciais de Direito Civil*, v. 4, p. 1.083-1.191, out. 2010.

fins de publicidade e a afetação o transforma em objeto da dominialidade pública. O determinante para a configuração de um bem como público é a sua afetação a uma finalidade pública, razão pela qual o ordenamento jurídico prevê a impossibilidade de reivindicação de bem particular afetado ao patrimônio público, conforme previsão do art. 35 do Decreto-Lei nº 3.365/41.[97]

Entretanto, para evitar insegurança jurídica no mercado imobiliário, bem como litígios de natureza reivindicatória, é recomendável que os bens públicos, em especial os dominicais, sejam objeto de registro de propriedade, na forma na lei civil, quando possível. Um bem dominical, em regra, não é utilizado para qualquer finalidade pública e pode gerar a falsa presunção de não ser de propriedade pública, podendo ser objeto de transmissões de posse e/ou propriedade, ainda que irregulares, a terceiros. Assim, o registro na forma da lei civil do bem público dominical é uma medida salutar para evitar quaisquer litígios em razão da propriedade.

1.7 Bens públicos e propriedade imobiliária de entes da administração direta e indireta

Os bens públicos abrangem os bens de propriedade pública, quais sejam, os de titularidade dos entes com personalidade jurídica de direito público, como Autarquias, Agências Executivas, Agências Reguladoras e Fundações Públicas. Os bens de pessoas da Administração Indireta com natureza privada (empresas públicas, sociedades de economia mista) que explorem atividades econômicas não são bens públicos. São bens sujeitos ao regime jurídico de direito privado, em razão do disposto no art. 173, §1º, II da Constituição Federal.[98]

Se as empresas públicas e as sociedades de economia mista que exploram atividades econômicas submetem-se ao regime jurídico

---

97 BRASIL. Decreto-Lei nº 3.365, de 21 de junho de 1942. *Dispõe sobre desapropriações por utilidade pública.* Disponível em: http://www.planalto.gov.br/ccivil_03/decreto-lei/del3365.htm. Acesso em: 24 set. 2021.

98 BRASIL. *Constituição da República Federativa do Brasil de 1988.* Disponível em: http://www.planalto.gov.br/ccivil_03/constituicao/constituicao.htm. Acesso em: 24 set. 2021.

próprio das empresas privadas, inclusive quanto aos direitos e às obrigações civis, comerciais, trabalhistas e tributários, não há que se falar em dominialidade pública sobre os bens integrantes de seu patrimônio. Assim, os bens de empresas públicas e de sociedades de economia mista que exploram atividades econômicas são bens privados.

Entretanto, os bens das sociedades de economia mista e de empresas públicas prestadoras de serviços públicos são bens públicos. Afasta-se a disciplina do art. 173, §1º, II da Constituição Federal[99] em razão da afetação do bem ao serviço público. Nesse sentido, decidiu o Supremo Tribunal Federal, no julgamento do Tema 1140, no RE nº 1320054 RG, fixou a seguinte tese:[100]

> As empresas públicas e as sociedades de economia mista delegatárias de serviços públicos essenciais, que não distribuam lucros a acionistas privados nem ofereçam risco ao equilíbrio concorrencial, são beneficiárias da imunidade tributária recíproca prevista no artigo 150, VI, a, da Constituição Federal, independentemente de cobrança de tarifa como contraprestação do serviço.

1.8 Bens de terceiros não integrantes da Administração Pública: entes do terceiro setor e serviços sociais autônomos

Existem entes de natureza privada que realizam atividades de Interesse Público. Os bens dos entes privados que, na forma prevista em lei, recebem algum tipo de fomento estatal não são públicos. Os bens dos integrantes do denominado "terceiro setor", como Organizações Sociais (Lei nº 9.637/1998),[101] Organizações da

---

[99] BRASIL. *Constituição da República Federativa do Brasil de 1988*. Disponível em: http://www.planalto.gov.br/ccivil_03/constituicao/constituicao.htm. Acesso em: 24 set. 2021.

[100] BRASIL. Supremo Tribunal Federal. *RE nº 633782*, Relator(a): Luiz Fux, Tribunal Pleno, julgado em 26-10-2020, Processo Eletrônico Repercussão Geral – Mérito DJe-279 DIVULG 24.11.2020 PUBLIC 25.11.2020.

[101] BRASIL. Lei nº 9.637, de 15 de maio de 1998. *Dispõe sobre a qualificação de entidades como organizações sociais, a criação do Programa Nacional de Publicização, a extinção dos órgãos e entidades que menciona e a absorção de suas atividades por organizações sociais, e dá outras providências*. Disponível em: http://www.planalto.gov.br/ccivil_03/leis/l9637.htm. Acesso em: 24 set. 2021.

Sociedade Civil de Interesse Público (Lei nº 9.790/1999),[102] bem como as organizações da sociedade civil (Lei nº 13.019/2014)[103] não são públicos. Apenas se afetados a um serviço público, submetem-se ao regime jurídico dos bens públicos, tornando-se bens públicos, tal como qualquer bem, de qualquer titular.

Mesmo os bens dos serviços sociais autônomos não são públicos. Conforme lição de Odete Medauar, os serviços sociais autônomos "são pessoas jurídicas de direito privado, sem fins lucrativos, destinadas a propiciar assistência social, médica ou ensino à população ou a certos grupos profissionais".[104] Ainda conforme a referida doutrinadora, os serviços sociais autônomos "não integram a Administração indireta, nem a direta".[105]

Os serviços sociais autônomos não prestam serviços públicos. As atividades exercidas pelos serviços sociais autônomos são meramente privadas, apesar de fomentadas por meio de tributos instituídos por lei federal. Nesse sentido, ensina Maria Sylvia Zanella Di Pietro que os Serviços Sociais Autônomos:

> Não prestam serviço público delegado pelo Estado, mas atividade privada de Interesse Público (serviços não exclusivos do Estado); exatamente por isso são incentivadas pelo Poder Público. A atuação estatal, no caso, é de *fomento* e não de prestação de serviço público. Por outras palavras, a participação do Estado, no ato de criação, se deu para incentivar a iniciativa privada mediante subvenção garantida por meio da instituição compulsória de contribuições parafiscais destinadas especificamente a essa finalidade. Não se trata de atividade que incumbisse ao Estado, como serviço público, e que ele transferisse para outra pessoa jurídica, por meio do instrumento

[102] BRASIL. Lei nº 9.790, de 23 de março de 1999. *Dispõe sobre a qualificação de pessoas jurídicas de direito privado, sem fins lucrativos, como Organizações da Sociedade Civil de Interesse Público, institui e disciplina o Termo de Parceria, e dá outras providências.* Disponível em: http://www.planalto.gov.br/ccivil_03/leis/l9790.htm. Acesso em: 24 set. 2021.

[103] BRASIL Lei nº 13.019, de 31 de julho de 2014. *Estabelece o regime jurídico das parcerias entre a Administração Pública e as Organizações da Sociedade Civil, em regime de mútua cooperação, para a consecução de finalidades de Interesse Público e recíproco, mediante a execução de atividades ou de projetos previamente estabelecidos em planos de trabalho inseridos em termos de colaboração, em termos de fomento ou em acordos de cooperação; define diretrizes para a política de fomento, de colaboração e de cooperação com organizações da sociedade civil; e altera as Leis nº 8.429, de 2 de junho de 1992, e 9.790, de 23 de março de 1999. (Redação dada pela Lei nº 13.204, de 2015).* Disponível em: http://www.planalto.gov.br/ccivil_03/_ato2011-2014/2014/lei/l13019.htm. Acesso em: 24 set. 2021.

[104] MEDAUAR, Odete. *Direito Administrativo Moderno.* 16. ed. São Paulo: Revista dos Tribunais, 2012. p. 108.

[105] MEDAUAR, Odete. *Direito Administrativo Moderno.* 16. ed. São Paulo: Revista dos Tribunais, 2012. p. 108.

da descentralização. Trata-se, isto sim, de atividade privada de Interesse Público que o Estado resolveu incentivar e subvencionar.[106]

O custeio das atividades dos serviços sociais autônomos se dá por meio de tributos, sob a modalidade de contribuições parafiscais recolhidas de empregadores, com fundamento no art. 149 da Constituição Federal.[107] Em razão da fonte de seus recursos, existe um regime jurídico híbrido que rege os serviços sociais autônomos. Conforme lição de Marçal Justen Filho,[108] "em grande parte, o regime jurídico aplicável a essas entidades é o de direito privado". Entretanto, o referido autor ressalta que "a natureza supraindividual dos interesses atendidos e o cunho tributário dos recursos envolvidos impõem a aplicação de regras de direito público".

A origem dos recursos dos serviços sociais autônomos é evidentemente pública. Entretanto, após o ingresso ao patrimônio dos serviços sociais autônomos do produto das contribuições parafiscais, recolhidas de empregadores, com fundamento no art. 149 da Constituição, este passa a ter natureza privada. Nesse sentido, o Supremo Tribunal Federal decidiu que *"quando o produto das contribuições ingressa nos cofres dos Serviços Sociais Autônomos perde o caráter de recurso público"*.[109]

Assim, salvo se afetados a algum serviço público, os bens de entes privados fomentados pelo Estado não são públicos. Os recursos públicos, uma vez internalizados no ente beneficiário do fomento, tornam-se privados.

1.9 Titularidade e formas de aquisição dos bens públicos

Os titulares dos bens públicos são, primeiramente, os entes federativos. Os bens da União são elencados no art. 20 da

---

[106] DI PIETRO, Maria Sylvia. *In*: DI PIETRO, Maria Sylvia; MOTTA, Fabrício. *Tratado de Direito Administrativo*: Administração Pública e Servidores Públicos. V. 2. São Paulo: Revista dos Tribunais, 2014. p. 280.

[107] BRASIL. *Constituição da República Federativa do Brasil de 1988*. Disponível em: http://www.planalto.gov.br/ccivil_03/constituicao/constituicao.htm. Acesso em: 24 set. 2021.

[108] JUSTEN FILHO, Marçal. *Curso de Direito Administrativo*. 8. ed. Belo Horizonte: Fórum, 2012. p. 282.

[109] BRASIL. Supremo Tribunal Federal. ACO 1.953 AgR. Rel. Ricardo Lewandowski, Tribunal Pleno, julgado em: 18.12.2013.

Constituição Federal.[110] Os bens dos estados estão elencados no art. 26 da Constituição Federal. Os bens dos municípios não são elencados na Constituição Federal, mas compõem-se de todos regularmente adquiridos e aqueles que a lei atribui ao seu domínio, tais como ruas, praças, jardins públicos, logradouros públicos, conforme dispõe a Lei nº 6.766/79.[111]

Anote-se que os órgãos públicos, como Ministério Público, Judiciário e Assembleias Legislativas não têm personalidade jurídica e não podem ser titulares de bens públicos. Nesses casos, o titular do bem público é a pessoa jurídica a que o órgão pertence, conforme a lição de José dos Santos Carvalho Filho:

> A propósito da titularidade dos bens públicos, há uma particularidade a destacar: os titulares são as *pessoas jurídicas públicas*, e não os órgãos que as compõem. Na prática, tem ocorrido o registro de propriedade atribuído ao Tribunal de Justiça, Assembleia Legislativa, Ministério Público. A indicação revela apenas que o bem foi adquirido com o orçamento daquele órgão específico, estando, por isso, afetado a suas finalidades institucionais. A propriedade, todavia, é do ente estatal, no caso, o Estado-membro, e não do órgão, que não tem personalidade jurídica e representa mera repartição interna da pessoa jurídica, por mais relevantes que sejam suas funções.[112]

Também são bens públicos os titularizados pelos entes da Administração indireta com personalidade jurídica de Direito Público, bem como pelas Empresas Estatais que prestem serviços públicos. Por fim, são bens públicos os afetados ao serviço público, independentemente de quem seja apontado no registro imobiliário como titular da propriedade.

Os casos elencados nos incisos dos artigos 20 e 26 da Constituição Federal configuram propriedade *ex lege*, ou seja, decorrente diretamente da norma constitucional. Também é propriedade *ex lege* a decorrente do art. 17 da Lei nº 6.766/1979. A aquisição da propriedade *ex lege* prescinde de qualquer ato jurídico

---

110 BRASIL. *Constituição da República Federativa do Brasil de 1988*. Disponível em: http://www.planalto.gov.br/ccivil_03/constituicao/constituicao.htm. Acesso em: 24 set. 2021.

111 BRASIL. Lei nº 6.766, de 19 de dezembro de 1979. *Dispõe sobre o Parcelamento do Solo Urbano e dá outras Providências*. Disponível em: http://www.planalto.gov.br/ccivil_03/leis/l6766.htm. Acesso em: 24 set. 2021.

112 CARVALHO FILHO, José dos Santos. *Manual de Direito Administrativo*. 27. ed. São Paulo: Atlas, 2014. p. 1.158.

de transferência do bem para a titularidade do ente público; a lei o faz, independentemente, inclusive, de registro imobiliário.

Também, os entes públicos podem adquirir a propriedade de bens públicos por meio de negócios jurídicos que instrumentalizem atos de alienação, tais como compra e venda, permuta e doação, precedidas, em regra, de licitação. Também, os entes públicos podem adquirir propriedades por meio de atos de império previstos na Constituição Federal, tais como a requisição,[113] a desapropriação[114] e o confisco.[115]

Há casos que o legislador determina a aquisição da propriedade pelo ente público em razão de sucessão. O art. 39, parágrafo único, do Código Civil, determina que os bens arrecadados em razão da sucessão definitiva do ausente passarão à propriedade do Estado, Município ou do Distrito Federal, se localizados nas respectivas circunscrições, incorporando-se ao domínio da União, quando situados em território federal. Em caso de extinção de associação, conforme previsão do art. 61, §2º do Código Civil, não existindo no Município, no Estado, no Distrito Federal ou no Território, em que a associação tiver sede, instituição nas condições indicadas neste artigo, o que remanescer do seu patrimônio se devolverá à Fazenda do Estado, do Distrito Federal ou da União. No caso de descoberta, conforme previsão do art. 1.237 do Código Civil, decorridos 60 dias da divulgação da notícia pela imprensa, ou do edital, não se apresentando quem comprove a propriedade sobre a coisa, será esta vendida em hasta pública e, deduzidas do preço as despesas, mais a recompensa do descobridor, pertencerá o remanescente ao Município em cuja circunscrição se deparou o objeto perdido. Após cinco anos da declaração da vacância da herança, os bens arrecadados passarão ao domínio do Município ou do Distrito Federal, se localizados nas respectivas circunscrições, incorporando-se ao domínio da União quando situados em território federal, na forma do art. 1.822 do Código Civil. Prevê o art. 1.276 do Código Civil que o imóvel urbano que o proprietário abandonar, com a intenção de não mais o conservar em seu patrimônio, e que se não encontrar na posse de outrem, poderá ser arrecadado, como bem vago, e passar, três anos depois, à propriedade do Município ou à

[113] Art. 5º, XXV, da Constituição Federal.

[114] Art. 5º, XXIV, da Constituição Federal.

[115] Art. 243, da Constituição Federal.

do Distrito Federal, se se achar nas respectivas circunscrições. Sobre a arrecadação prevista no art. 1.276 do Código Civil, iremos abaixo tratar do assunto de forma mais detalhada.

1.9.1 A aquisição da propriedade pelo ente público em razão do abandono

A arrecadação de imóveis fundada na presunção de abandono em razão da falta de pagamento de tributos foi prevista inicialmente pelo Código Civil de 2002. Conforme art. 1.276 deste, o imóvel urbano que o proprietário abandonar, com a intenção de não mais o conservar em seu patrimônio, e que se não encontrar na posse de outrem, poderá ser arrecadado, como bem vago, e passar, três anos depois, à propriedade do Município ou à do Distrito Federal, se se achar nas respectivas circunscrições.

Segundo o §1º do art. 1.276 do Código Civil, o imóvel situado na zona rural, abandonado nas mesmas circunstâncias, poderá ser arrecadado, como bem vago, e passar, três anos depois, à propriedade da União, onde quer que ele se localize.

Por fim, finaliza a disciplina do assunto constante do Código Civil o §2º do art. 1.276 ao presumir, de modo absoluto, a intenção de abandono do imóvel, quando, cessados os atos de posse, deixar o proprietário de satisfazer os ônus fiscais.

Exclusivamente para os imóveis urbanos, a Lei nº 13.465/2017 dispôs, em seu art. 64, que os imóveis urbanos privados abandonados cujos proprietários não possuam a intenção de conservá-los em seu patrimônio ficam sujeitos à arrecadação pelo Município ou pelo Distrito Federal na condição de bem vago. Conforme o §1º do referido dispositivo legal, a intenção referida no *caput* deste artigo será presumida quando o proprietário, cessados os atos de posse sobre o imóvel, não adimplir os ônus fiscais instituídos sobre a propriedade predial e territorial urbana, por cinco anos.

Com uma disciplina mais detalhada, a Lei nº 13.465/2017 dispôs sobre o procedimento da arrecadação por presunção. Conforme §2º do art. 64 da referida lei, o procedimento de arrecadação de imóveis urbanos abandonados obedecerá ao disposto em ato do Poder Executivo municipal ou distrital e observará, no mínimo: i) abertura de processo administrativo para tratar da arrecadação;

ii) comprovação do tempo de abandono e de inadimplência fiscal; iii) notificação ao titular do domínio para, querendo, apresentar impugnação no prazo de 30 dias, contado da data de recebimento da notificação. Caso o titular do domínio deixe de apresentar oposição, o silencio será considerado como concordância com a arrecadação, conforme dispôs §3º do art. 64 da Lei nº 13.465/2017.

Após a conclusão do procedimento de arrecadação, conforme §4º do art. 64 da Lei nº 13.465/2017, o Município poderá realizar, diretamente ou por meio de terceiros, os investimentos necessários para que o imóvel urbano arrecadado atinja prontamente os objetivos sociais a que se destina.

O proprietário, em até três anos após a arrecadação, poderá, conforme dispôs o §5º do art. 64, da Lei nº 13.465/2017, reivindicar a posse do imóvel declarado abandonado, desde que pague, previamente, ao Poder Executivo municipal ou distrital, em valor atualizado, todas as despesas em que eventualmente houver incorrido, inclusive tributárias, em razão do exercício da posse provisória.

Por fim, conforme dispôs o art. 65, da Lei nº 13.465/2017, os imóveis arrecadados pelos Municípios ou pelo Distrito Federal poderão ser destinados aos programas habitacionais, à prestação de serviços públicos, ao fomento da Reurb-S ou serão objeto de concessão de direito real de uso a entidades civis que comprovadamente tenham fins filantrópicos, assistenciais, educativos, esportivos ou outros, no interesse do Município ou do Distrito Federal.

O abandono é a perda da propriedade em razão da vontade manifestada pelo proprietário de forma expressa, tácita ou presumida, de não mais continuar como titular de domínio sobre a coisa. O abandono da coisa imóvel independe de inscrição no registro de imóveis e não exige qualquer formalidade. Conforme lição de Luciano de Camargo Penteado, "o abandono é fato-ato jurídico".[116]

Entretanto, o simples fato de não utilizar o imóvel não é causa para se inferir o abandono pelo proprietário. O não utilizar um bem de sua propriedade faz parte das prerrogativas deste. Nesse sentido, a doutrina ensina que:

---

[116] PENTEADO, Luciano de Camargo. *Direito das Coisas*. 2. ed. São Paulo: Atlas, 2012. p. 363.

> Um dos motivos da dificuldade em se aferir a intenção de abandono do bem imóvel é o fato de estar contido, no poder de uso assegurado pelo art. 1.228 do Código Civil, o direito ao não uso do bem, donde concluir-se que um sítio de lazer que se encontra sem atividade há alguns anos não gera a conclusão absoluta de que o dono o abandonou, assim como uma sala comercial na cidade que esteja fechada não significa intenção manifesta de abandono.[117]

Decorre da prerrogativa de não utilizar a propriedade, integrante dos poderes inerentes ao domínio, a não utilização desta por algum período. Nem todo não uso da propriedade pode ser configurado como abandono. A disciplina do Código Civil, ao criar uma presunção, de certa forma, soluciona a controvérsia sobre a existência ou não do abandono.

O Código Civil previu, no art. 1.276, §2º, uma presunção absoluta de que teria ocorrido o abandono, caso cessada a posse, não fossem adimplidas as obrigações fiscais. As presunções classificam-se em: a) legais absolutas, ou *júris et de jure*; b) legais condicionais, ou júris *tantum*; c) comuns ou *hominis*. Conforme lição da doutrina:

> São presunções legais absolutas (*júris et de jure*) os fatos ou atos, que a lei expressamente estabelece como verdade, ainda que haja prova em contrário...são chamadas júris, porque foram introduzidas pela lei, e de jure, porque sobre tal presunção a lei estabelece um direito constante e a considera como verdade...as presunções dessa natureza não admitem prova em contrário, só se verificando e m casos expressos em lei.[118]

Na disciplina do Código Civil, a presunção prevista no art. 1.276, §2º, era absoluta e, assim, não permitia prova em sentido contrário. Contudo, a Lei nº 13.465/2017, de forma diversa do Código Civil, não empregou o vocábulo "absoluto", bem como previu um procedimento administrativo em que o proprietário poderá impugnar o procedimento de arrecadação. Em razão da possibilidade de prova em sentido contrário, houve uma derrogação da disciplina do Código Civil que previa uma presunção absoluta.

---

[117] SCHREIBER, Anderson *et al. Código Civil Comentado* – Doutrina e Jurisprudência. Rio de Janeiro: Forense, 2023. Edição do Kindle. p. 2930.

[118] MALUF, Carlos Alberto Dabus. As presunções na teoria da prova. *Revista da Faculdade de Direito*, Universidade de São Paulo, v. 79, p. 192-223, 1984.

Em razão da Lei nº 13.465/2017, há uma presunção relativa do abandono da propriedade urbana em razão da ausência de posse e cessação do pagamento de tributos. A presunção relativa poderá ser afastada pelas manifestações do proprietário previstas no inciso III do §2º do art. 64, bem como pelo direito de reivindicação previsto no §6º do art. 64 da Lei nº 13.465/2017. Anote-se que a disciplina da Lei nº 13.465/2017 foi ao encontro do entendimento anteriormente consubstanciado no Enunciado 242 da III Jornada de Direito Civil, de que "a aplicação do art. 1.276 depende do devido processo legal, em que seja assegurado ao interessado demonstrar a não-cessação da posse".

Entretanto, a Lei nº 13.465/2017 disciplinou apenas os imóveis urbanos. Para os imóveis rurais, resta hígida toda a disciplina do Código Civil. Dessa forma, apenas para os imóveis rurais, subsiste a presunção absoluta prevista no prevista no art. 1.276, §2º, do Código Civil.

Conforme dispõe o art. 1.276, *caput*, somente pode ser arrecadado o imóvel que não se encontrar na posse de outrem. Em razão da finalidade do instituto da arrecadação, somente a posse que cumpre a função social deve ser considerada como um óbice à arrecadação.

O entendimento consubstanciado no Enunciado 597 da VII Jornada de Direito Civil é o de que "a posse impeditiva da arrecadação, prevista no art. 1.276 do Código Civil, é efetiva e qualificada por sua função social". Conforme se extrai da justificativa deste enunciado, "o legislador se refere a alguém que esteja dando efetiva utilização ao imóvel por meio da moradia, cultivo ou desenvolvimento de atividade de interesse social e econômico e que por óbvio não tenha relação jurídica com o proprietário, visto que, se tiver, o imóvel não estará em estado de abandono". Ademais, ainda de acordo com a justificativa do Enunciado 597 da VII Jornada de Direito Civil, "essa posse de outrem não pode ser aquela simples, resultante, por exemplo, da circunstância de ter cercado o imóvel, ter impedido que outros o invadissem, tamanha a importância dada pelo legislador de proteção daquele que a está exercendo".

A função social da propriedade é princípio da ordem econômica (art. 170, III, da Constituição Federal). Por extensão, a função social da propriedade estende-se à posse. Esta somente pode ser objeto de proteção se atender à função social. Um instituto como a arrecadação que tem por manifesta finalidade dar função social a imóveis abandonados não pode ser obstado senão em razão de posse cumpridora da função social.

Se o imóvel for rural, poderá ser arrecadado pela União. Se for urbano, poderá ser arrecadado pelo Município.

O imóvel rural, segundo a legislação agrária, Lei nº 4.504/1964, art. 4º, I, (dispondo no mesmo sentido a Lei nº 8.629/1993, art. 4º, I) é a área formada por uma ou mais matrículas de terras contínuas, do mesmo titular (proprietário ou posseiro), localizada tanto na zona rural quanto urbana do município, desde que utilizados para atividades de natureza agrícola, pecuária, extrativa vegetal, florestal ou agroindustrial. O que determina se um imóvel é rural ou urbano é a sua destinação, independentemente de sua localização. Conforme entendimento do Superior Tribunal de Justiça (Brasil, 2009), que decidiu que "não incide IPTU, mas ITR, sobre imóvel localizado na área urbana do Município, desde que comprovadamente utilizado em exploração extrativa, vegetal, agrícola, pecuária ou agroindustrial (art. 15 do DL 57/1966)".

Entretanto, o imóvel apto à arrecadação, em tese, não é ocupado e, assim, não terá um uso que possa determinar sua natureza urbana ou rural. Consequentemente, deve-se adotar outro critério para a determinação da natureza rural ou urbana do imóvel a ser arrecadado. Deve-se utilizar o critério previsto no Código Tributário Nacional que, em seu art. 32, §1º, considera como zona urbana a definida em lei municipal, desde que observado o requisito mínimo da existência de melhoramentos indicados em pelo menos 2 (dois) dos incisos seguintes, construídos ou mantidos pelo Poder Público: i) meio-fio ou calçamento, com canalização de águas pluviais; ii) abastecimento de água; iii) sistema de esgotos sanitários; iv) rede de iluminação pública, com ou sem posteamento para distribuição domiciliar; v) escola primária ou posto de saúde a uma distância máxima de 3 (três) quilômetros do imóvel considerado.

A propriedade do imóvel arrecadado somente será transferida ao Município ou da União após 3 (três) anos da arrecadação. Antes do triênio previsto no art. 1.276 do Código Civil, ocorre apenas uma transmissão da posse. Antes do triênio legal, o Município ou a União não são titulares do domínio dos imóveis arrecadados, mas apenas detentores da denominada "posse provisória", conforme dispõe o

§5º do art. 64 da Lei nº 13.465/2017. Durante esse período, poderão o Município e União realizarem, diretamente ou por meio de terceiros, os investimentos necessários para que o imóvel arrecadado atinja prontamente os objetivos sociais a que se destina. Tais investimentos devem ser ressarcidos pelo proprietário que reivindicar o bem, na forma do §5º do art. 64 da Lei nº 13.465/2017.

Não há expressa previsão ou vedação acerca da possibilidade de afetação do imóvel a finalidade irreversível. Entretanto, em razão do positivado na legislação ordinária, a afetação do imóvel a finalidade irreversível impediria a reivindicação pelo proprietário, prevista no §5º do art. 64 da Lei nº 13.465/2017 e poderia fundamentar ação de desapropriação indireta. Assim, o Município ou União não poderiam destinar o imóvel para finalidades irreversíveis, sob pena de inviabilizar o direito do proprietário reivindicar a área, na forma do §5º do art. 64 da Lei nº 13.465/2017.

Entretanto, após o triênio legal, deverá o Município e a União conferir ao imóvel utilidade que fomente sua função social. O Município deverá, na forma do art. 65, da Lei nº 13.465/2017, destinar o imóvel arrecadado aos programas habitacionais, à prestação de serviços públicos, ao fomento da Reurb-S ou serão objeto de concessão de direito real de uso a entidades civis que comprovadamente tenham fins filantrópicos, assistenciais, educativos, esportivos ou outros, no interesse do Município. A União deve destinar os imóveis rurais arrecadados para reforma agrária, na forma do art. 184 da Constituição Federal.

Parte da doutrina entende que a arrecadação de bem em razão do inadimplemento de tributo, na forma do art. 1.276, § 2º, do Código Civil, seria inconstitucional:

> É de causar espécie a possiblidade de ser considerado abandonado o imóvel cujo proprietário não venha pagando os impostos sobre ele devidos, uma vez que a inadimplência pode ter como causa, inclusive, a discussão, administrativa ou judicial, dos valores lançados, ou mesmo motivos de força maior, sendo tal possibilidade um autêntico confisco, vedado pela CF/88, que assegura, também, o direito de propriedade maculado por essa hipótese.[119]

[119] MALUF, Carlos Alberto Dabus. Comentário ao art. 1.276. In: SILVA, Regina Beatriz Tavares da (coord.). *Código Civil Comentado*. 6. ed. São Paulo: Saraiva, 2008. p. 1329.

No mesmo sentido é o entendimento consubstanciado no Enunciado 243 da III Jornada de Direito Civil de que "a presunção de que trata o § 2º do art. 1.276 não pode ser interpretada de modo a contrariar a norma-princípio do art. 150, inc. IV, da Constituição da República". Por outro lado, há entendimentos doutrinários acerca da constitucionalidade do instituto da arrecadação:

> No entanto, não se justifica a alegada inconstitucionalidade do dispositivo. O fundamento da incorporação pelo poder público da propriedade particular abandonada é o descumprimento da função social. Não se exige para o abandono tantos requisitos quanto à usucapião, em virtude da diversidade de efeitos dos institutos em cotejo. Enquanto a usucapião atribui a propriedade a outro particular (a quem cabe atender aos requisitos de usucapir), na arrecadação presume-se que o Estado, ao se apropriar, definirá a destinação do bem em estrita consonância com a sua função social, que corporifica e justifica sua atuação. Milita, assim, a favor do poder público a presunção de utilização conforme a função social (Tepedino *et al.*, 2014, p. 589-590).[120]

Percebe-se, pelos entendimentos acima, que a arrecadação prevista no §2º do art. 1.276, do Código Civil é um instituto marcado por controvérsias acerca da sua constitucionalidade.

Em que pese as opiniões em sentido contrário, não parece razoável que a mera cessação da posse e a ausência de pagamento de tributos possam ensejar a perda de uma propriedade, caso o tributo devido seja inferior ao valor do imóvel arrecadado. Apesar do proprietário ter o dever de cumprir a função social da propriedade (art. 5º, XXIII da Constituição Federal), a falta de cumprimento deste dever já é sancionado na forma do art. 182, §4º, e 184 da Constituição Federal.

A propriedade urbana que não cumpre sua função social, na forma de lei específica municipal, pode ser objeto de parcelamento ou edificação compulsórios, imposto sobre a propriedade predial e territorial urbana progressivo no tempo e desapropriação com pagamento mediante títulos da dívida pública de emissão

---

[120] TEPEDINO, Gustavo; BARBOZA, Heloisa Helena; MORAES, Maria Celina Bodin. *Código Civil Interpretado conforme a Constituição da República*. 2. ed. v. 1. Rio de Janeiro: Renovar, 2007. p. 589-590.

previamente aprovada pelo Senado Federal, com prazo de resgate de até dez anos, em parcelas anuais, iguais e sucessivas, assegurados o valor real da indenização e os juros legais.

O imóvel rural que não cumpre a função social será desapropriado para fins de reforma agrária, mediante prévia e justa indenização em títulos da dívida agrária, com cláusula de preservação do valor real, resgatáveis no prazo de até 20 anos, a partir do segundo ano de sua emissão, e cuja utilização será definida em lei.

Não prevê a Constituição uma presunção de abandono do imóvel que não cumpra sua função social e que tal presunção autorizaria o Município ou a União a arrecadar o imóvel, independentemente de pagamento de indenização. Se o tributo devido for inferior ao valor do imóvel, a arrecadação sem o pagamento de indenização correspondente à diferença entre o valor do imóvel e do tributo devido representaria um confisco, vedado pela Constituição Federal pelo art. 150, IV, da Constituição Federal.

Em razão disso, há ainda o entendimento de que a arrecadação somente seria possível após a prévia utilização dos instrumentos previstos na Constituição Federal para impor o cumprimento da função social da propriedade urbana, previstos no §4º do art. 182 da Constituição Federal:

> Sob o ponto de vista da validade fática ou eficácia, verifica-se que a perda da propriedade, e a consequente arrecadação pelo Município não pode ser aplicada de forma isolada e imediata. Não está o Poder Público Municipal autorizado a efetuar a arrecadação de todos os imóveis que se encontram em estado de abandono (sem cercas, servindo de depósito de lixo) e não estejam em dia com os impostos incidentes sobre a propriedade. A eficácia da medida, no caso a arrecadação, depende de uma série de circunstâncias que lhe confiram validade a começar pela existência de um planejamento urbano municipal expresso no Plano diretor. A partir dele, é necessária a edição de leis específicas que disciplinem, para cada área, a destinação que se compatibilize com as necessidades sociais e de qualidade vida da coletividade. Posteriormente, a notificação do proprietário e o transcurso do prazo para que este venha a adequar a utilização conforme ou preceituado. Caso o proprietário não venha a atender as obrigações, esperando que os imóveis sejam valorizados para vendê-los por preço melhor, caberá a aplicação da progressão tributária com vistas a compelir o proprietário à utilização

de bem. Se, posteriormente, constatar-se que, não há utilização e não há pagamento dos tributos, estando o bem abandonado, caberá a aplicação do artigo 1276 do Código Civil.[121]

Deve a arrecadação prevista pelo art. 1.276, §2º, do Código Civil, ser compatibilizada com os instrumentos constitucionalmente previstos que sancionam o proprietário que não cumpre a função social, bem como sem ferir o direito de propriedade assegurado também pelo ordenamento jurídico.

A melhor forma de aplicar o instituto do §2º do art. 1.276, do Código Civil, seria da seguinte forma: i) caso o valos dos tributos devidos seja igual ou superior ao valor do imóvel a ser arrecadado, aquisição deste poderia ser realizada mediante arrecadados, mediante o pagamento por meio da compensação dos valores devidos; ii) caso o valor do tributo seja inferior ao valor do imóvel, a diferença deveria ser indenizada ao proprietário, mediante o uso da previsão constante do §4º do art. 182 e 184 da Constituição Federal, ou seja, por meio de pagamento mediante títulos.

A proposta acima atende ao princípio da função social, confere operatividade ao instituto da arrecadação previsto no art. 1.276 do Código Civil, permite que este se transforme em mais uma ferramenta de aplicação dos institutos previstos na Constituição Federal para garantir o cumprimento da função social da propriedade, sem ofender à garantia constitucional desta. Anote-se que o uso do valor dos tributos devidos como parte do pagamento do valor da indenização é vantajoso ao Poder Público que irá dar satisfação ao crédito tributário, bem como irá expedir os títulos da dívida pública previstos no §4º do art. 182 e 184 da Constituição Federal em valores inferiores ao total da propriedade a ser arrecadada.

Anote-se, por fim, que o valor da indenização a ser paga por meio de títulos da dívida, no caso dos imóveis urbanos, refletirá o valor da base de cálculo do IPTU, descontado o montante incorporado em função de obras realizadas pelo Poder Público na área onde este se localiza, bem como não computará expectativas de

121 WOLOCHN, Regina Fátima. A função social da propriedade e o Artigo 1276 do Código Civil de 2002. *Revista Jurídica*, v. 1, n. 34, p. 270-288, 2014.

ganhos, lucros cessantes e juros compensatórios, conforme preceito do art. 8º, §2º, do Estatuto da Cidade (Lei nº 10.257/2001). Para os imóveis rurais, deve o valor da indenização ser calculado na forma do disposto no art. 12 da Lei nº 8.629/1993, sem o acréscimo de juros compensatórios.

1.10 Características dos bens públicos

Os bens públicos são indisponíveis. Apenas por meio de lei os bens públicos podem ser disponibilizados. O agente público não é titular do bem público e somente pode disponibilizá-lo mediante autorização do povo, o seu verdadeiro titular. O povo, num Estado de Direito que adota a democracia indireta, manifesta-se por meio de seus representantes, os legisladores. Assim, a lei pode disponibilizar o bem público; entretanto, como o Estado brasileiro adota a forma federativa, somente a lei do ente federativo titular do domínio do bem público pode disponibilizá-lo.

Conforme lição de Diogo de Figueiredo Moreira Neto, "a *indisponibilidade* fundamental dos bens públicos ainda se afirma em três importantes corolários: a *inalienabilidade*, a *imprescritibilidade* e a *impenhorabilidade*".[122] Assim, os bens públicos são inalienáveis, impenhoráveis e imprescritíveis.

Na verdade, apenas os bens de uso comum do povo e os de uso especial são inalienáveis. Os bens dominicais são alienáveis, desde que atendidos os requisitos previstos em lei. Havendo autorização legislativa, justificativa de interesse público, avaliação prévia e licitação, podem os bens públicos dominicais serem alienados, conforme prevê o art. 76 da Lei nº 14.133/2021.[123] Para a alienação de bens de uso comum do povo e de uso especial, necessária prévia desafetação.

---

122 MOREIRA NETO, Diogo de Figueiredo. *Curso de Direito Administrativo*. 15. ed. Rio de Janeiro: Forense, 2009. p. 383.

123 BRASIL. Lei nº 14.133, de 1º de abril de 2021. *Lei de Licitações e Contratos Administrativos*. Disponível em: http://www.planalto.gov.br/ccivil_03/_ato2019-2022/2021/lei/L14133.htm. Acesso em: 24 set. 2021.

1.10.1 Impenhorabilidade do bem público

Os bens públicos são impenhoráveis. O fundamento da impenhorabilidade dos bens públicos é o art. 100 da Constituição Federal.[124] A execução contra a Fazenda Pública segue o procedimento especial constante do art. 910 do Código de Processo Civil.[125] A finalidade da impenhorabilidade do bem público é proteger o patrimônio público e garantir a continuidade dos serviços públicos. Em razão da impenhorabilidade dos bens públicos, todas as dívidas dos entes públicos devem ser pagas por meio de precatórios.[126]

Da impenhorabilidade decorre a não onerabilidade. Como o bem público não pode ser penhorado, também não pode ser dado em garantia. Conforme lição de Irene Patrícia Nohara:

> O regime jurídico público não permite que os bens públicos afetados sejam gravados com direitos reais de garantia. Estes são uma forma de vincular o bem como garantia do adimplemento de uma obrigação, sem que o devedor deixe de usufruir dele, como ocorre, por exemplo, na hipoteca, no penhor ou na anticrese. Assim, por serem destinados à realização de interesses públicos, os bens da Fazenda Pública e demais pessoas jurídicas de direito público não podem ser por elas oferecidos como direitos reais de garantia.[127]

Contudo, a impenhorabilidade do bem público não é absoluta. Ocorrendo a quebra de ordem cronológica dos precatórios, pode ocorrer a penhora de bem público; conforme entendimento do Supremo Tribunal Federal, "a única hipótese autorizadora de sequestro de bens públicos é a da ocorrência de quebra da ordem cronológica no pagamento de precatórios".[128]

---

[124] BRASIL. *Constituição da República Federativa do Brasil de 1988*. Disponível em: http://www.planalto.gov.br/ccivil_03/constituicao/constituicao.htm. Acesso em: 24 set. 2021.

[125] BRASIL. Lei nº 13.105, de 16 de março de 2015. *Código de Processo Civil*. Disponível em: http://www.planalto.gov.br/ccivil_03/_ato2015-2018/2015/lei/l13105.htm. Acesso em: 24 set. 2021.

[126] Sobre os precatórios, veja: NAKAMURA, André Luiz dos Santos. Atualidades acerca do regime dos precatórios. *Revista da AGU*, v. 15, n. 2, p. 65-92. maio 2016.

[127] NOHARA, Irene Patrícia. *Direito Administrativo*. 9. ed. São Paulo: Atlas, 2019. p. 800.

[128] BRASIL. Supremo Tribunal Federal. AI 598.790 AgR. Rel. Cármen Lúcia, Primeira Turma, julgado em: 09.11.2010.

1.10.2 Imprescritibilidade do bem público

A imprescritibilidade é uma característica dos bens públicos. Imprescritível é algo não sujeito à prescrição. Esta se divide em extintiva e aquisitiva. A prescrição extintiva é a perda da possibilidade de exercer uma pretensão em razão do decurso do prazo previsto em lei. Já a prescrição aquisitiva é a aquisição de propriedade ou de direito real em razão da posse justa pelo tempo previsto em lei, a denominada usucapião.

Os bens públicos são imprescritíveis porque não podem ser adquiridos pela usucapião, conforme disciplina dos artigos 183, §3º, e 191 da Constituição Federal[129] e art. 102 do Código Civil.[130] Antes da Constituição Federal de 1988 já havia o entendimento consolidado na Súmula 340 do Supremo Tribunal Federal[131] no sentido de que, "desde a vigência do Código Civil, os bens dominicais, como os demais bens públicos, não podem ser adquiridos por usucapião". Assim, somente antes da vigência do Código Civil de 1916[132] era admissível a usucapião de bens públicos, desde que o ocupante do bem público comprovasse o tempo de posse e os demais requisitos legais na data da entrada em vigor do referido Código.

Em razão da vedação constitucional da usucapião de bens públicos, a ocupação destes não gera quaisquer direitos ao possuidor. Conforme lição de José dos Santos Carvalho Filho, "a ocupação ilegítima em área de domínio público, ainda que por longo período, permite que o Estado formule a respectiva

---

129 BRASIL. *Constituição da República Federativa do Brasil de 1988*. Disponível em: http://www.planalto.gov.br/ccivil_03/constituicao/constituicao.htm. Acesso em: 24 set. 2021.

130 BRASIL. Lei nº 10.406, de 10 de janeiro de 2002. *Institui o Código Civil*. Disponível em: http://www.planalto.gov.br/ccivil_03/leis/2002/l10406compilada.htm. Acesso em: 24 set. 2021.

131 BRASIL. Supremo Tribunal Federal. Súmula 340. Sessão Plenária de 13.12.1963. Disponível em: http://www.stf.jus.br/portal/jurisprudencia/menuSumarioSumulas.asp?sumula=3319. Acesso em: 24 set. 2021.

132 BRASIL. Lei nº 3.071, de 1º de janeiro de 1916. *Código Civil dos Estados Unidos do Brasil*. Disponível em: http://www.planalto.gov.br/ccivil_03/leis/L3071impressao.htm. Acesso em: 24 set. 2021.

pretensão reintegratória sendo incabível a alegação de omissão legislativa".[133]

Os bens das empresas públicas e das sociedades de economia mista, se afetados a uma destinação pública, também são insusceptíveis de aquisição pela usucapião, conforme Jurisprudência do Superior Tribunal de Justiça:[134]

> Esta Corte Superior já manifestou o entendimento de que bens integrantes do acervo patrimonial de sociedade de economia mista sujeitos a uma destinação pública podem ser considerados bens públicos, insuscetíveis, portanto, de usucapião.

A Jurisprudência do Superior Tribunal de Justiça tem o entendimento de que imóveis vinculados ao Sistema Financeiro da Habitação, por serem instrumentos do serviço público relacionado à política habitacional, não podem ser adquiridos pela usucapião. Nesse sentido:

> Não é possível a aquisição por usucapião de imóvel vinculado ao Sistema Financeiro da Habitação – SFH e de titularidade da Caixa Econômica Federal, em virtude do caráter público dos serviços prestados por essa empresa pública na implementação da política nacional de habitação. Precedentes. Aplicação da Súmula nº 83 do STJ.[135]

A imprescritibilidade do bem público, contudo, não alcança o domínio útil que pode ser adquirido pela usucapião, conforme decidiu o Superior Tribunal de Justiça:[136]

> É possível reconhecer a usucapião do domínio útil de bem público sobre o qual tinha sido, anteriormente, instituída enfiteuse, pois, nesta

---

[133] CARVALHO FILHO, José dos Santos. *Manual de Direito Administrativo*. 27. ed. São Paulo: Atlas, 2014. p. 1.171.

[134] BRASIL. Superior Tribunal de Justiça. AgInt no REsp 1.719.589/SP. Rel. Min. Luis Felipe Salomão, Quarta Turma, julgado em: 06.11.2018.

[135] BRASIL. Superior Tribunal de Justiça. AgInt no REsp 1.669.338/SP. Rel. Min. Antonio Carlos Ferreira, Quarta Turma, julgado em: 24.08.2020.

[136] BRASIL. Superior Tribunal de Justiça. AgInt no REsp 1.642.495/RO. Rel. Min. Marco Buzzi, Quarta Turma, julgado em: 23.05.2017.

circunstância, existe apenas a substituição do enfiteuta pelo usucapiente, não trazendo qualquer prejuízo ao Estado. Precedentes.

1.11 Bens públicos e autonomia dos entes federativos

O Brasil é uma federação, conforme preceito expresso dos arts. 1º e 18 da Constituição Federal.[137] A federação pressupõe a autonomia dos entes federados. Conforme lição da doutrina:

> A autonomia cinge-se à capacidade das ordens jurídicas parciais gerirem negócios próprios dentro de uma esfera de pré-traçada pela entidade soberana. A autonomia está dentro da própria soberania. Por isso, logra gradações, que se exteriorizam em quatro aspectos essenciais: *capacidade de auto-organização* (a entidade federativa deve possuir constituição própria); *capacidade de autogoverno* (eletividade de representantes políticos); *capacidade de autolegislação* (consiste na edição de normas gerais e abstratas); *capacidade de autoadministração* (prestação e manutenção de serviços próprios).[138]

Em razão da capacidade de autoadministração, os entes federativos têm autonomia para gerir seus bens e não podem sofrer interferências de outros entes federativos. Não pode a União disciplinar a forma como deve ser realizada a gestão do patrimônio público do Estado-membro ou do Município. Segundo o Ministro Celso de Mello, a União, quando trata da gestão de bens públicos, "só tem competência para tratar da que ela própria possa fazer e não das que pretendam fazer os estados, o Distrito Federal e os municípios".[139]

Não pode a lei federal interferir na forma pela qual os entes da Federação administram seus bens, visto que a autonomia federativa pressupõe a liberdade de gestão patrimonial. Nesse sentido, segundo Floriano de Azevedo Marques Neto:[140]

---

137 BRASIL. *Constituição da República Federativa do Brasil de 1988*. Disponível em: http://www.planalto.gov.br/ccivil_03/constituicao/constituicao.htm. Acesso em: 24 set. 2021.

138 BULOS, Uadi Lammêgo. *Constituição Federal Anotada*. 12. ed. São Paulo: Saraiva, 2017. p. 53.

139 BRASIL. Supremo Tribunal Federal. ADI 927 MC. Relatora: Min. Carlos Velloso, Tribunal Pleno, julgado em: 03.11.1993.

140 MARQUES NETO, Floriano de Azevedo. Domínio público estadual e serviço público federal: aspectos jurídicos sobre o uso de bens estaduais para instalações de energia elétrica. *Revista de Direito Público da Economia (RDPE)*. Belo Horizonte, a. 5, n. 17, jan./mar. 2007.

É inerente à autonomia federativa que cada ente federado tenha liberdade para administrar os bens que integram o seu acervo patrimonial. Isso envolve não só margens de liberdade para gerir o domínio destes bens (alienando-os ou não, respeitadas as normas gerais de licitação por força da regra constante do artigo 22, XXVII já aludida) como para disciplinar o uso destes (afetando-os, outorgando direitos de uso privativo, estabelecendo usos concomitantes, restringindo, limitando ou disciplinando as formas de utilização).

Somente lei estadual pode autorizar a alienação de bem público do Estado; da mesma forma, somente lei municipal pode autorizar a alienação de bem público do Município. Assim, dispositivos constantes de leis federais, tal como o art. 98 da Lei nº 13.465/2017,[141] que autoriza a alienação de bens de estados e municípios, são inconstitucionais. Sobre este dispositivo, assim se manifestou a doutrina:

> Sobre esse assunto, recorde-se que no art. 98 da Lei nº 13.465/2017, foi prevista uma autorização para que os municípios, estados e o Distrito Federal adotem o afastamento do regime da Lei nº 8.666/93 para fins de alienação de imóveis objeto da Reurb-E [...] apesar de ser competência da União a edição de normas gerais em matéria de Direito Urbanístico e de licitação e contratos, vale ressaltar que nem todas as exigências do art. 17 da Lei nº 8.666/93 podem deixar de ser aplicados em casos de alienação de imóveis por parte dos demais entes federativos [...] é o caso da dispensa de autorização legislativa para alienação de bens públicos e da dispensa de licitação. Isso se dá porque a gestão de bens públicos é competência de cada ente federativo.[142]

[141] BRASIL. Lei nº 13.465, de 11 de julho de 2017. *Dispõe sobre a regularização fundiária rural e urbana, sobre a liquidação de créditos concedidos aos assentados da reforma agrária e sobre a regularização fundiária no âmbito da Amazônia Legal; institui mecanismos para aprimorar a eficiência dos procedimentos de alienação de imóveis da União; altera as Leis nº 8.629, de 25 de fevereiro de 1993, 13.001, de 20 de junho de 2014, 11.952, de 25 de junho de 2009, 13.340, de 28 de setembro de 2016, 8.666, de 21 de junho de 1993, 6.015, de 31 de dezembro de 1973, 12.512, de 14 de outubro de 2011, 10.406, de 10 de janeiro de 2002 (Código Civil), 13.105, de 16 de março de 2015 (Código de Processo Civil), 11.977, de 7 de julho de 2009, 9.514, de 20 de novembro de 1997, 11.124, de 16 de junho de 2005, 6.766, de 19 de dezembro de 1979, 10.257, de 10 de julho de 2001, 12.651, de 25 de maio de 2012, 13.240, de 30 de dezembro de 2015, 9.636, de 15 de maio de 1998, 8.036, de 11 de maio de 1990, 13.139, de 26 de junho de 2015, 11.483, de 31 de maio de 2007, e a 12.712, de 30 de agosto de 2012, a Medida Provisória nº 2.220, de 4 de setembro de 2001, e os Decretos-leis nº 2.398, de 21 de dezembro de 1987, 1.876, de 15 de julho de 1981, 9.760, de 5 de setembro de 1946, e 3.365, de 21 de junho de 1941; revoga dispositivos da Lei Complementar nº 76, de 6 de julho de 1993, e da Lei nº 13.347, de 10 de outubro de 2016; e dá outras providências.* Disponível em: http://www.planalto.gov.br/ccivil_03/_ato2015-2018/2017/lei/l13465.htm. Acesso em: 24 set. 2021.

[142] KLEIN, Aline Lícia; SARTAL, Estevam Palazzi. Impactos da Lei nº 13.465/17 na Lei nº 8.666/93: alienação de bens públicos para regularização fundiária, p. 65. *In*: CAMBLER,

Da mesma forma, a regra constante do art. 11 do Decreto-Lei nº 25/1937,[143] a qual determina que "as coisas tombadas, que pertençam à União, aos estados ou aos municípios, inalienáveis por natureza, só poderão ser transferidas de uma à outra das referidas entidades" somente tem aplicabilidade para a União. Assim, salvo se existir lei estadual ou municipal dispondo de forma contrária, os bens públicos tombados estaduais e municipais podem ser alienados, desde que atendidos os requisitos legais.

A desafetação do bem público, bem como a autorização para sua alienação ou outorga de uso privativo a terceiros, somente pode ser realizada por ato do próprio ente federativo titular do domínio. Diferentemente, contudo, as hipóteses de dispensa e inexigibilidade de licitação são normas gerais, de competência privativa da União, na forma prevista no art. 22, inciso XXVII c/c o art. 37, XXI, da Constituição Federal e podem ser veiculadas por lei nacional, aplicável aos estados e municípios. Nesse sentido:

> Partindo do pressuposto segundo o qual são normas gerais aquelas que estabelecem diretrizes a serem seguidas pelos legisladores estaduais e municipais, há que se reputar que os casos de dispensa e inexigibilidade, por constituírem situações excepcionais que afastam o dever da Administração Pública de realizar procedimento licitatório para contratar, são de previsão normativa privativa da União.[144]

Dessa forma, poderá a lei federal prever hipóteses de licitação dispensada, bem como de dispensa de licitação para a alienação de bens públicos de estados e municípios, tal como foi feito pelo art. 76 da Lei Federal nº 14.133/2021[145] e pelo art. 98 da Lei Federal nº 13.465/2017.

Everaldo Augusto; BATISTA, Alexandre Jamal; ALVES, André Cordelli. *Estatuto Fundiário Brasileiro*: Comentários à Lei nº 13.465/17. São Paulo: IASP. p. 47-71.

143 BRASIL. Decreto-Lei nº 25, de 30 de novembro de 1937. *Organiza a proteção do patrimônio histórico e artístico nacional*. Disponível em: http://www.planalto.gov.br/ccivil_03/decreto-lei/del0025.htm. Acesso em: 6 jun. 2022.

144 AMORIM, Victor Aguiar Jardim de. O que "sobra" para estados e municípios na competência de licitações e contratos? *Consultor Jurídico*, 22 jan. 2017. Disponível em: https://www.conjur.com.br/2017-jan-22/sobra-estados-municipios-licitacoes-contratos#_ftnref6. Acesso em: 8 nov. 2018.

145 BRASIL. Lei nº 14.133, de 1º de abril de 2021. *Lei de Licitações e Contratos Administrativos*. Disponível em: http://www.planalto.gov.br/ccivil_03/_ato2019-2022/2021/lei/L14133.htm. Acesso em: 24 set. 2021.

Entretanto, a lei federal, sob pena de inconstitucionalidade, não pode dispor sobre desafetação, outorga de uso ou autorização para alienação de bens públicos estaduais e municipais.

Em razão da autonomia dos entes federativos, os bens públicos não podem ser requisitados, na forma prevista no inciso XXV do art. 5º da Constituição Federal. Somente se houver prévia decretação de Estado de Sítio, na forma do disposto no inciso VII do art. 139 da Constituição Federal, pode-se requisitar bens públicos. O Supremo Tribunal Federal já entendeu pela "inadmissibilidade da requisição de bens municipais pela União em situação de normalidade institucional, sem a decretação de Estado de Defesa ou Estado de Sítio".[146]

A desapropriação de bens públicos é possível, mas com limitações previstas no §2º do art. 2º do Decreto-Lei nº 3.365/1941.[147] Assim, somente a União poderá desapropriar bens públicos dos estados e municípios. Os estados podem desapropriar bens dos municípios, mas não podem desapropriar bens da União. Por fim, a União não pode desapropriar bens públicos. Em todos os casos possíveis de desapropriação de bens públicos, necessária autorização legislativa do ente federativo expropriante.[148]

Os bens públicos podem ser tombados. O dever de proteção do patrimônio cultural é de competência material comum, conforme prevê o art. 23, III da Constituição Federal. Dessa forma, a União, os estados, o Distrito Federal e os municípios podem tombar bens públicos, não se aplicando a gradação prevista no §2º do art. 1º do Decreto-Lei nº 3.365/1941. Nesse sentido, decidiu o Superior Tribunal de Justiça que, "como o tombamento não implica transferência da propriedade, inexiste a limitação constante no art. 1º, §2º, do Decreto-Lei nº 3.365/1941, que proíbe o Município de desapropriar bem do Estado.[149]

[146] BRASIL. Supremo Tribunal Federal. MS 25.295. Relator: Joaquim Barbosa, Tribunal Pleno, julgado em: 20.04.2005.

[147] BRASIL. Decreto-Lei nº 3.365, de 21 de junho de 1942. *Dispõe sobre desapropriações por utilidade pública*. Disponível em: http://www.planalto.gov.br/ccivil_03/decreto-lei/del3365.htm. Acesso em: 24 set. 2021.

[148] Sobre o assunto, *vide*: NAKAMURA, André Luiz dos Santos Nakamura. *Desapropriação*: comentários ao Decreto-Lei nº 3.365/1941. Belo Horizonte: Fórum, 2021.

[149] BRASIL. Superior Tribunal de Justiça. RMS 18.952/RJ, Rel. Min. Eliana Calmon, Segunda Turma, julgado em: 26.04.2005.

1.12 Uso irregular de bens públicos imóveis: soluções para desocupação e retomada

O Estado possui bens imóveis, que podem ser ou não afetados a alguma finalidade pública. Nestes últimos, devido à omissão da Administração em zelar pela guarda e pela conservação dos bens, frequentemente ocorrem ocupações irregulares por terceiros. O ocupante irregular de um bem público não tem a proteção que o ordenamento jurídico confere ao possuidor.

Segundo o Código Civil,[150] art. 1.196, "considera-se possuidor todo aquele que tem de fato o exercício, pleno ou não, de algum dos poderes inerentes à propriedade. Adotou-se a teoria de Jhering, que se opõe à teoria de Savigny. Segundo este, a posse se estrutura em dois princípios basilares: o *corpus*, que é o controle físico da coisa e o exercício de se fazer com ela o que se pretenda, com a exclusão de ingerências estranhas e o *animus possidendi*, caracterizado como a intenção de exercer o direito de propriedade. De acordo com a doutrina de Savigny, a posse é um estado de fato, trazendo efeitos e consequências no mundo jurídico; ela se estabelece em decorrência de um simples poder de fato sobre a coisa, sem assentar em regras jurídicas ou sem um direito preexistente; assim, é possível que ela nasça de uma mera ocupação de um imóvel, ou da apresentação de uma coisa, ou da própria violência, com o emprego da força e da intimidação, como sucede nas invasões.

Jhering sustenta a suficiência do *corpus* para definir a posse; entende que o *corpus* não é a simples coisa em si, mas como o poder físico sobre a coisa e o interesse de utilizá-la economicamente em seu proveito. De acordo com a teoria de Jhering, para alguém ser considerado possuidor é necessário tão somente que exerça, pratique ou usufrua, efetivamente, de algum dos poderes inerentes ao domínio ou à propriedade[151]. Tendo-se adotado a teoria de Jhering no nosso direito positivo, podemos afirmar que a posse é um direito, e não um estado de fato. Jhering tem a posse como um direito;

---

[150] BRASIL. Lei nº 10.406, de 10 de janeiro de 2002. *Institui o Código Civil*. Disponível em: http://www.planalto.gov.br/ccivil_03/leis/2002/l10406compilada.htm. Acesso em: 24 set. 2021.

[151] Cf. RIZZARDO, Arnaldo. *Direito das coisas*. 5. ed. Rio de Janeiro: Forense, 2011. p. 17.

para ele, conceitua-se esse direito como um interesse juridicamente protegido; por consequência, a posse estará sempre ao amparo da lei. Se a posse se contrapõe à propriedade, ou se se reveste de vícios, enquanto não se perfaz o direito à prescrição aquisitiva, ou não escoimada das imperfeições, não é possível tê-la como um direito.[152]

Protege-se a posse porque esta é um indício de propriedade. Com a proteção da posse, protegem-se, também, possuidores que não são proprietários definitivos, somente provisoriamente. A maioria dos possuidores são proprietários. Se não se protegesse a posse, as pessoas teriam que provar o seu direito de propriedade; provar a propriedade é uma tarefa difícil, pois exige a prova de todas as cadeias de sucessões pelas quais passou a propriedade, sendo uma prova diabólica. Protege-se o possuidor porque, na maioria das vezes, este é também o proprietário[153], seja por já o ser, seja por ter adquirido pela usucapião.

Entretanto, em relação aos bens públicos, não há posse. Conforme acima explicitado, protege-se a posse porque, ao se proteger o possuidor, protege-se, na maioria das vezes, o proprietário, em razão de o possuidor já ser o proprietário, ou por ter adquirido a propriedade por meio da usucapião. Em relação às terras do Estado, não há proteção possessória ao particular que as detém. Os bens públicos são insuscetíveis de usucapião, conforme vedação expressa dos artigos 183 e 191 da Constituição Federal.[154] Não haverá posse, por mais prolongada que seja, que irá gerar o direito subjetivo do ocupante a adquirir o imóvel. Conforme entendimento da doutrina:[155]

> Pode-se, ainda, dizer que também *não há posse de bens públicos*, principalmente depois que a Constituição Federal de 1988 proibiu a usucapião especial de tais bens (arts. 183 e 191). Se há tolerância do Poder Público, o uso do bem pelo particular não passa de mera *detenção* consentida.

---

[152] Cf. RIZZARDO, Arnaldo. *Direito das coisas*. 5. ed. Rio de Janeiro: Forense, 2011. p. 27-28.

[153] Cf. GONÇALVES, Marcus Vinicius Rios. *Aspectos relevantes da posse de bens imóveis no Código Civil*. *In*: GUERRA, Alexandre; BENACCHIO, Marcelo (coord.). *Direito Imobiliário Brasileiro*. São Paulo: Quartier Latin, 2011. p. 120-127.

[154] BRASIL. *Constituição da República Federativa do Brasil de 1988*. Disponível em: http://www.planalto.gov.br/ccivil_03/constituicao/constituicao.htm. Acesso em: 24 set. 2021.

[155] GONÇALVES, Carlos Roberto. *Direito Civil Brasileiro – Direito das Coisas*. v. 5. São Paulo: Saraiva, 2007. p. 47.

No mesmo sentido é o entendimento consubstanciado na Súmula 619 do Superior Tribunal de Justiça:[156] "a ocupação indevida de bem público configura mera detenção, de natureza precária, insuscetível de retenção ou indenização por acessões e benfeitorias". Ainda em relação aos bens públicos, o Superior Tribunal de Justiça tem o entendimento de que "a posse, pelo Estado, sobre bens públicos, notadamente quando se trata de bens dominicais, dá-se independentemente da demonstração do poder de fato sobre a coisa".[157] Referido entendimento resultou na edição da Súmula nº 637 do Superior Tribunal de Justiça cujo enunciado dispõe que "o ente público detém legitimidade e interesse para intervir, incidentalmente, na ação possessória entre particulares, podendo deduzir qualquer matéria defensiva, inclusive, se for o caso, o domínio".

Ademais, o uso irregular de imóvel público por terceiro ofende o princípio da isonomia na distribuição dos ônus e das benesses decorrentes da atividade estatal. A Administração não pode permitir que uma pessoa usufrua de uma vantagem consistente no uso de um bem público proporcionar a mesma oportunidade a todos os interessados, sob pena de ofensa ao princípio da igualdade previsto no art. 37 da Constituição Federal.

Assim, a ocupação irregular de imóvel público é inconstitucional e, por isso, não tem proteção do ordenamento jurídico; qualquer ocupação de bem público não passa de mera detenção. Para solucionar a ocupação irregular de imóveis públicos, em regra, não há necessidade de ajuizamento de demanda possessória perante o Poder Judiciário. Poderá o ente público se valer do desforço imediato, bem como do uso de atos administrativos dotados de autoexecutoriedade, fundamentados no poder de polícia, para desocupar bens públicos irregularmente ocupados.

1.12.1 Do desforço imediato

O ordenamento jurídico permite, em casos urgentes, ao possuidor defender sua posse esbulhada, sem se socorrer do

---

156 BRASIL. Superior Tribunal de Justiça. Súmula 619. Julgado em: 24.10.2018.

157 REsp nº 780.401/DF, rel. Min. Nancy Andrighi, julg. 03.09.2009.

Poder Judiciário, exercendo uma autotutela. É o desforço imediato, chamado também de desforço *incontinenti*,[158] previsto no parágrafo primeiro do art. 1.210 do Código Civil:

> Art. 1.210...
> §1º O possuidor turbado, ou esbulhado, poderá manter-se ou restituir-se por sua própria força, contanto que o faça logo; os atos de defesa, ou de desforço, não podem ir além do indispensável à manutenção, ou restituição da posse.

Trata-se de medida excepcional. Em regra, não é permitido a ninguém "fazer justiça com as próprias mãos", sob pena de incidência em conduta considerada criminosa pelo ordenamento jurídico que prevê o crime de exercício arbitrário das próprias razões no art. 345 do Código Penal. O monopólio estatal da jurisdição impõe que somente o Estado tem o poder de dirimir conflitos, visando assegurar a paz social. Assim, também o proprietário e possuidor, em regra, não podem defender a sua posse sem se socorrer do Poder Judiciário, sob pena de infringência ao ordenamento jurídico.[159]

Entretanto, em casos *urgentes*, em clara exceção ao monopólio da atividade estatal na resolução dos conflitos, o ordenamento permite ao possuidor esbulhado agir pessoalmente para defender seu direito. Trata-se de opção do sistema jurídico pela tutela do direito assegurado em detrimento da garantia da paz social, quando a lesão, se não contida imediatamente, puder ocasionar prejuízo a interesse merecedor de proteção.

Assim, a lei permite, expressamente, que o possuidor mantenha ou restitua a posse por sua própria força, sem se socorrer do Poder Judiciário. Entretanto, deve-se analisar em que casos tal permissivo pode ser usado, para que não se configure o crime previsto no art. 345 do Código Penal.

---

158 "Em caráter excepcional, admite-se a *autodefesa*, quando a agressão à posse se realiza em circunstâncias que exigem pronta, enérgica e imediata repulsa. A essa legítima reação do possuidor chama-se *desforço incontinenti*." (GOMES, Orlando. *Direitos Reais*. 17. ed. Rio de Janeiro: Forense, 2000. p. 86).

159 "O direito de propriedade, portanto, não assegura ao proprietário a faculdade de dispensar a intervenção da Justiça Pública e de expulsar, com a força privada, o possuidor de seu bem. Ao contrário, a lei veda e pune esse tipo de conduta". (THEODORO JÚNIOR, Humberto. *In*: GOMES, Orlando. *Direitos Reais*. 17. ed. Rio de Janeiro: Forense, 2000, nota de atualização da página 88).

Um dos requisitos para o uso do desforço imediato é temporal. A lei requer que o possuidor esbulhado defenda sua posse ou a recupere, desde que o *faça logo*. Fazer logo, em regra, significa logo após o fato, ou seja, a ocorrência da turbação ou do esbulho. Segundo Carlos Alberto Bittar,[160] "o desforço deve seguir-se à ofensa [...] não se aceita repulsa posterior mediante *vis própria*". Assim, não pode o possuidor ou o proprietário deixar que o esbulho se consolide, sob pena de ter que recorrer ao Poder Judiciário para não cometer o crime de exercício arbitrário das próprias razões. Nesse sentido é a lição de Silvio de Salvo Venosa:[161]

> Para que o possuidor valha-se da defesa de mão própria, faz-se necessária a turbação ou o esbulho e uma reação imediata: *contanto que o faça logo*... Se ocorre invasão de um prédio, cabe ao ofendido nele reingressar tão logo ocorrido o fato, com a força necessária. Passadas a oportunidade e conveniência da autodefesa, cabe ao sujeito recorrer às vias judiciais, sob pena de praticar ilícito penal. Trata-se, portanto, de remédio excepcional dentro do sistema jurídico. Sem o requisito da imediatidade, a conduta do agente pode tipificar o crime do art. 345 do Código Penal (*exercício arbitrário das próprias razões*).

Contudo, não se pode exigir do possuidor a vigilância ininterrupta do seu bem. Se ausente o possuidor durante o esbulho, pode este, ao descobrir a ocorrência de lesão à sua posse, usar do desforço imediato. Conforme preceito do art. 1.224 do Código Civil, só se considera perdida a posse para quem não presenciou o esbulho, quando, tendo notícia dele, abstém-se de retornar a coisa, ou, tentando recuperá-la, é violentamente repelido. Assim, ao ter notícia do esbulho, pode o possuidor usar do desforço imediato. No mesmo sentido é a lição de Arnaldo Rizzardo:[162]

> A defesa seguirá ao ato de força, sem uma longa demora, ou tão logo constate o ofendido a agressão. Mas, cada caso merecerá uma análise própria. Assim, encontrando-se o possuidor ausente por algumas horas, ou mesmo durante dias, poderá usar da medida ao retornar e constatar a turbação ou o esbulho. Ainda se não o conseguir pelas próprias forças

---

[160] BITTAR, Carlos Alberto. *Direitos Reais*. 2. ed. Rio de Janeiro: Forense, 2011. p. 51.

[161] VENOSA, Silvio de Salvo. *Código Civil Comentado, volume XII*. São Paulo: Atlas, 2003. p. 89.

[162] RIZZARDO, Arnaldo. *Direito das Coisas*. 5. ed. Rio de Janeiro: Forense, 2011. p. 98.

ou por meios pessoais, tão pronto obtenha o auxílio de terceiros ou meios apropriados.

Assim, não somente no momento em que o esbulho é cometido ele é passível de ser resistido ou revertido pelo possuidor esbulhado. Segundo Silvio de Salvo Venosa,[163] "repele logo a invasão de seu imóvel o possuidor que ali retorne, encontrando estranhos, conquanto tenha decorrido certo lapso de tempo". Contudo, tal posicionamento não é unanime: há quem entenda que o desforço imediato somente se pode dar em caso de agressão atual e iminente à posse, tal como ocorre na legítima defesa prevista no art. 25[164] do Código Penal;[165] nesse sentido é o ensinamento de Gustavo Tepedino:[166]

> A legitima defesa há de ser interpretada comedida e restritivamente, sendo admitida somente na presença dos pressupostos da excludente penal, quando, portanto, é exercida imediatamente. Se consolidada a turbação ou o esbulho, resta ao possuidor recorrer aos interditos possessórios.

Deve-se ter muita cautela no uso do desforço imediato. Primeiramente, deve-se usar apenas os meios imprescindíveis à recuperação da posse ou à cessação do esbulho, sob pena de abuso de direito. Qualquer medida mais intensa ou mais extensa que a estritamente necessária para defender a posse se torna abusiva e sujeita o executor às penalidades previstas no ordenamento, como responsabilidade por lesão corporal, crime de dano e responsabilidade civil de ressarcir o patrimônio do esbulhador.[167]

Por fim, havendo dúvida acerca do cumprimento do requisito temporal, deve o esbulhado procurar o Poder Judiciário. Conforme

---

163 VENOSA, Silvio de Salvo. *Código Civil Comentado, volume XII.* São Paulo: Atlas, 2003. p. 90.

164 Art. 25 do CP: "Entende-se em legítima defesa quem, usando moderadamente dos meios necessários, repele injusta agressão, atual ou iminente, a direito seu ou de outrem".

165 BRASIL. Decreto-Lei nº 2.848, de 7 de dezembro de 1940. *Código Penal.* Disponível em: http://www.planalto.gov.br/ccivil_03/decreto-lei/del2848compilado.htm. Acesso em: 16 out. 2021.

166 TEPEDINO, Gustavo. *Comentários ao Código Civil.* v. 14. São Paulo: Saraiva, 2011. p. 156-157.

167 "Não se pode olvidar a proporcionalidade da defesa ou do desforço à agressão. Não pode a pessoa exceder os limites necessários e suficientes para assegurar a coisa, ou afastar o invasor" (RIZZARDO, Arnaldo. *Direito das Coisas.* 5. ed. Rio de Janeiro: Forense, 2011. p. 98).

lição de Carlos Roberto Gonçalves,[168] "havendo dúvida, é aconselhável o ajuizamento de ação possessória pertinente, pois haverá o risco de se configurar o crime de exercício arbitrário das próprias razões, previsto no art. 345 do Código Penal".

O desforço imediato pode e deve ser utilizado pela Administração Pública.

1.12.2 O uso do Poder de Polícia como instrumento para ocupações irregulares de bens públicos

Mesmo nos casos em que não seja cabível o uso do desforço imediato, pode a Administração Pública desocupar os bens públicos indevidamente utilizados com base no poder de polícia por meio de atos administrativos autoexecutórios. Não havendo proteção possessória a quem ocupa indevidamente um bem público, a Administração Pública poderá retomá-lo do ocupante, sem a necessidade de intervenção judicial, mesmo que não estejam presentes os requisitos para o desforço imediato previsto no Código Civil, art. 1.210, §1º, mediante o uso de atos administrativos autoexecutórios decorrentes do exercício do poder de polícia.

A palavra "polícia" deriva das palavras grega *politeia* e latina *politia*, que, por sua vez, derivam do Grego *polis*, o que remete à noção de ordem da cidade antiga, acepção sinônima de "administração", que permanece com tal conotação até o final da Idade Média, quando o termo "polícia" começou a se especializar, até que, sob o influxo de ideias liberais, por volta do século XVIII, passou a designar atividades do Estado que condicionam as liberdades individuais.[169]

O Poder de Polícia é objeto de definição legal no art. 78 do Código Tributário Nacional.[170] Segundo Hely Lopes Meirelles,[171]

---

[168] GONÇALVES, Carlos Roberto. *Direito Civil Brasileiro – Direito das Coisas*. v. 5. São Paulo: Saraiva, 2007. p. 112.

[169] Cf. ROCHA, Silvio Luís Ferreira da. *Manual de Direito Administrativo*. São Paulo: Malheiros, 2013. p. 487.

[170] BRASIL. Lei nº 5.172, de 25 de outubro de 1966. *Dispõe sobre o Sistema Tributário Nacional e institui normas gerais de direito tributário aplicáveis à União, estados e municípios*. Disponível em: http://www.planalto.gov.br/ccivil_03/leis/L5172Compilado.htm. Acesso em: 17 out. 2021.

[171] MEIRELLES, Hely Lopes. Poder de polícia e segurança nacional. *In*: *Revista dos Tribunais*, v. 61, n. 445, p. 287-298, nov./1972.

"poder de polícia é a faculdade discricionária de que dispõe a Administração Pública em geral, para condicionar e restringir o uso e gozo de bens ou direitos individuais, em benefício da coletividade ou do próprio Estado". O poder de polícia se fundamenta no Interesse Público e na supremacia geral da Administração Pública. Esta, segundo a doutrina,[172] "mantém, em relação aos administrados, de modo indistinto, nítida superioridade, pelo fato de satisfazer, como expressão de um dos poderes do Estado, interesses públicos".

A atividade estatal no exercício do Poder de Polícia pode ser vinculada ou discricionária. A restrição à liberdade imposta pela autoridade no exercício do Poder de Polícia não é criada pela autoridade. Decorre de lei. É a aplicação da lei no caso concreto. Conforme alerta de Silvio Luís Ferreira da Rocha,[173] "não cabe à Administração estabelecer restrição ou limitação à propriedade e à liberdade que não estejam previstos na lei". Se a lei outorgar liberdade ao agente público para cumprir a medida de polícia administrativa, o ato será discricionário; se não houver liberdade, será vinculado.

O ato praticado pela autoridade no exercício do Poder de Polícia possui os atributos da exigibilidade e da executoriedade. A exigibilidade é a qualidade do ato administrativo de criar obrigações ao particular, mesmo sem a participação e aquiescência deste, por gozar da presunção de ser legítimo e de acordo com o direito. Sobre a exigibilidade, merece destaque o ensinamento de Oswaldo Aranha Bandeira de Mello:[174]

> A *exigibilidade* ou a *imperatividade* do ato administrativo consiste na qualidade inerente ao ato administrativo de atuar de modo executivo, ou melhor, de obrigar terceiro a se comportar de conformidade com o por ele disposto, a se sujeitar aos seus ditames. Na verdade, a idoneidade jurídica do ato administrativo de ser exigível deflui da presunção, que ele tem, de verdade, salvo prova em contrário, com referência a terceiros, órgãos da Administração ou particulares, sem necessidade do juízo probatório preventivo de sua validade. É o chamado *privilège du préalable*.

---

172 CARVALHO FILHO, José dos Santos. *Manual de Direito Administrativo*. 22. ed. Rio de Janeiro: Lumen Juris, 2009. p. 79.

173 ROCHA, Silvio Luís Ferreira da. *Manual de Direito Administrativo*. São Paulo: Malheiros, 2013. p. 487-488.

174 MELLO, Oswaldo Aranha Bandeira de. *Princípios Gerais de Direito Administrativo*. 3. ed. São Paulo: Malheiros, v. 1, p. 615.

A executoriedade decorre da exigibilidade. O ato obriga o particular e, se este o descumprir, desnecessário se faz ir ao Judiciário para declarar uma exigibilidade já existente. Assim, por ser exigível, se o preceito imposto pelo ato for descumprido pelo particular, este pode ser compelido materialmente a se comportar de acordo com o dever já existente. Segundo Oswaldo Aranha Bandeira de Mello:[175]

> Já a *autoexecutoriedade* é a execução coativa, por ato próprio da Administração Pública, sem intervenção do Poder Judiciário, dos atos administrativos. Decorre de sua exigibilidade prévia, como consequência natural. Assim, a autoexecutoriedade é a prerrogativa da Administração Pública de executá-lo de ofício, por ação direta. É o *privilège d'action d'office*. Nessa eventualidade, a Administração Pública, sendo necessário, coage o particular à efetivação do ato administrativo, exercendo, mediante autotutela, sua execução forçada, através do emprego da força pública.

Os atos decorrentes do Poder de Polícia são autoexecutórios,[176] ou seja, pode a Administração Pública compelir o particular a se conformar com o que a lei exige, sem necessidade de prévia autorização do Poder Judiciário. Em razão do poder de polícia, pode a Administração Pública realizar, sem autorização judicial, atos visando à desocupação de bens públicos, bem como demolir construções irregulares. Nesse sentido é a clássica doutrina de Hely Lopes Meirelles:[177]

> A autoexecutoriedade, ou seja, a faculdade de a Administração decidir e de executar diretamente a sua decisão através do ato de polícia, sem intervenção do Judiciário é outro atributo do poder de polícia. Com efeito, no uso desse poder, a Administração impõe diretamente as medidas ou sanções de polícia administrativa, necessárias à Contenção da atividade antissocial, que ela visa a obstar. Nem seria possível

---

[175] MELLO, Oswaldo Aranha Bandeira de. *Princípios Gerais de Direito Administrativo*. 3. ed. São Paulo: Malheiros, v. 1, p. 615-616.

[176] "Frequentemente são executórias as medidas de polícia administrativa, o que significa que a Administração Pública pode promover, por si mesma, a conformação do comportamento do particular às suas ordens, sem necessidade de valer-se do Poder Judiciário e sem necessidade de um prévio juízo de cognição e ulterior juízo de execução processado perante as autoridades judiciárias". (ROCHA, Silvio Luís Ferreira da. *Manual de Direito Administrativo*. São Paulo: Malheiros, 2013. p. 496.).

[177] MEIRELLES, Hely Lopes. Poder de polícia e segurança nacional. *In*: *Revista dos Tribunais*, v. 61, n. 445, p. 287-298, nov./1972.

> condicionar os atos de polícia à aprovação prévia de qualquer outro órgão ou Poder estranho à Administração. Se o particular se sentir agravado em seus direitos, sim, poderá reclamar pela via adequada, ao Judiciário, que só intervirá 'a posteriori' para a correção de eventual ilegalidade administrativa ou fixação da indenização que for cabível. O que o princípio da autoexecutoriedade autoriza é a prática do ato de polícia administrativa pela própria administração, independentemente de mandado judicial. Assim, por exemplo, quando a Prefeitura encontra uma edificação irregular ou oferecendo perigo à coletividade, ela embarga diretamente a obra e promove a sua demolição, se for o caso, por determinação própria, sem necessidade de ordem judicial para essa interdição e demolição.

As razões que justificam a executoriedade são: i) *jurídica*, em razão da presunção de legitimidade dos atos públicos; ii) *política*, ante a necessidade de satisfazer o bem comum; *social* visto que o uso da força pela Administração não perturba a ordem social; iii) *administrativa*, porque há casos em que só se realiza o interesse coletivo pela aplicação imediata do ato.[178]

Entretanto, nem sempre é válida a autoexecutoriedade do ato da autoridade no exercício do Poder de Polícia. Segundo Seabra Fagundes,[179] "tal processo executório tem cabimento quando as circunstâncias indicam a necessidade premente da obtenção do fato ou coisa". Além da urgência, faz-se necessária obediência aos princípios da legalidade e proporcionalidade, ou seja, o ato praticado não pode ser mais intenso ou extenso do que o necessário para a obtenção da finalidade pública perseguida pelo agente. Assim, deve haver permissivo legal ou urgência que justifique o uso da compulsão material pela Administração, bem como esta deve observar a proporcionalidade na execução da medida, conforme ensina Marçal Justen Filho:[180]

> A autoexecutoriedade do ato administrativo obedece estritamente aos princípios da legalidade e da proporcionalidade. Portanto, não

[178] MELLO, Oswaldo Aranha Bandeira de. *Princípios Gerais de Direito Administrativo*. 3. ed. São Paulo: Malheiros. p. 616.

[179] FAGUNDES, Miguel Seabra. *O Controle dos Atos Administrativos pelo Poder Judiciário*. 8. ed. Rio de Janeiro: Forense, 2010. p. 268.

[180] JUSTEN FILHO, Marçal. *Curso de Direito Administrativo*. 8. ed. Belo Horizonte: Fórum, 2012. p. 369.

> há executoriedade sem lei que assim o preveja. Mas, ainda quando a lei a tenha autorizado, a execução compulsória do ato administrativo por parte da própria Administração será admitida apenas quando não existir alternativa menos lesiva, sendo o uso da força a solução necessária para preservar a ordem jurídica e impor a realização dos direitos fundamentais.

A autoexecutoriedade é um dever do Estado, se presentes os seus pressupostos, quais sejam, necessidade, urgência ou previsão legal e uso proporcional dos meios. A autoridade não pode se omitir de agir, tendo poderes para tanto, deixando que um ato de um particular cause lesão a algum Interesse Público. Conforme Marçal Justen Filho,[181] "há um dever-poder de o Estado utilizar a violência em determinadas situações, cujo exercício se imporá sempre que a omissão gerar o risco de resultados mais danosos e prejudiciais a interesses (públicos ou privados, individuais ou coletivos) protegidos pela ordem jurídica".

Na defesa do patrimônio público, deve o Poder Público utilizar-se das prerrogativas decorrentes da autotutela. Conforme lição de José Cretella Júnior, "pelo instituto da *autotutela* a Administração, dispensando a existência de texto de lei especial autorizante, ou de título hábil emitido pelo juiz, age diretamente, valendo-se dos meios comuns de *defesa da propriedade* para a *proteção da coisa pública*".[182] O Superior Tribunal de Justiça[183] decidiu pela "inexistência de ilegalidade ou abusividade do exercício do Poder de Polícia para demolir construções irregulares decorrentes de invasão de área '*non aedificandi*' do Município. Também, decidiu o Superior Tribunal de Justiça[184] que é possível o uso do poder de polícia para desocupação e demolição de quiosques e *trailers* em calçadas, bem de uso comum do povo. Assim, não há qualquer irregularidade ou abuso de poder no ato do ente público que retoma a posse se imóvel

[181] JUSTEN FILHO, Marçal. *Curso de Direito Administrativo*. 8. ed. Belo Horizonte: Fórum, 2012. p. 570.

[182] CRETELLA JÚNIOR. José. *Tratado do Domínio Público*. Rio de Janeiro: Forense, 1984. p. 117.

[183] BRASIL. Superior Tribunal de Justiça. RMS 11.688/RJ. Rel. Min Francisco Peçanha Martins, Segunda Turma, julgado em: 18.04.2002.

[184] BRASIL. Superior Tribunal de Justiça. REsp 1.846.075-DF. Rel. Min. Herman Benjamin, Segunda Turma, por unanimidade, julgado em: 03.03.2020.

público subtraído ilegalmente por terceiros, conforme decidiu o Superior Tribunal de Justiça:

> Retomar bem público subtraído *contra legem* nada sugere de despótico, ao contrário, arbítrio externa, sim, comportamento de particular que dele se apropria com exclusividade, prática ética, política e juridicamente inaceitável, pois denuncia privilégio e benefício, comercial ou pessoal, do mais esperto em desfavor de multidão de respeitadores cônscios das prescrições legais. Tal usurpação elimina, às claras, o augusto princípio da igualdade de todos perante a lei, epicentro do Estado de Direito. Por óbvio, tampouco tolhe o agir da Administração a existência de outras ocupações irregulares no local, visto que multiplicidade de infratores não legitima, nem anistia ou enobrece, pela banalização, ilegalidade estatuída na Constituição ou em lei.[185]

A Administração, no uso do Poder de Polícia, pode e deve, no caso de construções irregulares em áreas públicas, por meio do uso do Poder de Polícia, demolir as edificações irregulares. Nesse sentido é a lição de Oswaldo Aranha Bandeira de Mello:[186]

> Nas hipóteses de não fazer obra material e esta tenha sido executada, é de se reconhecer à Administração Pública – após haver intimado os particulares para que a desfaçam, e tal intimação não tenha sido tomada na devida consideração – a tarefa de substituir a administração do interessado pela dos agentes do Poder Público e, com os meios de que dispõe, efetivar sua determinação, destruindo a obra irregularmente feita.

Pode-se dizer que a atividade de demolição de construções irregulares em áreas públicas é uma atividade vinculada, ou seja, obrigatória para a Administração que, se pode fazê-lo por conta própria, não teria, em tese, interesse de agir para pedir tal providência ao Poder Judiciário. Essa é a orientação da Jurisprudência do Tribunal de Justiça do Estado de São Paulo:

> Ementa: Apelação cível. Ação demolitória ajuizada por Prefeitura Municipal para compelir o administrado a demolir imóvel. Sentença

---

[185] BRASIL. Superior Tribunal de Justiça. REsp 1457851/RN. Rel. Min Herman Benjamin, Segunda Turma, julgado em: 26.05.2015.

[186] MELLO, Oswaldo Aranha Bandeira de. *Princípios Gerais de Direito Administrativo*. 3. ed. São Paulo: Malheiros, v. 1, p. 631.

de procedência. Reforma que se impõe. Falta de interesse de agir caracterizada. Medida que se insere no âmbito de competência do Município, no exercício do seu poder de polícia. Ausência de condição da ação, reconhecida de ofício. Processo extinto, sem resolução do mérito, nos termos do artigo 267, inciso VI, do Código de Processo Civil. Recurso prejudicado.[187]

Para os bens públicos da União, a Lei nº 9.636/1998,[188] em seu art. 11, dispõe que caberá à Superintendência do Patrimônio da União a incumbência de fiscalizar e zelar para que sejam mantidas a destinação e o Interesse Público, o uso e a integridade física dos imóveis pertencentes ao patrimônio da União, podendo, para tanto, por intermédio de seus técnicos credenciados, embargar serviços e obras, aplicar multas e demais sanções previstas em lei e, ainda, requisitar força policial federal e solicitar o necessário auxílio de força pública estadual.

Deve-se usar da razoabilidade no uso do Poder de Polícia para o desfazimento de edificações em imóveis públicos. Se há o início de uma edificação decorrente de uso irregular de bem público, ainda não concluída, é dever da autoridade administrativa impedir a continuação e demolir o que já foi erigido. Caso a edificação esteja concluída, mas não utilizada para moradia ou comércio, também é permitida a demolição. Obras ou edificações irregulares em bens públicos que não servem de moradia ou que não tenham utilidade imediata para pessoas, como muros e painéis de publicidade, podem ser demolidos pela Administração Pública titular do bem público, sem necessidade de prévia autorização judicial, mediante o uso do Poder de Polícia.

Havendo consolidação da situação irregular, em regra, não deve ocorrer a demolição da edificação pela autoridade administrativa sem ordem judicial, salvo em caso de risco para os ocupantes ou terceiros. Já havendo uma funcionalidade na edificação

---

[187] SÃO PAULO. Tribunal de Justiça – 9063835-91.2009.8.26.0000 Apelação Relator(a): Osni de Souza. Órgão julgador: 8ª Câmara de Direito Público Data do julgamento: 09.11.2011.

[188] BRASIL. Lei nº 9.636, de 15 de maio de 1998. *Dispõe sobre a regularização, administração, aforamento e alienação de bens imóveis de domínio da União, altera dispositivos dos Decretos-leis nº 9.760, de 5 de setembro de 1946, e 2.398, de 21 de dezembro de 1987, regulamenta o §2º do art. 49 do Ato das Disposições Constitucionais Transitórias, e dá outras providências.* Disponível em: http://www.planalto.gov.br/ccivil_03/LEIS/L9636.htm. Acesso em: 29 set. 2021.

irregular (moradia, pequenos comércios), passou o momento da autoexecutoriedade e deve o Judiciário ser acionado, em razão da previsão constitucional da inviolabilidade do domicílio prevista na Constituição Federal[189] (art. 5º XI da Constituição Federal). Anote-se que o Código Penal[190] (art. 150 §4º) considerou estar abrangido no conceito de "casa"[191] qualquer compartimento habitado, aposento ocupado de habitação coletiva e compartimento não aberto ao público, onde alguém exerce profissão ou atividade. Conforme decidiu o Supremo Tribunal Federal, "simples 'barracos' (enquanto espaços habitacionais ocupados) também dispõem da mesma proteção jurídica dispensada pela Constituição ao domicílio [...]".[192]

Dessa forma, estando uma construção já pronta, mesmo que precária, e servindo de moradia ou local onde alguém exerce sua atividade profissional, não deve a Administração, sob alegação de que os atos administrativos são autoexecutórios, sem autorização judicial, adentrar a residência e realizar a desocupação do bem público. Conforme decidiu o Supremo Tribunal Federal,[193] "o atributo da autoexecutoriedade dos atos administrativos, que traduz expressão concretizadora do '*privilège du preálable*', não prevalece sobre a garantia constitucional da inviolabilidade domiciliar [...]".

---

189 BRASIL. Constituição da República Federativa do Brasil de 1988. Disponível em: http://www.planalto.gov.br/ccivil_03/constituicao/constituicao.htm. Acesso em: 24 set. 2021.

190 BRASIL. Decreto-Lei nº 2.848, de 7 de dezembro de 1940. *Código Penal*. Disponível em: http://www.planalto.gov.br/ccivil_03/decreto-lei/del2848compilado.htm. Acesso em: 16 out. 2021.

191 Art. 150 §4º do Código Penal:– A expressão "casa" compreende: I – qualquer compartimento habitado; II – aposento ocupado de habitação coletiva; III – compartimento não aberto ao público, onde alguém exerce profissão ou atividade.

192 BRASIL. Supremo Tribunal Federal. SS 1.203. Rel Min. Celso de Mello, julgado em: 08.09.1997.

193 BRASIL. Supremo Tribunal Federal. HC 93.050. Rel. Min. Celso de Mello, julgado em: 10.06.2008, Segunda Turma.

CAPÍTULO 2

ALIENAÇÃO DOS BENS PÚBLICOS

Alienação é toda a transferência de propriedade, a qualquer título, a terceiros. Os bens públicos são alienáveis, salvo os casos de inalienabilidade previstos no ordenamento jurídico. Abaixo será estudada a disciplina constitucional e legal da alienação dos bens públicos.

2.1 Pressupostos para a alienação de bens públicos móveis e imóveis

Dispõe o *caput* do art. 76, da Lei 14.133/2021,[194] que a alienação de bens da Administração Pública subordina-se à existência de Interesse Público devidamente justificado e será precedida de avaliação.

O Interesse Público que motiva uma alienação deve ser a melhor forma de gerir o patrimônio público. Um bem público deve servir a uma finalidade pública ou gerar riquezas ao ente público. Uma primeira finalidade da alienação seria a obtenção de recursos financeiros para a realização de novos investimentos. Conforme lição da doutrina, ao realizar a alienação de um bem público, "o Estado se desfaz temporária ou definitivamente, de bens e direitos,

[194] BRASIL. Lei nº 14.133, de 1º de abril de 2021. *Lei de Licitações e Contratos Administrativos*. Disponível em: http://www.planalto.gov.br/ccivil_03/_ato2019-2022/2021/lei/L14133.htm. Acesso em: 24 set. 2021.

visando à obtenção de contrapartidas econômicas necessárias ao desempenho de suas demais atividades".[195]

A alienação de bens públicos também pode ser um instrumento para interferência e regulação do mercado, bem como para fomentar uma atividade de Interesse Público. Nesses casos, o objetivo da alienação não é a obtenção de recursos financeiros, mas a realização de um ato de interesse público, por meio da alienação. Seria o caso, por exemplo, da doação ou da venda de imóveis públicos por preço subsidiado visando implementar habitações de interesse social para a população carente. Dessa forma, sem visar ao resultado financeiro da alienação, o Estado "busca influenciar o funcionamento do mercado ou fornecer utilidades aos carentes ou redistribuir a riqueza na sociedade".[196]

A alienação de bens públicos pode se mostrar um dever para o administrador, tendo em vista o dever de eficiência na gestão do patrimônio público, conforme demonstrado no item 1.4.3.1, acima. Não pode o ente público ter um patrimônio que apenas ocasiona despesas a serem pagas pelos contribuintes. O princípio da eficiência, insculpido no art. 37 da Constituição Federal,[197] impõe que o patrimônio público não afetado a um serviço de interesse público seja utilizado para gerar riquezas para os cofres públicos ou seja alienado.

A alienação dos bens públicos não pode levar ao esvaziamento do patrimônio do ente público e deve sempre ser motivada pela finalidade de utilizar o produto da alienação para novos investimentos de Interesse Público. É vedado ao ente público se endividar e alienar os bens públicos para pagar suas dívidas. Dispõe o art. 44, da Lei de Responsabilidade Fiscal,[198] que é vedada a aplicação da receita de capital derivada da alienação de bens e direitos que integram

---

[195] JUSTEN FILHO, Marçal. *Comentários à Lei de Licitações e Contratos administrativos.* 15. ed. São Paulo: Dialética, 2012. p. 255.

[196] JUSTEN FILHO, Marçal. *Comentários à Lei de Licitações e Contratos administrativos.* 15. ed. São Paulo: Dialética, 2012. p. 255.

[197] BRASIL. *Constituição da República Federativa do Brasil de 1988.* Disponível em: http://www.planalto.gov.br/ccivil_03/constituicao/constituicao.htm. Acesso em: 24 set. 2021.

[198] BRASIL. Lei Complementar nº 101, de 4 de maio de 2000. *Estabelece normas de finanças públicas voltadas para a responsabilidade na gestão fiscal e dá outras providências.* Disponível em: http://www.planalto.gov.br/ccivil_03/Leis/LCP/Lcp101.htm. Acesso em: 29 set. 2021.

o patrimônio público para o financiamento de despesa corrente, salvo se destinada por lei aos regimes de previdência social, geral e próprio dos servidores públicos. Por despesas correntes se entendem as despesas de custeio e transferências correntes, conforme dispõe o art. 12 da Lei Federal nº 4.320/1964. Conforme o §1º do art. 12 desse dispositivo legal, "classificam-se como Despesas de Custeio as dotações para manutenção de serviços anteriormente criados, inclusive as destinadas a atender a obras de conservação e adaptação de bens imóveis". Por fim, conforme o §12 do art. 12 da Lei Federal nº 4.320/1964, "classificam-se como Transferências Correntes as dotações para despesas as quais não corresponda contraprestação direta em bens ou serviços, inclusive para contribuições e subvenções destinadas a atender à manutenção de outras entidades de direito público ou privado". O art. 44 da Lei de Responsabilidade Fiscal veda expressamente a alienação de bens públicos para o custeio de despesas correntes, pois a venda do patrimônio para pagar despesas cotidianas não é uma Gestão Pública eficiente, resultando na dilapidação do patrimônio público; seria como alguém vender sua casa, onde mora, para pagar as despesas do cartão de crédito. A norma indica que os entes públicos devem diminuir as despesas correntes, e não custeá-las mediante liquidação do patrimônio público. Nesse sentido, a doutrina ensina que:

> Portanto, no art. 44, quer-se impedir a alienação do patrimônio público sem contrapartida em novos investimentos. Alienar bens para custear as despesas cotidianas da Administração equivale a dilapidar o patrimônio público. É norma de franca proteção do patrimônio estatal, que somente cede quando se trata da previdência social.[199]

Em razão do princípio da indisponibilidade do Interesse Público, a alienação do bem público não pode ser feita por valor inferior ao preço de mercado. O Poder Público, na alienação de seus bens, não tem a discricionariedade de oferecer descontos no preço a ser recebido, mesmo em razão de pagamentos à vista, tal como frequentemente

---

[199] DERZI, Misabel Abreu Machado. *In*: MARTINS, Ives Gandra da Silva; NASCIMENTO, Carlos Valder (org.). *Comentários à Lei de Responsabilidade Fiscal*. 7. ed. São Paulo: Saraiva, 2014. p. 377.

ocorre nas negociações entre entes privados. Toda alienação deve ser realizada pelo preço apurado em laudo de avaliação. O valor de avaliação deve ser fundamento em normas técnicas. Nesse sentido, leciona a doutrina que a "*avaliação* é a estimativa da importância que, naquela data, determinado bem provavelmente encontraria numa negociação no respectivo mercado de referência – *o que deve ser feito em obediência a normas técnicas* e regras de boas práticas nos respectivos setores".[200] O laudo de avaliação busca determinar o valor de mercado do bem público a ser alienado. Nesse sentido, a doutrina leciona que a avaliação prévia "tem por objetivo estabelecer o valor mínimo de mercado de um bem, em moeda corrente ou referencial, tomando por base as suas características físicas, econômicas, funcionais, as suas benfeitorias, a adequação ao seu uso predominante, condições de conservação etc.".[201] Para a alienação de bens públicos, em regra, é vedado o emprego da denominada "liquidação forçada". Esta é prevista na NBR 14653-2:2011, item 11.5, que preceitua: "quando solicitado, além do valor de mercado, pode constar no laudo de avaliação o valor para liquidação forçada, para uma certa data, adotando-se critérios acordados entre contratantes e contratados". Ou seja, a liquidação forçada representa um desconto para uma venda rápida, de acordo com a autonomia da vontade do contratante do laudo. O valor de liquidação forçada não se compara ao valor de mercado. Nesse sentido:

> *O valor de mercado expressa o valor do imóvel em condições normais do mercado imobiliário.* Ou seja, é quando se anuncia a venda do bem e ocorrem todas as etapas normais desse tipo de operação, que envolvem o recebimento das propostas e negociação com possíveis compradores.
> Já na *liquidação forçada é a situação em que há necessidade de venda imediata do imóvel,* geralmente para recuperação de investimento ou crédito. Nesse caso, em geral, os bens são levados à leilão e a negociação é imediata. Naturalmente, *para ocorrer a negociação imediata do imóvel entre o vendedor e comprador, o valor de mercado imóvel é reduzido.* O valor de liquidação forçada indica justamente o valor do imóvel para venda nessas condições.[202]

---

[200] MOREIRA, Egon Bockmann; GUIMARÃES, Fernando Vernalha. *Licitação Pública*: A Lei Geral de Licitação (LGL) e o Regime Diferenciado de Contratação (RDC). São Paulo: Malheiros, 2012. p. 364 (g.n).

[201] FRANCO JUNIOR, Raul de Mello. *Alienação de bem público*. São Paulo: RT, 2011. p. 79.

[202] GN Engenharia. *Entenda o que significa Valor de Liquidação Forçada*. Disponível em: https://www.gnengenharia.com.br/post/blog-entenda-o-que-significa-valor-de-liquida%C3%A7%C3%A3o-for%C3%A7ada. Acesso em 04/08/2024 (g.n)

No mercado imobiliário privado, podem os vendedores decidirem pela venda abaixo do valor de mercado, visando a um potencial ganho decorrente do investimento do valor, comparado ao tempo que levaria para vender o bem em condições normais de mercado. Entretanto, na Administração Pública, vige o princípio da indisponibilidade do interesse público. Somente a lei poderia permitir uma venda abaixo do valor de mercado. Nesse sentido, a Lei nº 9.636/1998 (com a redação dada pela Lei nº 14.011/2020) permite desconto de 25% do valor de mercado, em caso de sucessivos leilões,[203] bem como em leilões desertos ou fracassados.[204]

O laudo de avaliação deve ser elaborado por profissional habilitado na forma da Lei Federal nº 5.194/1966.[205] O laudo de avaliação deve ser confeccionado por pessoa qualificada, em regra, profissional de engenharia ou arquitetura. Segundo Diogenes Gasparini:

> É necessário que a pessoa nomeada para avaliar e os membros da comissão de avaliação, quase sempre composta de três, sejam profissionais da área de engenharia. Aliás, é própria dessa categoria profissional a elaboração de laudos dessa natureza, conforme prevê a alínea *a* do art. 7º da Lei Federal nº 5.194, de 24 de dezembro de 1966, que regula a profissão de engenheiro, combinada com o disposto na Resolução nº 218/73, do Conselho Federal de Engenharia, Arquitetura e Agronomia.[206]

Entretanto, o Superior Tribunal de Justiça[207] já decidiu que o corretor de imóveis, em razão do disposto no art. 3º da Lei nº 6.530/1978,[208] pode elaborar laudos de avaliação. Dessa forma, o laudo de avaliação pode ser elaborado por engenheiro, arquiteto ou corretor de imóveis.

---

[203] Art. 24-A, §5º.

[204] Art. 24-A, §2º.

[205] BRASIL. *Lei nº 5.194, de 24 de dezembro de 1966*. Regula o exercício das profissões de Engenheiro, Arquiteto e Engenheiro-Agrônomo, e dá outras providências. Disponível em: http://www.planalto.gov.br/ccivil_03/_Ato2019-2022/2021/Lei/L14133.htm. Acesso em: 29 set. 2021.

[206] GASPARINI, Diogenes. *Direito Administrativo*. 17. ed. São Paulo: Saraiva, 2012. p. 976.

[207] BRASIL. Superior Tribunal de Justiça. REsp n. 779.196/RS. Rel. Min. Teori Albino Zavascki, Primeira Turma, julgado em: 25.08.2009.

[208] BRASIL. Lei nº 6.530, de 12 de maio de 1978. *Dá nova regulamentação à profissão de Corretor de Imóveis, disciplina o funcionamento de seus órgãos de fiscalização e dá outras providências*. Disponível em: http://www.planalto.gov.br/ccivil_03/leis/l6530.htm. Acesso em: 9 set. 2021.

A Lei Federal nº 14.133/2021 (art. 76) não exige que o profissional que elabora o laudo de avaliação seja agente da Administração Pública. É possível que a Administração Pública contrate serviços privados especializados em avaliação de imóveis. Nesse sentido é o entendimento de Rodrigo de Souza Nogueira:

> O laudo de avaliação deve ser assinado por profissionais da área de Engenharia (art. 7º da Lei Federal nº 5.194, de 24.12.1966 e Resolução nº 218/73, do CONFEA), pertencentes ou não ao quadro de pessoal da Administração Pública. O avaliador e os membros de comissão de avaliação são nomeados por portaria e, se servidores da Administração Pública alienante, podem receber, existindo lei a respeito, uma gratificação. Se estranhos ao quadro de servidores dessa entidade, precisam ser contratados, como regra, mediante o competente processo licitatório.[209]

A contratação de entes privados especializados para a elaboração de laudos de avaliação pode ser uma ferramenta para o cumprimento do princípio da eficiência. A depender das características do imóvel, os agentes da Administração Pública podem não ter a *expertise* necessária para elaborar a melhor avaliação. Os laudos de avaliação podem levar em consideração, para a formação do preço, diversos fatores, como o preço de venda de outros bens semelhantes ou o potencial de aproveitamento econômico. Assim, é possível a contratação de agentes privados com especialização no ramo de avaliação para que sejam elaborados os melhores laudos, os quais, por sua vez, irão proporcionar a alienação do bem público pelo melhor preço, conforme lição Marçal Justen Filho:

> A avaliação poderá ser produzida através da atividade dos próprios agentes administrativos ou, mesmo, pelo concurso de terceiros. Como regra, seria aconselhável recorrer à atividade de terceiros, especializados no ramo de avaliação. O avaliador ficará pessoalmente responsável pela idoneidade de suas conclusões. O resultado da avaliação deverá ser indicado no ato convocatório.[210]

---

[209] NOGUEIRA, Rodrigo de Souza. Considerações sobre a alienação de bens públicos móveis no âmbito da Administração Pública Federal. *Publicações da Escola da AGU – Pós-Graduação em Direito Público – PUC/MG*. Disponível em: https://seer.agu.gov.br/index.php/EAGU/article/viewFile/1786/1462. Acesso em: 6 maio 2019.

[210] JUSTEN FILHO, Marçal. *Comentários à Lei de Licitações e Contratos administrativos*. 11. ed. São Paulo: Dialética, 2005. p. 173.

Anote-se que nem todo bem público é alienável. Existem casos em que a Constituição Federal[211] impôs expressamente a inalienabilidade, como nos art. 225, §5º e 231, §4º, da Constituição Federal. Se o imóvel tiver área superior a 2.500 hectares, necessária autorização do Congresso Nacional para a alienação, conforme dispõe o art. 49, XVII e o art. 188, §§1º e 2º da Constituição Federal. Interpretando-se esses dispositivos, o Supremo Tribunal Federal[212] entendeu que, na verdade, a Constituição não permite que uma pessoa possua área superior a 2.500 hectares sem prévia autorização do Congresso Nacional. No mesmo sentido, Pontes de Miranda, interpretando o parágrafo único do art. 171 da Constituição Federal de 1967[213] (com a redação dada pela Emenda nº 01/1969 – disposição semelhante ao art. 49, XVII da atual Constituição Federal, mas que limitava a área em 3.000 hectares):

> Nenhuma *alienação de terras* ou *concessão de terras públicas* de área superior a três mil hectares, pertençam à União, aos Estados-membros, ou aos municípios, pode ser feita sem que se *proceda* autorização do Senado Federal. Outrossim, a quem tenha terras eu, somadas às da concessão, perfaçam mais de três mil hectares, só se transferem tais terras se o Senado Federal previamente autoriza. O que se quer vedar é a propriedade de tão grande extensão. Ainda cumpre observar-se que as aquisições *originárias*, que importem em extensão proibida ou a perfaçam estão proibidas, *implicitamente*.[214]

Em decorrência do inciso XVII do art. 49 da Constituição Federal, não poderá ser realizada alienação de área superior a 2.500 hectares, salvo mediante autorização legislativa do Congresso Nacional e com prévia licitação. Ademais, se o adquirente tiver propriedades de áreas que, somadas à área a ser adquirida, resultar em área superior a 2.500 hectares, necessária autorização do Congresso Nacional.

---

211 BRASIL. *Constituição da República Federativa do Brasil de 1988*. Disponível em: http://www.planalto.gov.br/ccivil_03/constituicao/constituicao.htm. Acesso em: 24 set. 2021.

212 Conforme voto do Ministro Relator Cézar na ACO 79, j. 15-3-2012, P, DJE de 28.05.2012.

213 BRASIL. *Constituição Federal de 1967 (com a redação dada pela Emenda Constitucional nº 1/1069)*. Disponível em: http://www.planalto.gov.br/ccivil_03/Constituicao/Constituicao67EMC69.htm. Acesso em: 29 set. 2021.

214 PONTES DE MIRANDA. *Comentários à Constituição de 1967 com a Emenda nº 1 de 1969 –* tomo VI. 2. ed. São Paulo: Revista dos Tribunais, 1972. p. 293.

Anoto que somente a lei de cada ente federativo pode declarar determinado bem inalienável. Nesse sentido, o art. 11 do Decreto-Lei nº 25/1937[215] dispõe que "as coisas tombadas, que pertençam à União, aos estados ou aos municípios, inalienáveis por natureza, só poderão ser transferidas de uma à outra das referidas entidades". Trata-se de norma que não é aplicável aos estados e aos municípios, tendo em vista a autonomia patrimonial destes e o princípio federativo decorrente do art. 18 da Constituição Federal. Ademais, mesmo a União pode alienar bens tombados, desde que mediante prévia edição de lei que expressamente autorize a alienação do bem de propriedade da União tombado. A lei federal que autoriza a alienação do bem de propriedade da União, mesmo que tombado, afasta a vedação do art. 11 do Decreto-Lei nº 25/1937, seja por ser lei posterior, seja por ser lei especial. Por fim, o Código de Processo Civil,[216] em seu art. 889, VIII, expressamente previu a possibilidade de alienação de bem tombado, restando derrogado o art. 11 do Decreto-Lei nº 25/1937.

2.2 Disciplina da alienação de bens imóveis na Lei nº 14.133/2021

Conforme dispõe o inciso I do art. 76 da Lei nº 14.133/2021,[217] a alienação de bens imóveis públicos exigirá autorização legislativa e dependerá de licitação na modalidade leilão.

O bem público representa um interesse indisponível pelos agentes públicos. A disponibilidade do bem público depende da manifestação do titular do bem público, o povo. Este, num Estado de Direito que adota um sistema democrático indireto, manifesta-se por meio de seus representantes eleitos, por meio de lei. Assim, para

---

[215] BRASIL. Decreto-Lei nº 25, de 30 de novembro de 1937. *Organiza a proteção do patrimônio histórico e artístico nacional*. Disponível em: http://www.planalto.gov.br/ccivil_03/decreto-lei/del0025.htm. Acesso em: 6 jun. 2022.

[216] BRASIL. Lei nº 13.105, de 16 de março de 2015. *Código de Processo Civil*. Disponível em: http://www.planalto.gov.br/ccivil_03/_ato2015-2018/2015/lei/l13105.htm. Acesso em: 8 jun. 2022.

[217] BRASIL. Lei nº 14.133, de 1º de abril de 2021. *Lei de Licitações e Contratos Administrativos*. Disponível em: http://www.planalto.gov.br/ccivil_03/_ato2019-2022/2021/lei/L14133.htm. Acesso em: 24 set. 2021.

a alienação de um bem público, necessária autorização legislativa do ente federativo titular do domínio público.

Para a alienação de um bem público de uso comum do povo ou de uso especial, primeiramente, faz-se necessária a desafetação. Se houver desafetação, os bens públicos podem ser alienados, mediante autorização legal. A lei que autoriza a alienação, mesmo que não o diga expressamente, já desafeta o bem de uso comum do povo e o de uso especial, tendo em vista a inalienabilidade destes. Assim, desnecessária uma lei específica ou uma disposição legal específica declarando o bem desafetado, levando em consideração que a autorização legislativa para a alienação do bem de uso especial ou do bem de uso comum já implica sua desafetação, mesmo que implicitamente.

Sobre a autorização legislativa para a alienação de imóveis, conforme lição de Sérgio Ferraz, deveria ser "específica, com indicação do bem e dos limites da operação".[218] Entretanto, tem sido comum a edição de lei geral que trata do regime de gestão patrimonial do ente federativo autorizando, de forma genérica, a alienação de determinados bens públicos, em razão de suas características, delegando essa decisão ao Chefe do Poder Executivo. No âmbito da União, o art. 23 da Lei nº 9.636/1998[219] delegou ao Presidente da República, de forma genérica, o poder de decidir pela alienação de bens públicos imóveis. No Estado de São Paulo, o art. 11 da Lei Estadual Paulista nº 16.338/2016[220] delegou ao Governador do Estado o poder de decidir pela alienação de alguns bens imóveis.

A lei pode delegar ao Poder Executivo a decisão de alienar determinado bem público, desde que o faça de forma específica, para algumas situações previamente definidas. A disciplina constitucional, em razão da separação de poderes e do consequente

---

[218] FERRAZ, Sérgio. A alienação de bens públicos na Lei Federal de Licitações. *Revista de Direito Administrativo*, v. 198, p. 53-59, 1994.

[219] BRASIL. Lei nº 9.636, de 15 de maio de 1998. *Dispõe sobre a regularização, administração, aforamento e alienação de bens imóveis de domínio da União, altera dispositivos dos Decretos-Leis nº 9.760, de 5 de setembro de 1946, e 2.398, de 21 de dezembro de 1987, regulamenta o §2º do art. 49 do Ato das Disposições Constitucionais Transitórias, e dá outras providências.* Disponível em: http://www.planalto.gov.br/ccivil_03/LEIS/L9636.htm. Acesso em: 29 set. 2021.

[220] SÃO PAULO. Lei nº 16.338, de 14 de dezembro de 2016. *Autoriza a alienação dos imóveis que especifica e dá outras providências.* Disponível em: https://www.al.sp.gov.br/repositorio/legislacao/lei/2016/lei-16338-14.12.2016.html. Acesso em: 29 set. 2021.

sistema de freis e contrapesos, mediante controles recíprocos,[221] inseriu a obrigatoriedade de participação do Poder Legislativo na típica função administrativa de gerir o patrimônio imobiliário, por meio da prévia autorização legislativa para a alienação dos bens públicos. Entretanto, o Poder Legislativo pode, em legítima manifestação de seu poder normativo, delegar,[222] em hipóteses e parâmetros previamente definidos, essa função ao Chefe do Poder Executivo, em razão de este ter maiores possibilidades de analisar e decidir, no caso concreto e de forma célere, acerca da medida que melhor atenda ao Interesse Público na gestão imobiliária.[223] Não se admite a delegação legislativa ampla e geral. Contudo, admite-se a delegação legislativa com parâmetros.[224] Segundo Luís Roberto Barroso:[225]

---

[221] Sobre os controles recíprocos entre os Poderes: "A Constituição Federal, visando, principalmente, evitar o arbítrio e o desrespeito aos direitos fundamentais do homem, previu a existência dos Poderes do Estado e da instituição do Ministério Público, independentes e harmônicos entre si, repartindo entre eles as funções estatais e prevendo prerrogativas e imunidades para que bem pudessem exercê-las, bem como criando mecanismos de controles recíprocos, sempre como garantia da perpetuidade do Estado Democrático de Direito". (MORAES, Alexandre de. *Direito Constitucional*. 24. ed. São Paulo: Atlas, 2009. p. 407.).

[222] "A delegação legislativa se impõe na vida dos Estados por causa da multiplicidade dos fatos submetidos à vida normativa. A transformação que os tempos submeteram à teoria da distinção dos poderes, resultou numa imprecisão das bases em que se apoiam as funções executiva e legislativa". (FORTES, Bonifácio. Delegação legislativa. *Revista de Direito Administrativo*, Rio de Janeiro, v. 62, p. 353-387, jan. 1960.).

[223] "Assim, tanto pela falta de conhecimento técnico na produção legislativa quanto pela morosidade do processo legiferante, o princípio da separação de poderes, como conservadoramente entendido, poderia ser mitigado para acolher maior possibilidade na delegação de poderes ao Executivo, por parte do Legislativo". (FERREIRA FILHO, Miguel; FERREIRA, Daniel. Legalidade e regulação na Constituição Federal de 1988. *Revista de Direito Administrativo e Gestão Pública*. Curitiba, v. 2, n. 2, p. 124-144, jul.-dez./2016).

[224] O STF já decidiu que a delegação com parâmetros é válida, não ofendendo o princípio da legalidade: "o legislador local, como se vê, instituiu e nomeou uma vantagem remuneratória, delegando, porém, ao Executivo – livre de quaisquer parâmetros legais –, a definição de todos os demais aspectos de sua disciplina – a qual, acrescente-se, se revelou extremamente complexa –, incluídos aspectos essenciais como o valor de cada ponto, as pontuações mínima e máxima e a quantidade de pontos atribuíveis a cada atividade e função. Essa delegação sem parâmetro, contudo, penso eu, é incompatível com o princípio da reserva de lei formal a que está submetida a concessão de aumentos aos servidores públicos (CF, art. 61, §1º, II, a)". (BRASIL. Supremo Tribunal Federal. RE 264.289/CE. Rel. Min. Sepúlveda Pertence, julgado em: 14.12.2001).

[225] BARROSO, Luís Roberto. *Regime Jurídico da Petrobras, delegação legislativa e poder regulamentar: validade constitucional do procedimento licitatório simplificado instituído pelo Decreto nº 2.745/98*. Disponível em: http://www.luisrobertobarroso.com.br/wp-content/themes/LRB/pdf/regime_juridico_petrobras.pdf. Acesso em: 17 jul. 2017.

> A expressão delegação legislativa é empregada em geral para descrever hipóteses nas quais o Legislador fixa determinados parâmetros – mais ou menos gerais – e autoriza o Executivo a disciplinar de forma mais detalhada um tema. Embora o ato expedido com fundamento na delegação legislativa seja inferior à lei e a ela vinculado, o espaço de criação outorgado ao Executivo pode ser substancialmente mais amplo aqui do que no exercício tradicional do poder regulamentar [...] A possibilidade de delegação legislativa nesses termos, desde que acompanhada de *standards*, já foi implicitamente aceita pelo Supremo Tribunal Federal em várias ocasiões.

Anoto que a lei que autoriza a alienação de bens públicos deve estar publicada anteriormente à alienação do bem. Publicar uma lei para ratificar uma alienação feita anteriormente de forma irregular e sem prévia autorização legislativa é um manifesto desvio de finalidade.[226]

A exigência de autorização legislativa é dispensada pelo §1º do art. 76 da Lei nº 14.133/2021 para a alienação dos imóveis da Administração Pública cuja aquisição tenha sido derivada de procedimentos judiciais ou de dação em pagamento. Não se justifica a exigência de lei para a alienação de um bem imóvel cuja aquisição não era desejada pela Administração Pública, mas que foi incorporado ao patrimônio desta em razão de um processo judicial destinado à satisfação de um crédito,[227] não representando, assim, um bem patrimonial decorrente de uma decisão anterior que tenha determinado um investimento público. Como a alienação não representa uma decisão de desinvestimento, há dispensa de autorização legislativa. Anote-se que o §1º do art. 76 da Lei nº 14.133/2021 somente é aplicável aos imóveis cuja aquisição decorra

---

[226] Nesse sentido: "Contudo, na presente demanda, de acordo com a moldura fático-probatória demarcada pelo Tribunal a quo, o então Alcaide procedeu à doação de bens públicos sem previsão legal e em descumprimento aos procedimentos legais de que se devem revestir o ato de doação de patrimônio público (fls. 513) e os Vereadores acionados, mesmo sabendo das condições ilegais em que se deram as doações na tentativa de legalizarem ato administrativo pretérito, acabaram por aprovar projeto de Lei com evidente desvio de finalidade (fls. 513)". (BRASIL. Superior Tribunal de Justiça. REsp 1.605.701/MG. Rel. Min. Napoleão Nunes Maia Filho, Primeira Turma, julgado em: 16.06.2016.).

[227] Nesse sentido é a lição de Marçal Justen Filho, ao comentar o art. 19 da Lei nº 8.666/93: "O dispositivo faculta a alienação de bens imóveis, independentemente de prévia autorização legislativa, quando seu ingresso no patrimônio tiver origem em crédito fazendário". (JUSTEN FILHO, Marçal. *Comentários à Lei de Licitações e Contratos Administrativos*. 12. ed. São Paulo: Dialética, 2008. p. 235.).

de execuções fiscais ou dação em pagamento. Não devem ser considerados abrangidos pelo referido dispositivo legal os imóveis adquiridos por meio de desapropriação judicial, ação discriminatória, usucapião ou qualquer outro meio judicial que tenha sido utilizado como um instrumento da decisão governamental de aquisição do bem.

Uma mudança relevante da Lei nº 14.133/2021 é a previsão da modalidade de licitação indicada para a alienação de imóveis, qual seja, o leilão, em substituição à exigência de concorrência, prevista no §3 do art. 23 da Lei nº 8.666/93.[228] O uso do leilão, disciplinado no art. 31 da Lei nº 14.133/2021, para a alienação de bens imóveis, irá tornar mais célere a alienação de bens públicos imóveis, bem como fomentará a competitividade, pela possibilidade de apresentação de novos lances sucessivos, após a apresentação da maior proposta.

2.3 Alienação de bens móveis

A alienação de bens públicos móveis é disciplinada no inciso II do art. 76 da Lei nº 14.133/2021.[229] A modalidade licitatória para a alienação de bens móveis é o leilão, precedida de avaliação e licitação, salvo os casos de dispensa, inexigibilidade de licitação ou licitação dispensada. A alienação de bens móveis, em regra, não depende de autorização legislativa. A desnecessidade de autorização legislativa para a alienação de bens móveis, exigida para a alienação de bens imóveis, parte da equivocada premissa de que estes são mais valiosos ou relevantes que aqueles. Trata-se de um engano notório! Alguns bens públicos móveis podem se mostrar muito mais valiosos do que bens imóveis. Por exemplo, a venda de ações de uma empresa estatal exploradora de atividade econômica pode alcançar valores muito mais elevados que a venda de um pequeno terreno de propriedade de um ente público.

---

228 BRASIL. Lei nº 8.666, de 21 de junho de 1993. *Regulamenta o art. 37, inciso XXI, da Constituição Federal, institui normas para licitações e contratos da Administração Pública e dá outras providências*. Disponível em: http://www.planalto.gov.br/ccivil_03/Leis/L8666cons.htm. Acesso em: 29 set. 2021.

229 BRASIL. Lei nº 14.133, de 1º de abril de 2021. *Lei de Licitações e Contratos Administrativos*. Disponível em: http://www.planalto.gov.br/ccivil_03/_ato2019-2022/2021/lei/L14133.htm. Acesso em: 24 set. 2021.

A licitação para alienação de bens móveis é dispensada, conforme dispõem as alíneas do inciso II do art. 76 da Lei nº 14.133/2021, para os casos de: i) doação, permitida exclusivamente para fins e uso de interesse social, após avaliação de oportunidade e conveniência socioeconômica em relação à escolha de outra forma de alienação; ii) permuta, permitida exclusivamente entre órgãos ou entidades da Administração Pública; iii) venda de ações, que poderão ser negociadas em bolsa, observada a legislação específica; iv) venda de títulos, observada a legislação pertinente; v) venda de bens produzidos ou comercializados por entidades da Administração Pública, em virtude de suas finalidades e vi) venda de materiais e equipamentos sem utilização previsível por quem deles dispõe para outros órgãos ou entidades da Administração Pública.

A restrição da possibilidade de realização de permutas apenas entre órgãos da Administração Pública somente é válida para a União, tendo em vista que não poderia o legislador federal restringir permutas de bens móveis de outros entes federativos. A previsão de que a doação deve ser realizada apenas para fins e uso de interesse social é inócua, tendo em vista que o princípio da indisponibilidade do Interesse Público vedaria uma doação de um bem público sem qualquer Interesse Público. Sobre os demais aspectos da permuta e da doação, remeto o leitor ao que consta dos itens 2.4.3 e 2.4.2, respectivamente.

Anote-se, contudo, que a venda de ações negociadas em bolsa, apesar do inciso II do art. 76 da Lei nº 14.133/2021 dispensar autorização legislativa, se resultar na perda do controle acionário de empresa estatal, ocasionando uma privatização desta, deve ser precedida de autorização legislativa. Conforme dispõem os incisos XIX e XX do art. 37 da Constituição Federal, a criação de empresa pública e sociedade de economia mista, inclusive subsidiárias, depende de autorização legislativa. Logo, a privatização das empresas estatais e subsidiárias também dependeria de autorização legislativa, tendo em vista que o Poder Executivo não poderia desfazer uma decisão do Poder Legislativo, bem como em razão do princípio da simetria das formas. O Supremo Tribunal Federal firmou o entendimento de que a alienação do controle acionário de empresas estatais depende de autorização legislativa; contudo, entendeu que, para a alienação do controle acionário das subsidiárias, não haveria necessidade de lei autorizadora:

> I – A alienação do controle acionário de empresas públicas e sociedades de economia mista exige autorização legislativa e licitação pública. II – A transferência do controle de subsidiárias e controladas não exige a anuência do Poder Legislativo e poderá ser operacionalizada sem processo de licitação pública, desde que garantida a competitividade entre os potenciais interessados e observados os princípios da Administração Pública constantes do art. 37 da Constituição da República.[230]

2.4 Alienação direta (sem licitação) de bens públicos

Na alienação de bens públicos, procedimento que visa a garantir, além da melhor contratação para o Poder Público, a observância dos princípios da moralidade, igualdade e impessoalidade, aplica-se o princípio geral da licitação. Segundo José Afonso da Silva:[231]

> Licitação é um procedimento administrativo destinado a provocar propostas e a escolher proponentes de contratos de execução de obras, serviços, compras ou de alienações do Poder Público. O princípio da licitação significa que essas contratações ficam sujeitas, como regra, ao procedimento de seleção de propostas mais vantajosas para a Administração Pública. Constitui um princípio instrumental de realização dos princípios da moralidade administrativa e do tratamento isonômico dos eventuais contratantes com o Poder Público.

A regra é a exigência de licitação para toda alienação de bem público, salvo previsão legal em sentido contrário. As alíneas do inciso I do art. 76 da Lei nº 14.133/2021[232] elencam os casos de licitação dispensada[233] para a alienação de bens públicos. Na licitação

---

[230] BRASIL. Supremo Tribunal Federal. ADI 5624 MC-Ref. Relator: Ricardo Lewandowski, Tribunal Pleno, julgado em: 06.06.2019.

[231] SILVA, José Afonso. *Comentário Contextual à Constituição*. 4. ed. São Paulo: Malheiros, 2007. p. 345.

[232] BRASIL. Lei nº 14.133, de 1º de abril de 2021. *Lei de Licitações e Contratos Administrativos*. Disponível em: http://www.planalto.gov.br/ccivil_03/_ato2019-2022/2021/lei/L14133.htm. Acesso em: 24 set. 2021.

[233] ARAGÃO, Alexandre Santos de. *Curso de Direito Administrativo*. 2. ed. Rio de Janeiro: Forense, 2013. p. 306.

dispensada, conforme lição de Alexandre Santos de Aragão, "o Legislador se antecipa à discricionariedade que seria da Administração Pública, e ele próprio a exerce para, a priori e *tout court*, já preestabelecer a inconveniência da licitação". Conforme lição de Sérgio Ferraz, as hipóteses de licitação dispensada previstas nos casos de alienação de bens públicos decorrem do fato de que "em todas elas, beneficiário há de ser sempre uma pessoa certa, o que tira qualquer sentido à exigência de competição".[234] Entretanto, existe o entendimento de que, mesmo nos casos de licitação dispensada, poderia a autoridade administrativa licitar:

> Todavia, entendemos que não se pode admitir que o legislador retire do administrador, de maneira absoluta, a possibilidade de realização de licitação, quando houver, é claro, viabilidade de competição. Ora, se a regra constitucional é a licitação, o legislador ordinário não possui legitimidade para impedir a licitação quando houver competição, mas apenas a possibilidade de elencar hipóteses excepcionais em que a licitação não será obrigatória, segundo a ponderação do administrador diante do caso concreto.[235]

Diferentemente das hipóteses de licitação dispensada elencadas nas alíneas do inciso I do art. 76 da Lei nº 14.133/2021, são os casos de dispensa de licitação. Nos casos de dispensa de licitação, conforme lição de Irene Patrícia Nohara, "a contratação direta não é obrigatória, pois se a Administração entender por bem realizar o certame, não há qualquer problema jurídico".[236] São casos de dispensa de licitação os previstos §3º do art. 76 da Lei nº 14.133/2021, tendo em vista que a lei expressamente faculta ao administrador dispensar a licitação.[237] Também é hipótese de dispensa de licitação

---

[234] FERRAZ, Sérgio. A alienação de bens públicos na Lei Federal de Licitações. *Revista de Direito Administrativo*, v. 198, p. 53-59, 1994.

[235] OLIVEIRA, Rafael Carvalho Rezende. *Curso de Direito Administrativo*. 9. ed. Rio de Janeiro: Forense, 2021. p. 640. Edição do Kindle.

[236] NOHARA, Irene Patrícia; CÂMARA, Jacintho Arruda. Tratado de Direito Administrativo. DI PIETRO, Maria Sylvia Zanella (coord.). *Licitações e contratos administrativos*. v. 6. São Paulo: Revista dos Tribunais, 2014. p. 131.

[237] §3º do art. 76 da Lei nº 14.133/2021: A Administração poderá conceder título de propriedade ou de direito real de uso de imóvel, *admitida a dispensa de licitação*, quando o uso destinar-se a: I – outro órgão ou entidade da Administração Pública, qualquer que seja a localização do imóvel; II – pessoa natural que, nos termos de lei, regulamento ou ato normativo do órgão competente, haja implementado os requisitos mínimos de cultura, de ocupação

a possibilidade de venda do bem público, nas mesmas condições definidas em edital de licitação realizado há menos de um ano em que não surgiram licitantes interessados ou não foram apresentadas propostas válidas, conforme previsão da alínea "a" do inciso III do art. 75 da Lei nº 14.133/2021.

A consequência prática da diferenciação entre hipótese de licitação dispensada e dispensa de licitação é o procedimento de formalização da contratação. Nos casos de dispensa de licitação, devem ser cumpridos os procedimentos exigidos pelo art. 72 da Lei nº 14.133/2021. Já nos casos de licitação dispensada, não é exigível o cumprimento dos requisitos do art. 72, que compreende apenas os casos de inexigibilidade e dispensa de licitação. Nem haveria porque exigir o cumprimento dos procedimentos do art. 72 da Lei nº 14.133/2021 para os casos de licitação dispensada, tendo em vista que se trata de casos em que o legislador decidiu que não deveria ser feita a licitação, não havendo ato discricionário do Administrador Público que devesse ser justificado.

Anote-se que não se faz necessária a observância do procedimento de contratação direta previsto no art. 72 da Lei federal nº 14.133/2021 para as alienações de bens públicos disciplinadas no art. 76 da Lei nº 14.133/2021. A contratação direta, disciplinada no Capítulo VIII, da Lei nº 14.133/2021, compreende os casos de dispensa de licitação e de inexigibilidade, conforme preceito do art. 72 da Lei federal nº 14.133/2021. A inexigibilidade de licitação está disciplinada no art. 74 da Lei federal nº 14.133/2022. Os casos de dispensa estão elencados no art. 75 da Lei federal nº 14.133/2021. Por sua vez, a alienação de bens públicos foi disciplinada no Capítulo IX da Lei federal nº 14.133/2021, no art. 76. Percebe-se que a Lei federal nº 14.133/2021 tratou a alienação de bens públicos em capítulo diverso dos casos de contratação direta, por não estar abrangida por esta. A alienação não é caso de contratação direta, razão pela qual não se submete ao procedimento do art. 72 da Lei federal nº 14.133/2021. No sentido de que a alienação de bens públicos na Lei nº 14.133/2021 não pode ser compreendida como caso de contratação direta, assim se manifesta a doutrina:

---

mansa e pacífica e de exploração direta sobre área rural, observado o limite de que trata o §1º do art. 6º da Lei nº 11.952, de 25 de junho de 2009.

Agora, na nova Lei de Licitações, a alienação de bens não foi inserida no capítulo VIII, que trata da contratação direta. Mais do que isso: o legislador, no caput do art. 72, declarou expressamente que a contratação direta deve ser compreendida como inexigibilidade e licitação dispensável. Foi vitoriosa a tese de que a alienação de bens e serviços da Administração Pública não é contratação direta, mas alienação direta ou venda direta, conforme o caso.[238]

2.4.1 Dação em pagamento

A dação em pagamento é uma das hipóteses de alienação de bem público sem licitação. Conforme dispõe o art. 356 do Código Civil,[239] "o credor pode consentir em receber prestação diversa da que lhe é devida". A dação em pagamento, assim, é o uso de um bem para extinguir uma dívida que tinha por objeto outro bem ou direito. Conforme lição da doutrina,[240] a dação em pagamento pressupõe: a) a existência de uma dívida; b) a concordância do credor em receber objeto distinto do previsto no título constitutivo da obrigação; c) a entrega, pelo devedor, de coisa diversa da devida, com o fito de extinguir a obrigação, liberando-se por esse meio indireto.

Se vários credores do ente público tiverem interesse em receber um bem em dação em pagamento, surge o dever de licitar, conforme lição de Sérgio Ferraz:

> Será imprescindível a licitação, quando a Administração já dispuser de elementos de convicção indicativos de que vários, de seus credores, estão desejosos de obterem a satisfação de seus direitos, mediante dação em pagamento. Mas ainda quando essa pluralidade de manifestações não tenha sido a priori explicitada, uma vez sabendo a Administração de tal propósito, da parte de um credor, deverá promover a necessária publicidade, a fim de que outros possam eventualmente manifestar

---

[238] JACOBY FERNANDES, Ana Luiza; JACOBY FERNANDES, Jorge Ulisses; JACOBY FERNANDES, Murilo. *Contratação Direta Sem Licitação.* 11. ed. Belo Horizonte: Fórum, 2021. p. 34-35 (Edição do Kindle).

[239] BRASIL. Lei nº 10.406, de 10 de janeiro de 2002. *Institui o Código Civil.* Disponível em: http://www.planalto.gov.br/ccivil_03/leis/2002/l10406compilada.htm. Acesso em: 24 set. 2021.

[240] TEPEDINO, Gustavo; BARBOZA, Heloisa Helena; MORAES, Maria Celina Bodin. *Código Civil Interpretado conforme a Constituição da República.* V. 1. 2. ed. Rio de Janeiro: Renovar, 2007. p. 656.

interesse convergente. E, sendo positivo o resultado da consulta, inevitável será a licitação.[241]

A dação em pagamento não pode ser utilizada como meio para a extinção de dívidas decorrentes de sentença judicial, em razão da norma constante do art. 100 da Constituição Federal.[242] Se a dívida decorre de sentença condenatória, o pagamento deverá ser realizado por meio de precatório, não podendo ser utilizada a dação em pagamento como forma de extinção da obrigação, sob pena de quebra de ordem.[243] Contudo, é possível ao credor utilizar precatórios para compra de imóveis de propriedade do ente público devedor, na forma do disposto no art. 100, §11, inciso II, da Constituição Federal.[244] Já para dívidas decorrentes de outras origens (como contratação pública), é possível o uso da dação em pagamento.

A dação em pagamento pressupõe justificativa acerca da sua vantajosidade. Em tese, sempre é possível à Administração Pública vender o bem imóvel público mediante licitação, onde em regra existe uma competividade que pode contribuir para aumentar o preço, e utilizar o produto da venda para pagamento de dívida anteriormente existente. A opção pela dação em pagamento em substituição à prévia venda do bem público mediante licitação deve ser justificada, com provas da vantajosidade de tal escolha, sob pena de prejuízos aos interesses públicos.

2.4.2 Doação

Conforme dispõe a alínea "b" do inciso I do art. 76 da Lei nº 14.133/2021,[245] é dispensada a licitação na doação, permitida

---

241 FERRAZ, Sérgio. A alienação de bens públicos na Lei Federal de Licitações. *Revista de Direito Administrativo*, v. 198, p. 53-59, 1994.

242 BRASIL. *Constituição da República Federativa do Brasil de 1988*. Disponível em: http://www.planalto.gov.br/ccivil_03/constituicao/constituicao.htm. Acesso em: 24 set. 2021.

243 Sobre o tema precatórios: NAKAMURA, André Luiz dos Santos. Atualidades acerca do regime dos precatórios. *Revista da AGU*, v. 15, n. 2, 25 maio 2016.

244 Dispositivo incluído pela Emenda Constitucional nº 113/2021.

245 BRASIL. Lei nº 14.133, de 1º de abril de 2021. *Lei de Licitações e Contratos Administrativos*. Disponível em: http://www.planalto.gov.br/ccivil_03/_ato2019-2022/2021/lei/L14133.htm. Acesso em: 24 set. 2021.

exclusivamente para outro órgão ou entidade da Administração Pública, de qualquer esfera de governo. Segundo a Lei nº 14.133/2021, pessoas privadas somente poderiam receber doações de: i) bens imóveis residenciais construídos, destinados ou efetivamente usados em programas de habitação ou de regularização fundiária de interesse social desenvolvidos por órgão ou entidade da Administração Pública; ii) bens imóveis comerciais de âmbito local, com área de até 250m² (duzentos e cinquenta metros quadrados) e destinados a programas de regularização fundiária de interesse social desenvolvidos por órgão ou entidade da Administração Pública; iii) terras públicas rurais da União e do Instituto Nacional de Colonização e Reforma Agrária (Incra) onde incidam ocupações até o limite de que trata o §1º do art. 6º da Lei nº 11.952, de 25 de junho de 2009,[246] para fins de regularização fundiária, atendidos os requisitos legais.

A Lei nº 14.133/2021, ao vedar a doação de bens públicos para entes privados, repetiu o equívoco constante do art. 17 da Lei nº 8.666/1993.[247] O Supremo Tribunal Federal, no julgamento da ADI nº 927,[248] suspendeu vários dispositivos do art. 17 da Lei nº 8.666/93 que disciplinavam a alienação de bens públicos, como o que vedou a doação de bens públicos para entes privados, por afrontar a autonomia dos entes federativos estaduais e municipais, dado que cabe à União legislar somente sobre normas gerais de licitação. Dessa forma, os estados, os municípios e o Distrito Federal podiam, na vigência da Lei nº 8.666/1993, doar bens públicos a pessoa jurídica de direito privado, em razão dos efeitos da liminar concedida pelo Supremo Tribunal Federal na ADI nº 927. O mesmo entendimento deve permanecer a partir da vigência da Lei nº 14.133/2021. Anote-se

---

[246] BRASIL. Lei nº 11.952, de 25 de junho de 2009. *Dispõe sobre a regularização fundiária das ocupações incidentes em terras situadas em áreas da União, no âmbito da Amazônia Legal; altera as Leis nº 8.666, de 21 de junho de 1993, e 6.015, de 31 de dezembro de 1973; e dá outras providências.* Disponível em: http://www.planalto.gov.br/ccivil_03/_Ato2007-2010/2009/Lei/L11952.htm. Acesso em: 1º out. 2021.

[247] BRASIL. Lei nº 8.666, de 21 de junho de 1993. *Regulamenta o art. 37, inciso XXI, da Constituição Federal, institui normas para licitações e contratos da Administração Pública e dá outras providências.* Disponível em: http://www.planalto.gov.br/ccivil_03/Leis/L8666cons.htm. Acesso em: 29 set. 2021.

[248] BRASIL. Supremo Tribunal Federal. ADI 927 MC, Relator(a): Min. Carlos Velloso, Tribunal Pleno, julg. 03.11.1993.

que pende de julgamento no Supremo Tribunal Federal a Ação Direta de Inconstitucionalidade (ADI) nº 7680 que questiona a constitucionalidade do art. 76 da Lei nº 14.133/2021 sob o fundamento de que tal norma impede, de forma inconstitucional, a gestão patrimonial dos Estados e Municípios.

A doação, em regra, é feita em razão da pessoa do donatário. Quando a Fazenda Pública pretende doar um bem público a alguém, o faz em razão de este ter condições de exercer alguma atividade ou de fazer um uso do bem recebido em doação que satisfaça um Interesse Público. A natureza da doação, em regra, afasta a licitação. Nesse sentido, a doutrina ensina que, "pela natureza do negócio jurídico, a doação, como regra, é objeto de dispensa de licitação tanto para bens móveis como para bens imóveis (art. 17, I e II, Lei nº 8.666/93)".[249]

Doação é o contrato em que uma pessoa, por liberalidade, transfere do seu patrimônio bens ou vantagens para o de outra. Em razão do princípio da indisponibilidade dos bens públicos, à primeira vista, a doação não se coadunaria com o regime jurídico que rege os bens públicos. A doação de bem público[250] é possível, entretanto, não da mesma forma que se processa a liberalidade sobre um bem de um particular, visto que este goza de autonomia e disponibilidade de seus bens, o que não ocorre com a Administração Pública.

Quando se trata de doação de bem público, deve-se interpretar a *liberalidade* de uma forma funcionalizada, ou seja, como um meio de atingir uma finalidade pública,[251] conforme lição de Egon Bockmann Moreira e Fernando Vernalha Guimarães:[252]

---

249 CARVALHO FILHO, José dos Santos. *Manual de Direito Administrativo.* 22. ed. Rio de Janeiro: Lumen Juris, 2009, p. 1.130.

250 "A doação é, sem dúvida, entre as modalidades de alienação de bens públicos, a mais polêmica. Por consistir em ato de extrema liberalidade, favorecedor de pessoa específica, parece contrastar com os fins da coisa pública e com princípios administrativos basilares, como o da impessoalidade". (FRANCO JUNIOR, Raul de Mello. *Alienação de bem público.* São Paulo: RT, 2011. p. 139-140.).

251 Sobre o assunto, *vide*: NAKAMURA, André Luiz dos Santos. Doação de bens imóveis pela Administração Pública. *Revista dos Tribunais*, v. 945, p. 17-35, 2014.

252 "A Administração pode fazer doação de bens públicos, mas tal possibilidade deve ser tida como excepcional e atender a Interesse Público cumpridamente demonstrado. Qualquer violação a tais pressupostos espelha conduta ilegal e dilapidatória do patrimônio público". (MOREIRA, Egon Bockmann; GUIMARÃES, Fernando Vernalha. *Licitação Pública*: a Lei Geral de Licitação (LGL) e o Regime Diferenciado de Contratação (RDC). São Paulo: Malheiros, 2012. p. 367-368.).

> [...] a doação de bens públicos deve ser compreendida em termos: afinal, quem doará é uma pessoa da Administração Pública, e o bem a ser doado é uma coisa pública. A "liberalidade", aqui, portanto, é *funcionalizada* tendo em vista o Interesse Público posto em jogo. Não se trata de mero ato de vontade pelo qual alguém dispõe gratuitamente de seu patrimônio em benefício de terceiro, mas, sim, do atingir de um Interesse Público primário por meio da transferência de específico bem público (o beneficiado, portanto, deve ser a coletividade).

A doação de bem público deve impor a reversão do bem doado ao patrimônio do ente público doador, se cessadas as razões de Interesse Público que justificaram a doação, não podendo o beneficiário dispor do bem público recebido em doação, nem alterar sua destinação, conforme preceito constante do §6º do art. 76 da Lei nº 14.133/2021. A própria disciplina da doação de bem público impõe a existência de cláusula resolutiva.

Somente se pode admitir a doação de patrimônio da Administração Pública se houver um interesse coletivo a ser atendido com a referida "liberalidade". Toda doação de bem público deve assegurar que o fim a que visava à Administração ao fazer a doação continuará a ser cumprido. Não se pode admitir que um donatário de um bem público, a seu talante, decida encerrar a atividade que foi considerada de Interesse Público após o recebimento da doação, sem quaisquer consequências. O instrumento mais adequado para manter a finalidade pública que fundamentou a doação é a instituição da cláusula de reversão. Sem esta, o donatário poderia cessar a atividade de Interesse Público e, até mesmo, alienar o bem recebido da Administração. Com a instituição da cláusula de reversão, ocorre a vinculação do bem ao Interesse Público que justificou a doação, consoante ensinamento de Maria Sylvia Zanella Di Pietro:

> A doção é feita para que o donatário utilize o imóvel para fins de Interesse Público; se deixar de haver essa utilização, o bem volta para o patrimônio do doador [...] a ideia evidente é a de manter o bem vinculado ao fim de Interesse Público que justificou a doação. Se deixar de atender a esse objetivo, o bem volta ao patrimônio público.[253]

[253] DI PIETRO. Maria Sylvia Zanella. *Direito Administrativo*. 22. ed. São Paulo: Atlas, 2009. p. 366.

Decorre que, em razão do princípio da indisponibilidade do Interesse Público, toda doação feita pelo Estado deve conter um encargo de Interesse Público a ser cumprido pelo donatário, sob pena de reversão da doação.[254] Nesse sentido, a Lei Estadual Paulista nº 17.293/2020,[255] em seu art. 9º, §2º, expressamente determina que "a doação deverá prever obrigatoriamente a finalidade a que se destina, os encargos eventualmente aplicáveis, o prazo de seu cumprimento e a cláusula de reversão". Tal encargo deve consistir, no mínimo, em uma destinação específica do bem.[256] Se for descumprido o encargo que motivou a doação do bem público, haverá a reversão da propriedade. Conforme entendimento do Superior Tribunal de Justiça[257], "é pacífico o entendimento no Superior Tribunal de Justiça segundo o qual o descumprimento do encargo estabelecido em lei que determinara a doação de bem público enseja, por si só, a sua desconstituição".

O §6º do art. 76 da Lei nº 14.133/2021 impõe o dever de licitar para as doações de bens públicos quando contiverem encargo. Quando o donatário do bem público for um ente da Administração Pública, direta ou indireta, incide a hipótese de licitação dispensada prevista na alínea "b" do inciso I do art. 76 da Lei nº 14.133/2021. Entretanto, para a doação de bens públicos para entes privados, em regra, deve haver licitação.

O fundamento da licitação dispensada para as doações é a inexistência de competição. A doação de bem público é um ato

---

[254] "O Município pode fazer doações de bens móveis ou imóveis desafetados do uso público, e comumente o faz para incentivar construções e atividades particulares de interesse local e convenientes à comunidade. Essas doações podem ser com ou sem encargos. No caso de doações simples, dependerão de autorização legislativa que estabeleça as condições para sua efetivação (exigidas somente para bens imóveis, segundo o artigo 17, I da Lei nº 8.666/93)" (MEIRELLES, Hely Lopes. *Direito Municipal Brasileiro*. 8. ed. São Paulo: Malheiros, 1996. p. 238.).

[255] SÃO PAULO. Lei nº 17.293, de 15 de outubro de 2020. *Estabelece medidas voltadas ao ajuste fiscal e ao equilíbrio das contas públicas e dá providências correlatas*. Disponível em: https://www.al.sp.gov.br/repositorio/legislacao/lei/2020/lei-17293-15.10.2020.html. Acesso em: 9 jun. 2022.

[256] O art. 19 da Constituição do Estado de São Paulo não considera encargo a simples destinação específica do bem (art. 19 IV). SÃO PAULO. Constituição Estadual, de 5 de outubro de 1989. Disponível em: https://www.al.sp.gov.br/repositorio/legislacao/constituicao/1989/compilacao-constituicao-0-05.10.1989.html. Acesso em: 6 out. 2021.

[257] BRASIL. Superior Tribunal de Justiça. AgInt no REsp 1255350/MG. Rel. Min. Regina Helena Costa, Primeira Turma, julgado em: 21.03.2017.

de liberalidade funcionalizada a favor de determinada pessoa que possa satisfazer um Interesse Público a ser fomentado com a doação. Não havendo outra pessoa capaz de satisfazer o Interesse Público a ser atendido pela doação, não existiria o pressuposto da competitividade que tornaria viável e útil uma licitação, sendo, assim, um caso de inexigibilidade de licitação. Entretanto, é possível que o Interesse Público a ser fomentado com a doação do bem público possa ser satisfeito por mais de uma pessoa, situação em que surge o dever de licitar.

A instituição de um procedimento que fomente competitividade para a escolha do donatário do bem público poderia, inclusive, proporcionar um melhor atendimento do Interesse Público a ser atendido com a doação do bem público. Assim, é imperiosa a licitação, sempre que o encargo de Interesse Público puder ser satisfeito por mais de uma pessoa. Nesse sentido é a lição de José dos Santos Carvalho Filho:

> No entanto, a doação com encargo deve ser precedida de licitação, além de ser exigido que no respectivo instrumento convocatório constem, obrigatoriamente, os encargos, o prazo de cumprimento e a cláusula de reversão do bem ao patrimônio do público; a ausência de tais elementos provoca nulidade do ato.[258]

Conforme entendimento do Superior Tribunal de Justiça,[259] a desnecessidade de licitação para doação de bens públicos deve ser precedida de avaliação de sua oportunidade e conveniência socioeconômica, relativamente à escolha de outra forma de alienação. Somente pode ser dispensada a licitação numa doação de bem público nos casos em que não exista outro donatário que possa atender ao Interesse Público fomentado com a doação do imóvel. Também, devem ser justificados a economicidade e o melhor atendimento do Interesse Público, considerando, inclusive, a possibilidade de venda do bem público e a aplicação do valor obtido no fomento do Interesse Público que justificaria uma doação do bem público.

[258] CARVALHO FILHO, José dos Santos. *Manual de Direito Administrativo*. 22. ed. Rio de Janeiro: Lumen Juris, 2009. p. 1.130.

[259] BRASIL. Superior Tribunal de Justiça. AgRg no AREsp 470.565/PA. Rel. Min. Humberto Martins. Rel. p/ Acórdão Min. Herman Benjamin, Segunda Turma, julgado em: 10.03.2015.

2.4.3 Permuta

Consoante a alínea "c" do inciso I do art. 76 da Lei nº 14.133/2021,[260] é dispensada a licitação para a permuta por outros imóveis que atendam aos requisitos relacionados às finalidades precípuas da Administração, desde que a diferença apurada não ultrapasse a metade do valor do imóvel que será ofertado pela União, segundo avaliação prévia, e ocorra a torna de valores, sempre que for o caso.

A permuta pressupõe uma transmissão recíproca de propriedade, em que cada uma das partes aliena a propriedade que possui e adquire uma nova. Conforme entendimento da doutrina, "nesse contrato, existe a obrigação de dar uma coisa em contraposição à entrega de outra".[261] Ou seja, deve existir uma efetiva transferência de bens para o patrimônio de ambas as partes do contrato de permuta. A disciplina legal do contrato de permuta exige uma transferência de domínio. Segundo dispõe o art. 481[262] do Código Civil,[263] aplicável à permuta por força do art. 533[264] do Código Civil, imprescindível a transferência de *domínio*, logo, de propriedade. Conforme entendimento de Orlando Gomes, se não há troca de bens, mas uma contraprestação de fazer, ocorre a desnaturação do contrato de permuta:

> Objeto da *troca* hão de ser dois bens. Se em vez de uma *coisa* presta um dos contratantes um *fato*, como por exemplo, se contrai a obrigação de executar determinado serviço, *permuta* não haverá. A *troca* é do *do ut des*, e não do *do ut facias*.[265]

---

[260] BRASIL. Lei nº 14.133, de 1º de abril de 2021. *Lei de Licitações e Contratos Administrativos*. Disponível em: http://www.planalto.gov.br/ccivil_03/_ato2019-2022/2021/lei/L14133.htm. Acesso em: 24 set. 2021.

[261] VENOSA, Silvio de Salvo. *Direito Civil*: contratos em espécie. 10. ed. São Paulo: Atlas, 2013. p. 95.

[262] Art. 481. Pelo contrato de compra e venda, um dos contratantes se obriga a transferir o domínio de certa coisa, e o outro, a pagar-lhe certo preço em dinheiro.

[263] BRASIL. Lei nº 10.406, de 10 de janeiro de 2002. *Institui o Código Civil*. Disponível em: http://www.planalto.gov.br/ccivil_03/leis/2002/l10406compilada.htm. Acesso em: 24 set. 2021.

[264] Art. 533. Aplicam-se à troca as disposições referentes à compra e venda, com as seguintes modificações:

I – salvo disposição em contrário, cada um dos contratantes pagará por metade as despesas com o instrumento da troca; II – é anulável a troca de valores desiguais entre ascendentes e descendentes, sem consentimento dos outros descendentes e do cônjuge do alienante.

[265] GOMES, Orlando. *Contratos*. 17. ed. Rio de Janeiro: Forense, 1997. p. 270.

A vantagem da permuta na gestão de bens públicos decorre do fato de que a Administração Pública trocará um bem desafetado e não utilizado por outro hábil a ser afetado a uma finalidade de Interesse Público, conforme ressalta Amauri Feres Saad:

> O que justifica a operação é a existência de outro bem, de propriedade do particular, que possa atender ao Interesse Público. Para a administração, será um jogo de "soma positiva", em que ela, em todas as ocasiões, será "vencedora", pois trocará um bem que lhe é indiferente por outro, que lhe irá trazer vantagem.[266]

A permuta não pressupõe necessariamente uma equivalência de valores. Ao contrário da compra e venda, onde as partes têm por principal objetivo a quantificação de valores, na permuta o mais relevante é o interesse recíproco das partes nos bens a serem adquiridos, os quais podem ter valores desiguais. Nesse sentido, segundo Tércio Sampaio Ferraz:[267]

> Quem vende ou compra um bem determinado pensa, sobretudo, no valor genérico de mercado, ao passo que aquele que permuta busca alguma coisa pela coisa que oferece, donde o escambo *in natura*, cuja motivação nada tem a ver, primariamente, com um interesse abstrato capaz de configurar aquilo que economicamente se chama de mais-valia. Por isso, na permuta, a diferença quantitativa de valor dos bens trocados é secundária. O que realmente conta são os desejos aquisitivos de coisas concretas e determinadas, cujos proprietários se põem, por essa razão, em relação. É essa comutatividade que é diferente na permuta e na compra e venda. Enquanto nesta se lida, primariamente, com equivalências quantitativas, na permuta decisivas são as equivalências qualitativas. Donde, na permuta, o mencionado caráter compensatório da comutatividade das coisas prestadas [...]. Assim se entende que, como na troca não há preço (essa marca significativa de um interesse inespecífico: dinheiro), é irrelevante, em princípio, que as coisas permutadas tenham valores desiguais ou que sejam de espécies diferentes, até porque, pelo Código Civil, mesmo nas permutas entre coisas de valores desiguais entre ascendentes e descendentes a mera desigualdade não implica nulidade, mas questão a ser tratada na sucessão [...]. Daí porque, de

---

[266] SAAD, Amauri Feres. Permuta de bens públicos imóveis. *Revista de Direito Administrativo*, v. 265, p. 111-147, 2014.

[267] FERRAZ JUNIOR, Tercio Sampaio. Da permuta no Direito brasileiro. *Revista de Direito Privado*. v. 62/2015, p. 47-58, abr.-jun./2015.

todo modo, prevalece o consenso doutrinário de que a torna não altera a natureza da troca, isto é, não faz dela um tipo misto.

Entretanto, havendo torna (diferença entre os bens permutados) em desfavor do ente público, as manifestações de vontade e autorizações legislativas devem expressamente tratar da forma de pagamento e recebimento da torna ou a renúncia a esta. Neste caso, deve ser apresentada a necessária justificativa de interesse público que fundamente a troca um bem público de maior valor por outro bem de menor valor, com renúncia à diferença de valores. Deve-se evitar, por meio da permuta, operações que possam ocasionar lesão ao patrimônio público em razão da existência de torna em desfavor do ente público. Conforme alerta de Sérgio Ferraz, dependendo do vulto dessa toma, sobretudo quando devida pela Administração, poderá estar embutida na permuta "uma negociação verdadeiramente afrontosa ao princípio da isonomia, quando não mesmo ruinosa ao erário e à moralidade pública".[268]

A Lei nº 14.133/2021, na alínea "c" do inciso I do art. 76 veda que a diferença de valores entre os bens permutados seja superior a 50% (cinquenta por cento). Nem precisa tê-lo feito, tendo em vista que, se um dos bens objeto da permuta tiver valor inferior a 50% do outro bem permutado, existe uma compra e venda e não permuta. Conforme decidiu o Tribunal de Justiça do Estado de São Paulo, "para se saber se é 'venda' ou 'troca', aplica-se o princípio *major pars ad se minorem trahit*; venda, se a parte em dinheiro é superior; troca, se é o valor do imóvel".[269]

A permuta poderia se dar com bens presentes, bem como com bens futuros. Por exemplo, se o ente público tiver a propriedade de um terreno vazio e o utilizar como objeto de permuta para receber unidades a serem construídas nesse mesmo terreno. Conforme lição de Carlos Roberto Gonçalves, a permuta "pode ter por objeto, também, coisas futuras, sendo frequente, hoje, a permuta de um terreno por apartamentos do edifício que nele será construído pelo

---

268 FERRAZ, Sérgio. A alienação de bens públicos na lei federal de licitações. *Revista de Direito Administrativo*, v. 198, p. 53-59, 1994.

269 SÃO PAULO. Tribunal de Justiça. Conselho Superior da Magistratura, Ap. Cív. 9000002-48.2013.8.26.0101.

incorporador permutante".[270] O Superior Tribunal de Justiça já reconheceu a legitimidade de uma permuta de um terreno público por edificações futuras.[271] Entretanto, o Tribunal de Contas da União, em caso onde se pretendeu realizar uma permuta de um bem público com outro de propriedade de uma entidade de classe profissional, em que esta faria a construção da área a ser transferida para a Administração Pública, entendeu pela irregularidade da contratação sem licitação:

> [...] Consoante visto no Relatório precedente, a contratação em exame tem por objetivo a permuta do terreno de propriedade do Crea/ES por unidades do edifício a ser construído nele pela empresa contratada, as quais serão destinadas ao estabelecimento de uma nova sede do conselho [...] Nesse contexto, entendo que a interpretação conferida pela autarquia ao art. 17, inciso I, alínea c, da Lei nº 8.666/1993 – segundo a qual o cenário em questão autorizaria a contratação direta da sociedade empresária [Construtora] – não se mostra a mais adequada [...] Sobressai da norma que a dispensa de licitação com base nos dispositivos supra pressupõe que as características do imóvel adquirido (tais como localização, dimensão, edificação, destinação etc.) devem ser essenciais para atingir a finalidade precípua da Administração à qual ele será destinado, de tal modo que condicionem a sua escolha, inviabilizando a competição entre particulares [...]. No caso dos autos, observo que o imóvel demandado pelo Crea/ES sequer foi construído e será edificado num terreno que já pertence à entidade, de modo que as suas especificidades, inclusive quanto à localização, independem da empresa que será contratada, e, portanto, não condicionam a sua escolha nem inviabilizam a competição entre particulares [...]. Inexistindo, pois, imóvel específico que atenda às necessidades da Administração, não se justifica a ausência de procedimento licitatório para a permuta de terreno de propriedade da autarquia por unidades imobiliárias a serem erguidas por sociedade empresarial que atua nos ramos de construção e incorporação.[272]

A alínea "c" do inciso I do art. 76 da Lei nº 14.133/2021 dispensa a licitação na permuta, desde que o imóvel a ser recebido seja destinado ao atendimento das finalidades precípuas da administração.

---

[270] GONÇALVES, Carlos Roberto. *Curso de Direito* Civil. v. 3. Contratos e Atos Unilaterais. São Paulo: Saraiva, 2004. p. 248.

[271] BRASIL. Superior Tribunal de Justiça. REsp 80.210/PE, Rel. Min. Milton Luiz Pereira, Primeira Turma, julgado em: 19.05.1997.

[272] BRASIL. Tribunal de Contas da União. Acórdão 2.853/2011. Plenário. Data da sessão: 25.10.2011. Relator: Marcos Bemquerer.

Antes de realizar uma permuta sem licitação, "a Administração deverá comprovar a impossibilidade de satisfação do interesse sob tutela estatal por outra via e apurar a inexistência de outro imóvel apto a atendê-lo",[273] sob pena de ofensa ao princípio constitucional da obrigatoriedade da licitação. A permuta com licitação dispensada é aquela em que existe o interesse da Administração Pública num bem determinado. Se houver mais de um bem possível de atender ao interesse da Administração Pública, em regra, deve ser realizada a licitação, conforme lição de Raul de Mello Franco Júnior:

> A Administração pode ter interesse em se valer da permuta para adquirir um bem específico, determinado, sendo plenamente demonstrável que, em tais circunstâncias, nenhum outro satisfaz o Interesse Público. O bem pretendido, nesse caso, conta com características singulares e a troca há de ser, diante disso, um ato apenas dirigido. Todavia, em diversas situações, o mesmo interesse pode ser atendido por um, dentre diversos bens disponíveis no mercado, o que obrigará a licitação, sob pena de ofensa aos princípios constitucionais.[274]

Analisando o disposto no inciso X do art. 24 da Lei Federal nº 8.666/93, o qual, conjuntamente com o art. 17, inciso I, alínea "c" da referida norma, disciplinava o requisito para a permuta de bem público (norma com o mesmo conteúdo na atual Lei de Licitações – Lei nº 14.133/2021), o Tribunal de Contas da União entendeu que deveria ser comprovada a inexistência de outro imóvel hábil a atender às necessidades da Administração, sob pena de irregularidade da aquisição sem licitação:

> Não foi comprovada, por exemplo, a escolha de um imóvel que, em face das suas características de instalação e localização, seja o único capaz de atender às necessidades da Administração. Pelo contrário, existem fortes indícios não apenas de que poderia haver mais de um imóvel capaz de atender às necessidades do Conselho Regional, as quais sequer foram previamente definidas com base em critérios objetivos, como também de que outros bens poderiam se prestar melhor ao fim almejado do que o prédio adquirido – acima da dimensão requerida, localizado fora da linha do metrô (em descompasso com as preferências

---

[273] JUSTEN FILHO, Marçal. *Comentários à Lei de Licitações e Contratos Administrativos*. 15. ed. São Paulo: Dialética, 2012. p. 333.

[274] FRANCO JÚNIOR. *Alienação de bem público*. São Paulo: Revista dos Tribunais, 2011. p. 137.

> divulgadas pelo Creci/SP) e necessitando de muitas reformas para se tornar viável ao funcionamento da entidade [...]. Nesse contexto, fica claro que a fundamentação da aquisição do imóvel na hipótese de dispensa de licitação prevista no art. 24, inciso X, da Lei nº 8.666/1993 foi irregular, não se justificando a ausência de realização do devido procedimento licitatório, meio adequado para se buscar a proposta que melhor atenderia aos interesses da Administração.[275]

Deve-se comprovar que a permuta é mais vantajosa, se comparada à opção da venda do bem público, por licitação, e a compra de outro, também por licitação. Conforme lição de Marçal Justen Filho, para que se possa fazer uma permuta de bem público, "é indispensável que a liquidação do imóvel, por via de licitação, não seja apta a produzir receitas mais elevadas".[276] Ainda, no mesmo sentido, ensina Diogenes Gasparini que:

> Por fim, diga-se que no processo administrativo de permuta há de restar bem demonstrado que o Interesse Público só é conseguido à custa dessa específica transação e que por seu intermédio a Administração Pública obtém maior vantagem. Se assim não for, o bem deve ser alienado e com o preço realiza-se o projeto desejado pela Administração. Nesse processo administrativo essa comprovação deve ser obtida com a simulação de várias transações possíveis.[277]

2.4.4 Investidura

Existem duas modalidades de investidura, conforme disciplina constante do §5º do art. 76 da Lei nº 14.133/2021:[278]

> i) a alienação aos proprietários de imóveis lindeiros de área remanescente ou resultante de obra pública, inaproveitável isoladamente, por preço nunca inferior ao da avaliação e desde que esse não ultrapasse a

[275] BRASIL. Tribunal de Contas da União. Acórdão 1.816/2013. Segunda Câmara. Data da sessão: 09.04.2013. Relator: Marcos Bemquerer.

[276] JUSTEN FILHO, Marçal. *Comentários à Lei de Licitações e Contratos Administrativos*. 15. ed. São Paulo: Dialética, 2012. p. 333.

[277] GASPARINI, Diogenes. Alienação de bens públicos: procedimento. *ILC* 123/317. Zenite: Curitiba, 2004.

[278] BRASIL. Lei nº 14.133, de 1º de abril de 2021. *Lei de Licitações e Contratos Administrativos*. Disponível em: http://www.planalto.gov.br/ccivil_03/_ato2019-2022/2021/lei/L14133.htm. Acesso em: 24 set. 2021.

50% (cinquenta por cento) do valor máximo permitido para dispensa de licitação de bens e serviços; ii) a alienação, aos legítimos possuidores diretos ou, na falta destes, ao Poder Público, de imóveis para fins residenciais construídos em núcleos urbanos anexos a usinas hidrelétricas, desde que considerados dispensáveis na fase de operação dessas unidades e não integrem a categoria de bens reversíveis ao final da concessão.

Para a alienação por investidura ao proprietário do imóvel lindeiro, necessário que: i) o imóvel decorra de obra pública; ii) a área seja inaproveitável; iii) o valor do imóvel seja inferior a 50% (cinquenta por cento) do valor máximo permitido para dispensa de licitação de bens e serviços.

O primeiro requisito impõe que tenha existido uma obra pública no local e que o imóvel seja resultante da obra (produto desta) ou sobra da área destinada à obra pública. Ou seja, conforme lição de Jorge Ulisses Jacoby Fernandes,[279] necessária a "existência pretérita de obra no local ou adjacências". Se não houve obra pública, mesmo que exista um terreno inaproveitável de valor abaixo do valor máximo permitido para dispensa de licitação de bens e serviços, não pode haver a venda direta por investidura.

Também é necessário que a área seja inaproveitável. Segundo a doutrina, somente pode ser realizada a investidura "quando a área seja inaproveitável sob qualquer enfoque possível (inclusive o ecológico)".[280] O encravamento, por si só, não torna o imóvel inaproveitável. Segundo a doutrina, imóvel encravado "é aquele que não tem saída para a via pública, fonte ou porto [...] o encravamento deve ser natural e absoluto [...] se dispõe de acesso, por penoso ou difícil que seja, inexiste direito de passagem".[281] O imóvel encravado não é inaproveitável, visto que o proprietário deste pode constranger, mediante pagamento de indenização, o seu vizinho a lhe proporcionar acesso à via pública, na forma prevista no art. 1.285 do Código Civil.[282]

---

[279] FERNANDES, Jorge Ulisses Jacoby. *Contratação Direta sem licitação*. 8. ed. Belo Horizonte: Fórum, 2009. p. 263.

[280] JUSTEN FILHO, Marçal. *Comentários à Lei de Licitações e Contratos*. 17. ed. São Paulo: Revista dos Tribunais, 2016. p. 387.

[281] VIANA, Marco Aurélio S. *In*: TEIXEIRA, Sálvio de Figueiredo. *Comentários ao Novo Código Civil*: dos direitos reais. v. 16. Rio de Janeiro: Forense, 2007. p. 289.

[282] BRASIL. Lei nº 10.406, de 10 de janeiro de 2002. *Institui o Código Civil*. Disponível em: http://www.planalto.gov.br/ccivil_03/leis/2002/l10406compilada.htm. Acesso em: 24 set. 2021.

Se houver apenas um confrontante, a licitação é dispensada, por ausência do requisito da competitividade. Entretanto, se houver mais de um confrontante, existe possibilidade de competição e necessidade de licitação, salvo se for configurada alguma hipótese de dispensa de licitação prevista em lei.

2.4.5 Venda a outro órgão ou a entidade da Administração Pública de qualquer esfera de governo

Conforme previsão da alínea "e" do inciso I, do art. 76 da Lei nº 14.133/2021, a licitação é dispensada para venda a outro órgão ou entidade da Administração Pública, de qualquer esfera de governo. Comentando o dispositivo equivalente da Lei nº 8.666/1993, Antônio Flávio de Oliveira assevera que:

> Na realização de venda a outra entidade da Administração Pública, e só poderia ser a outra entidade, pois órgãos não possuem personalidade jurídica e, portanto, não podem alienar ou adquirir bens, é compreensível que, encontrando-se ambos, alienante e adquirente, imbuídos de Interesse Público na realização do negócio, exclua-se a realização de procedimento licitatório, bastando que obtenha a autorização legislativa específica e a avaliação prévia [...] a realização de procedimento licitatório é confeccionada exatamente para a preservação do Interesse Público e de condições de igualdade entre eventuais interessados, como na situação de venda a outro ente público tem-se hipótese em que de ambos os lados está presente o Interesse Público e a realização do negócio procura atingir objetivos gerais, justifica-se tenha sido dispensada a realização de procedimento licitatório.[283]

Conforme se depreende do art. 4º do Decreto-Lei nº 200/1967,[284] a Administração Pública compreende: i) a Administração Direta e

---

[283] OLIVEIRA, Antônio Flávio de. Comentários à Lei de Licitações e Contratações Públicas (art. 17). *Fórum de Contratação e Gestão Pública (FCGP)*, Belo Horizonte, a. 10, n. 115, jul. 2011. Disponível em: http://bid.editoraforum.com.br/bid/PDI0006.aspx?pdiCntd=74031. Acesso em: 8 abr. 2014.

[284] BRASIL. Decreto-Lei nº 200, de 25 de fevereiro de 1967. *Dispõe sobre a organização da Administração Federal, estabelece diretrizes para a Reforma Administrativa e dá outras providências.* Disponível em: https://www.planalto.gov.br/ccivil_03/decreto-lei/Del0200.htm. Acesso em: 1º out. 2021.

ii) a Administração Indireta, a qual compreende as Autarquias, as Empresas Públicas, as Sociedades de Economia Mista e as Fundações Públicas. Questão que deve ser enfrentada é se o dispositivo (art. 17, I, "e" da Lei nº 8.666/93) aplicar-se-ia apenas às empresas estatais prestadoras de serviço público ou abrangeria, também, as exploradoras de atividade econômica.

Quando a regra constante da alínea "e" do inciso I do art. 76 da Lei nº 14.133/2021 prevê a possibilidade de venda direta "a outro órgão ou entidade da Administração Pública, de qualquer esfera de governo", não faz qualquer ressalva, o que abrangeria, assim, os entes da Administração Indireta que exploram atividades econômicas, não cabendo ao intérprete distinguir onde a lei não distinguiu (*ubi lex non distinguit, nec interpres distinguere debet*). Da mesma forma, a Constituição Federal, em diversas passagens, disciplina as empresas estatais sem discriminar ou excluir as exploradoras de atividades econômicas, abrangendo-as. Conforme lição de Celso Antônio Bandeira de Mello:

> Com efeito, em inúmeros artigos da Constituição – como no art. 37, XXI, atinente à licitação – encontram-se normas que impõem a quaisquer entidades da Administração indireta regramento diverso do aplicável às empresas privadas, *sem discriminar se são ou não exploradoras de atividade econômica.* E em nenhum deles caberia duvidar de que também estas últimas estão abrangidas pelos sobreditos preceitos, conquanto as normas em questão lhes confiram tratamento distinto do que se aplica às empresas privadas.[285]

As Empresas Estatais exploradoras de atividades econômicas são entes da Administração Pública, visto que são constituídas por recursos públicos visando a uma finalidade pública. Leciona José Eduardo Martins Cardoso:

> O fato de terem personalidade jurídica de direito privado e de realizarem atividade característica do mundo privado não retiraria das empresas públicas e das sociedades de economia mista que exploram atividade econômica a natureza de entes da Administração Pública, constituídos com recursos públicos.[286]

---

[285] MELLO, Celso Antônio Bandeira de. *Curso de Direito Administrativo*. 27. ed. São Paulo: Malheiros, 2010. p. 538.

[286] CARDOZO, José Eduardo Martins. As empresas estatais que exploram atividade econômica e seu dever de licitar. *In*: FIGUEIREDO, Marcelo; PONTES FILHO, Valmir.

Anoto que o inciso IX do art. 75 da Lei nº 14.133/2021 trata de hipótese muito diversa daquela prevista na alínea "e" do inciso I do art. 76. Em relação àquela, conforme entendimento do dispositivo equivalente da legislação anterior, existe o entendimento de que sua aplicação deve se restringir[287] às empresas estatais prestadoras de serviço público.[288] Nesse sentido, segundo Marçal Justen Filho:

> A regra não dá guarida a contratações da Administração Pública com entidades administrativas que desempenhem atividade econômica em sentido estrito. Se o inc. VIII pretendesse autorizar a contratação direta nesses termos, estaria caracterizada inconstitucionalidade. É que as entidades exercentes de atividade econômica em sentido estrito estão disciplinadas pelo art. 173, §1º, da CF/88. Daí decorre a submissão ao mesmo regime reservado para os particulares. Não é permitido qualquer privilégio nas contratações dessas entidades. Logo, não poderiam ter a garantia de contratar direta e preferencialmente com as pessoas jurídicas de direito público. Isso seria assegurar-lhes regime incompatível com o princípio da isonomia. Essa solução é indispensável para assegurar a livre concorrência.[289]

Tal entendimento se justifica, visto que a contratação pelo ente público de empresas estatais exploradoras de atividade econômica, com fulcro no inciso IX do art. 75 da Lei nº 14.133/2021, com dispensa de licitação, permitiria que estas tivessem, no Estado, um comprador de seus bens ou serviços decorrentes de suas atividades fins, sem que a mesma oportunidade fosse dada a outras empresas particulares, o que não se admite, por ofensa à livre concorrência.

Estudos de Direito Público em homenagem a Celso Antônio Bandeira de Mello. São Paulo: Malheiros, 2006. p. 346.

[287] "As empresas públicas e sociedades de economia mista que se dedicam à exploração de atividade econômica de produção ou comercialização de bens ou de prestação de serviços sujeitam-se ao regime jurídico das empresas privadas (CF, 173), em consonância com os princípios constitucionais da livre concorrência e da isonomia, e não podem ser contratadas com dispensa de licitação fundamentada no art. 24, VIII, da Lei nº 8.666/1993". (BRASIL. Tribunal de Contas da União. Acórdão nº 6.931/2009, 1ª Câmara. Rel. Min. Walter Alencar Rodrigues, DOU de 04.12.2009.) Vale ressaltar que o TCU apreciou o mesmo tema nos Acórdãos nº 496/1999 – Plenário, 314/2001 – Plenário, 869/2006 – Plenário e 2.399/2006 – Plenário.)

[288] "Empresa pública ou sociedade de economia mista que exerça atividade econômica não se enquadra como órgão ou entidade que integra a Administração Pública, para os fins de dispensa de licitação com fundamento no inc. VIII do art. 24 da Lei nº 8.666, de 1993". (BRASIL. Advocacia Geral da União. Orientação Normativa nº 13, de 1º de abril de 2009.).

[289] JUSTEN FILHO, Marçal. *Comentários à Lei de Licitações e Contratos Administrativos*. 15. ed. São Paulo: Dialética, 2012. p. 356.

Diferentemente é a venda de bem imóvel, pelo preço de mercado, a uma empresa pública ou sociedade de economia mista sem a intenção de lhe proporcionar qualquer vantagem no mercado. A Constituição Federal[290] (art. 173, §1º, III) estabelece, acerca das empresas estatais exploradoras de atividades econômicas, que a lei disporá sobre compras e alienações, observados os princípios da Administração Pública. A exigência de licitação deve ser direcionada no sentido de não causar qualquer vantagem ou desvantagem da empresa pública e da sociedade de economia mista no mercado, em prejuízo à livre concorrência, conforme lição de José Eduardo Martins Cardozo:

> O caminho hermenêutico proposto é o de garantir a aplicação do princípio da licitação em todos os contratos em que isso seja plenamente possível e razoável, sem que se tirem as condições de competitividade do mercado e de igualdade que a empresa estatal exploradora de atividade econômica deve ter com as empresas privadas comuns que atuam no seu ramo de atividade.[291]

A lei, dessa forma, poderá, desde que não afronte o princípio da livre concorrência, estabelecer uma disciplina diferenciada para as compras feitas pelas empresas estatais, tal como feito pelo art. 76, I, "e" da Lei nº 14.133/2021. Adquirir de um ente público um bem imóvel, em valores de mercado, não ofende a livre concorrência, pois não ocasiona qualquer vantagem à empresa estatal adquirente.

Assim, conclui-se que seria possível a venda de bem público imóvel, pelo preço de mercado, sem licitação, para empresas públicas e sociedades de economia mista, mesmo exploradoras de atividades econômicas, porque tal operação não afetaria o princípio da livre concorrência, não proporcionando qualquer vantagem econômica da estatal compradora. Entretanto, pela mesma razão, não poderia a Administração Pública realizar alienações gratuitas, como doações, porque isso proporcionaria uma vantagem às estatais, resultando em prejuízo à livre concorrência.

---

290 BRASIL. *Constituição da República Federativa do Brasil de 1988*. Disponível em: http://www.planalto.gov.br/ccivil_03/constituicao/constituicao.htm. Acesso em: 24 set. 2021.

291 CARDOZO, José Eduardo Martins. As empresas estatais que exploram atividade econômica e seu dever de licitar. *In*: FIGUEIREDO, Marcelo; PONTES FILHO, Valmir. *Estudos de Direito Público em homenagem a Celso Antônio Bandeira de Mello*. São Paulo: Malheiros, 2006. p. 354.

2.4.6 Alienações no âmbito dos programas de regularização fundiária

Conforme lição Raquel Rolnik, "viver em assentamentos não regularizados deixa os moradores sem o usufruto de um amplo espectro de outros direitos humanos, civis e políticos, ou econômicos, sociais e culturais".[292] Ainda, segundo José Renato Nallini, "morar irregularmente é o mesmo que navegar em permanente insegurança".[293] João Pedro Lamana Paiva corretamente afirma que "a dignidade humana não autoriza mais que parcela significativa da população seja mantida na clandestinidade, na incerteza".[294]

Conforme lição de Janaína Rigo Santin,[295] "a moradia irregular pode ser considerada aquela onde os residentes de determinado lugar não possuem moradia digna, segurança adequada e nem garantia de sua propriedade". Entretanto, a regularização fundiária não deve ser vista apenas como uma mera entrega de títulos de propriedade. Normalmente, as comunidades que necessitam de regularização fundiária estão numa situação de vulnerabilidade social em que estão ausentes, além do título de propriedade, saneamento básico, infraestrutura, renda, serviços públicos e oportunidades de emprego. A regularização fundiária, assim, deveria estar inserida dentro de uma política pública mais abrangente.[296]

---

[292] ROLNIK, Raquel. Direito à moradia. *Desafios do Desenvolvimento*, n. 51, p. 41, 2009. Disponível em: http://repositorio.ipea.gov.br/bitstream/11058/8264/1/Direito%20%C3%A0%20moradia.pdf. Acesso em: 01 maio 2023.

[293] NALINI, José Renato; LEVY, Wilson. *Regularização Fundiária*. Rio de Janeiro: Forense, 2013. p. 6.

[294] PAIVA, João Pedro Lamana. Da Moradia à Propriedade. In: MARCHI, Eduardo C. Silveira; KUMPEL, Vitor Frederico; BORGARELLI, Bruno de Ávila. *Regularização Fundiária Urbana*. São Paulo: YK, 2019, p. 27.

[295] SANTIN, Janaína Rigo; COMIRAN, Rafaela. Direito urbanístico e regularização fundiária. *Revista de Direito da Cidade*, v. 10, n. 3, p. 1595-1621, 2018

[296] Nesse sentido: ""regularização fundiária é um processo muito complicado, o qual não engloba apenas a obtenção do título, mas também inúmeros investimentos em garantir àquela população o acesso a serviços públicos básicos para uma vida digna, o que muitas vezes gera problemas e conflitos de árdua solução, mas que visam sempre o bem-estar da população, através de boa vontade dos entes políticos que não devem economizar empenho, dinheiro e energia para executar este processo." (SANTIN, Janaína Rigo; COMIRAN, Rafaela. Direito urbanístico e regularização fundiária. *Revista de Direito da Cidade*, v. 10, n. 3, p. 1595-1621, 2018)

A regularização fundiária é um assunto de grande interesse social, nos âmbitos urbano e rural. A inexistência de título de propriedade ocasiona insegurança jurídica, inibe investimentos, desvaloriza a posse de bens imóveis e atrasa o desenvolvimento econômico de regiões inteiras. A principal finalidade de qualquer regularização fundiária é outorgar algum direito real ao ocupante do imóvel público ocupado irregularmente e, consequentemente, proporcionar segurança jurídica, segurança a investimentos, aumento da riqueza em razão do ingresso no patrimônio do ocupante de um ativo com valor de mercado e, consequentemente, desenvolvimento econômico e social. Conforme lição de João Pedro Lamana Paiva,

> Outorgar título a quem tem direito de moradia, finalidade maior da Regularização Fundiária urbana, representa, ainda, potencializar a força dos Direito de Liberdade e de Igualdade. Isso é a materialização do que se espera por construir uma sociedade livre, justa e solidária, reduzindo as desigualdades sociais. Em síntese, é sobre isso que trata o tema Regularização Fundiária.[297]

Conforme dados da Fundação João Pinheiro, a inadequação fundiária se mostrou presente em cerca de 3,557 milhões de domicílios brasileiros em 2019; em termos absolutos, o Sudeste apresentou o maior número de domicílios inadequados sob esse aspecto, chegando a 1,928 milhão.[298]

Um dos melhores instrumentos para a regularização fundiária é a usucapião, em todas as suas modalidades, quais sejam, usucapião extraordinária,[299] usucapião especial urbana,[300] usucapião especial rural,[301] usucapião familiar,[302] usucapião ordinária[303] e usucapião

---

297 PAIVA, João Pedro Lamana. Da Moradia à Propriedade. In: MARCHI, Eduardo C. Silveira; KUMPEL, Vitor Frederico; BORGARELLI, Bruno de Ávila. *Regularização Fundiária Urbana*. São Paulo: YK, 2019. p. 36.

298 FUNDAÇÃO JOÃO PINHEIRO. *Relatório Inadequação de domicílios*. Disponível em: https://fjp.mg.gov.br/wp-content/uploads/2021/03/14.05_Relatorio-Inadequacao-de-Domicilios-no-Brasil-2016-2019-versao-2.0_compressed.pdf. Acesso em: 03 ago. 2023.

299 Art. 1.238, do Código Civil.

300 Art. 1.240, do Código Civil.

301 Art. 1.239, do Código Civil.

302 Art. 1.240-A, do Código Civil.

303 Art. 1.242, do Código Civil.

coletiva.[304] Por meio da usucapião, o possuidor não titular de título de propriedade, judicial ou extrajudicialmente, poderá obter a declaração da aquisição da propriedade pela prescrição aquisitiva e se tornar proprietário da área que vive. Entretanto, a usucapião não abrange os bens públicos;[305] para a regularização fundiária destes, é necessária a existência de lei criando determinado programa de regularização, com requisitos a serem cumpridos pelo ocupante do imóvel público. Por fim, a regularização fundiária por meio da usucapião é uma forma lenta e difusa de regularização fundiária que não soluciona, de forma eficiente, ocupações irregulares múltiplas, como favelas e cortiços, razão pela qual foram criados instrumentos de regularização coletiva da propriedade.

Anote-se que os casos de licitação dispensada no âmbito dos programas de regularização fundiária devem ser aplicados sempre guiados pelo princípio da impessoalidade, previsto no art. 37 da Constituição Federal.[306] Se houver mais de um possível interessado no imóvel objeto da regularização fundiária, deve a Administração Pública assegurar um procedimento impessoal de escolha do beneficiário. Caso não exista mais de um beneficiário, ocorrerá um caso de inexigibilidade da licitação.

Os programas de regularização fundiária de bens públicos resultam na transferência da propriedade ou na outorga de um direito real a quem ocupa o imóvel público e satisfaça os requisitos previstos na lei. Os casos de alienação de terras públicas, no âmbito do programa de regularização fundiária, configuram-se como casos de inexigibilidade de licitação. Conforme lição de Marçal Justen Filho,[307] "a titulação apenas pode ser realizada em favor do sujeito que tiver ocupado a área e preencha os requisitos legais"; acrescenta ainda referido autor que "não existe viabilidade de competição de terceiro para obter a titulação das áreas". O entendimento do Supremo Tribunal

---

[304] Art. 10, do Estatuto da Cidade.

[305] Arts. 183, §1º, e 191, Parágrafo único da Constituição Federal.

[306] BRASIL. *Constituição da República Federativa do Brasil de 1988*. Disponível em: http://www.planalto.gov.br/ccivil_03/constituicao/constituicao.htm. Acesso em: 24 set. 2021.

[307] JUSTEN FILHO, Marçal. *Comentários à Lei de Licitações e Contratos administrativos*. 15. ed. São Paulo: Dialética, 2012. p. 270.

Federal[308] também é no sentido de que a regularização fundiária é caso de inexigibilidade de licitação:

> A dispensa de licitação em geral é definida no artigo 24, da Lei n. 8.666/93; especificadamente – nos casos de alienação, aforamento, concessão de direito real de uso, locação ou permissão de uso de bens imóveis construídos e destinados ou efetivamente utilizados no âmbito de programas habitacionais ou de regularização fundiária de interesse social, por órgãos ou entidades da administração pública – no seu artigo 17, inciso I, alínea "f". Há, no caso dos autos, inviabilidade de competição, do que decorre a inexigibilidade de licitação (art. 25 da lei). O loteamento há de ser regularizado mediante a venda do lote àquele que o estiver ocupando. Consubstancia hipótese de inexigibilidade, artigo 25.

Todos os programas de regularização fundiária devem observar as normas protetivas ao meio ambiente, bem como as distribuições constitucionais de terras públicas realizadas diretamente pela Constituição Federal, tais como as terras indígenas[309] e quilombolas,[310] não podendo tais terras serem objeto de regularização fundiária a outros ocupantes, conforme decidiu o Supremo Tribunal Federal:[311]

> O direito ao meio ambiente equilibrado foi assegurado pela Constituição da República, em seu artigo 225, bem como em diversos compromissos internacionais do Estado Brasileiro. A região amazônica, dada a diversidade biológica, cultural, etnográfica e geológica, mereceu tutela especial do constituinte, tornando-se imperiosa a observância do desenvolvimento sustentável na região, conjugando a proteção à natureza e a sobrevivência humana nas áreas objeto de regularização fundiária. 3. Revela-se de importância ímpar a promoção de regularização fundiária nas terras ocupadas de domínio da União na Amazônia Legal, de modo a assegurar a inclusão social das comunidades que ali vivem, por meio da concessão de títulos de propriedade ou concessão de direito real de uso às áreas habitadas, redução da pobreza, acesso aos programas sociais de incentivo à produção sustentável, bem como melhorando as condições de fiscalização ambiental e responsabilização pelas lesões

308 ADI 2990, Relator(a): JOAQUIM BARBOSA, Relator(a) p/ Acórdão: EROS GRAU, Tribunal Pleno, julgado em 18/04/2007, DJe-087 DIVULG 23-08-2007 PUBLIC 24-08-2007 DJ 24-08-2007 PP-00022 EMENT VOL-02286-01 PP-00180

309 Art. 231 da Constituição Federal

310 Art. 68 do ADCT.

311 ADI 4269, Relator(a): EDSON FACHIN, Tribunal Pleno, julgado em 18/10/2017, ACÓRDÃO ELETRÔNICO DJe-019 DIVULG 31-01-2019 PUBLIC 01-02-2019

causadas à Floresta Amazônica. 4. O artigo 4º, §2º da Lei nº 11.952/2009 vai de encontro à proteção adequada das terras dos remanescentes de comunidades quilombolas e das demais comunidades tradicionais amazônicas, ao permitir interpretação que possibilite a regularização dessas áreas em desfavor do modo de apropriação de território por esses grupos, sendo necessária interpretação conforme aos artigos 216, I da Constituição e 68 do ADCT, para assegurar a relação específica entre comunidade, identidade e terra que caracteriza os povos tradicionais.

Ademais, deve-se ter em relevo que a regularização fundiária em terras públicas, em regra, resulta em atos de disposição gratuita da propriedade pública ou, ao menos, em alienação por preço subsidiado, abaixo do valor de mercado. Dessa forma, devem os beneficiários serem pessoas hipossuficientes. No caso de imóveis urbanos, deve-se privilegiar as pessoas que poderiam ser beneficiadas com uma Reurb-S. No caso de imóveis rurais, deve-se privilegiar os pequenos e médios agricultores, com propriedades de até 15 (quinze) módulos fiscais.

Conforme dispõe o art. 185, da Constituição Federal, são insuscetíveis de desapropriação para fins de reforma agrária, a pequena e média propriedade rural, assim definida em lei, desde que seu proprietário não possua outra e a propriedade produtiva. Por sua vez, dispõe o art. 4º da Lei Federal nº 8.629, de 25 de fevereiro de 1993, que a pequena propriedade rural é a de área de até quatro módulos fiscais, respeitada a fração mínima de parcelamento, e a média propriedade é a de dimensão a superior a 4 (quatro) e até 15 (quinze) módulos fiscais. Dessa forma, pode-se entender que somente propriedades rurais de até 15 (quinze) módulos fiscais devem ser regularizados pelo Estado em condições de gratuidade ou mediante preços subsidiados.

Apenas nos casos de interesse social justifica-se a regularização fundiária em terras públicas. A expressão interesse social tem um sentido restrito. Segundo Seabra Fagundes,

> Ocorre interesse social quando o Estado esteja diante dos chamados interesses sociais, isto é, daqueles diretamente atinentes às camadas mais pobres da população e à massa do povo em geral, concernentes à melhoria nas condições de vida, mais equitativa distribuição da riqueza, à atenuação das desigualdades em sociedade.[312]

[312] SEABRA FAGUNDES *apud* DI PIETRO, Maria Sylvia. Zanella. *Direito Administrativo*. 22. ed. São Paulo: Atlas, 2009. p. 169

Conforme lição de Hely Lopes Meirelles, o interesse social "ocorre quando as circunstâncias impõem a distribuição ou o condicionamento da propriedade para seu melhor aproveitamento, utilização ou produtividade em benefício da coletividade ou de categorias sociais merecedoras de amparo específico do Poder Público".[313]

As categorias sociais merecedoras de amparo específico do Poder Público são as menos favorecidas economicamente, que devem receber tratamento diferenciado do Estado visando ao cumprimento do objetivo fundamental inscrito no art. 3º, III da Constituição Federal de "erradicar a pobreza e a marginalização e reduzir as desigualdades sociais e regionais". Assim, seria incorreto e sem fundamento constitucional ou legal pretender-se subsumir como interesse social o interesse de grandes produtores rurais em adquirir imóveis públicos sem licitação e em condições privilegiadas em programas de regularização fundiária. Grandes produtores rurais que ocupem imóveis públicos devem adquiri-los mediante regular processo de aquisição onerosa, pelo valor de mercado, e não em programas de regularização fundiária em condições privilegiadas.

Na alínea "f" do inciso I do art. 76, da Lei nº 14.133/2021,[314] é dispensada a licitação para a alienação gratuita ou onerosa, aforamento, concessão de direito real de uso, locação e permissão de uso de bens imóveis residenciais construídos, destinados ou efetivamente usados em programas de habitação ou de regularização fundiária de interesse social desenvolvidos por órgão ou entidade da Administração Pública. Trata-se de um caso de Interesse Público em razão do direito fundamental à moradia, previsto no art. 6º da Constituição Federal. Deve-se atentar que o presente dispositivo deve ser aplicado somente para programas de habitação, ou seja, os imóveis devem ser utilizados pelos ocupantes para moradia. Se utilizados para outras finalidades, não poderá ser aplicado o

---

313 Cf. MEIRELLES, Hely Lopes. *Direito Administrativo Brasileiro*. 35. ed. São Paulo: Malheiros, 2009. p. 608-616.

314 BRASIL. Lei nº 14.133, de 1º de abril de 2021. *Lei de Licitações e Contratos Administrativos*. Disponível em: http://www.planalto.gov.br/ccivil_03/_ato2019-2022/2021/lei/L14133.htm. Acesso em: 24 set. 2021.

dispositivo em comento. Ademais, o dispositivo, ao impor que a regularização fundiária ou o programa de moradia seja de interesse social, deve-se entender que os beneficiários fazem parte da população de baixa renda.

Já na alínea "g" do inciso I do art. 76, é dispensada a licitação para a alienação gratuita ou onerosa, aforamento, concessão de direito real de uso, locação e permissão de uso de bens imóveis comerciais de âmbito local, com área de até 250m² (duzentos e cinquenta metros quadrados) e destinados a programas de regularização fundiária de interesse social desenvolvidos por órgão ou entidade da Administração Pública. Pretende-se, com o referido dispositivo, atender à função social da empresa realizada por pequenos comércios irregulares. Regularizar pequenos comércios fomenta o crescimento econômico e a geração de emprego, atendendo aos ditames dos incisos VII, VIII e IX do art. 170 da Constituição Federal. Também é dispensada a licitação, conforme previsão da alínea "h" do inciso I do art. 76 da Lei nº 14.133/2021, nos casos de alienação e concessão de direito real de uso, gratuita ou onerosa, de terras públicas rurais da União e do Instituto Nacional de Colonização e Reforma Agrária (INCRA) onde incidam ocupações até o limite de que trata o §1º do art. 6º da Lei nº 11.952, de 25 de junho de 2009, para fins de regularização fundiária, atendidos os requisitos legais. Procura-se atender à função social da propriedade, fomentando a regularização fundiária de terras públicas da União e do INCRA, na forma do art. 188 da Constituição Federal.

Trata a alínea "i" do inciso I do art. 76 da legitimação de possuidores de terras devolutas, destinada ao ocupante de terras públicas de até 100 hectares, que as tenha tornado produtivas com o seu trabalho e o de sua família e que preencha os seguintes requisitos: i) não seja proprietário de imóvel rural; ii) comprove morada permanente e cultura efetiva, pelo prazo mínimo de 1 (um) ano.

A previsão da alínea "j" do inciso I do art. 76 diz respeito à alienação para fins de legitimação fundiária e legitimação de posse de que trata a Lei nº 13.465, de 11 de julho de 2017. A legitimação fundiária constitui forma originária de aquisição do direito real de propriedade conferido por ato do Poder Público, exclusivamente no âmbito da Reurb (Regularização Fundiária Urbana), àquele que detiver em área pública ou possuir em área privada, como sua, unidade imobiliária com destinação urbana, integrante de núcleo urbano informal consolidado existente em 22 de dezembro de 2016. O beneficiário da legitimação fundiária deve atender às seguintes condições: i) não ser concessionário, foreiro ou proprietário exclusivo de imóvel urbano ou rural; ii) não ter sido contemplado com legitimação de posse ou fundiária de imóvel urbano com a mesma finalidade, ainda que situado em núcleo urbano distinto; iii) em caso de imóvel urbano com finalidade não residencial, seja reconhecido pelo Poder Público o Interesse Público de sua ocupação. Já a legitimação de posse é o ato do Poder Público destinado a conferir título, por meio do qual fica reconhecida a posse de imóvel objeto da Reurb, com a identificação de seus ocupantes, do tempo da ocupação e da natureza da posse, o qual é conversível em direito real de propriedade.

A Lei nº 13.465/2017[315] previu outra hipótese de alienação gratuita (doação) de bem público. Conforme dispõe o §4º do art. 23 desta lei, na Reurb-S de imóveis públicos, a União, os estados, o Distrito Federal e os municípios, e as suas entidades vinculadas, quando titulares do domínio, ficam autorizados a reconhecer o direito de propriedade aos ocupantes do núcleo urbano informal regularizado por meio da legitimação fundiária. Os estados e municípios devem dispor por meio de lei sobre o assunto, disciplinando a Reurb-S, tendo em vista que a lei federal não poderia desafetar imóveis de outros entes federativos. A Reurb-S é a regularização fundiária aplicável aos núcleos urbanos informais ocupados predominantemente por população de

---

[315] BRASIL. Lei nº 13.465, de 11 de julho de 2017. *Dispõe sobre a regularização fundiária rural e urbana, sobre a liquidação de créditos concedidos aos assentados da reforma agrária e sobre a regularização fundiária no âmbito da Amazônia Legal; institui mecanismos para aprimorar a eficiência dos procedimentos de alienação de imóveis da União; altera as Leis n os 8.629, de 25 de fevereiro de 1993, 13.001, de 20 de junho de 2014, 11.952, de 25 de junho de 2009, 13.340, de 28 de setembro de 2016, 8.666, de 21 de junho de 1993, 6.015, de 31 de dezembro de 1973, 12.512, de 14 de outubro de 2011, 10.406, de 10 de janeiro de 2002 (Código Civil), 13.105, de 16 de março de 2015 (Código de Processo Civil), 11.977, de 7 de julho de 2009, 9.514, de 20 de novembro de 1997, 11.124, de 16 de junho de 2005, 6.766, de 19 de dezembro de 1979, 10.257, de 10 de julho de 2001, 12.651, de 25 de maio de 2012, 13.240, de 30 de dezembro de 2015, 9.636, de 15 de maio de 1998, 8.036, de 11 de maio de 1990, 13.139, de 26 de junho de 2015, 11.483, de 31 de maio de 2007, e a 12.712, de 30 de agosto de 2012, a Medida Provisória nº 2.220, de 4 de setembro de 2001, e os Decretos-Leis nº 2.398, de 21 de dezembro de 1987, 1.876, de 15 de julho de 1981, 9.760, de 5 de setembro de 1946, e 3.365, de 21 de junho de 1941; revoga dispositivos da Lei Complementar nº 76, de 6 de julho de 1993, e da Lei nº 13.347, de 10 de outubro de 2016; e dá outras providências.* Disponível em: http://www.planalto.gov.br/ccivil_03/_ato2015-2018/2017/lei/l13465.htm. Acesso em: 24 set. 2021.

baixa renda, assim declarados em ato do Poder Executivo municipal (art. 13, I da Lei nº 13.465/2017). Após o término do procedimento de regularização fundiária, é expedida a Certidão de Regularização Fundiária (CRF). Este é o documento expedido pelo Município ao final do procedimento da Reurb, constituído do projeto de regularização fundiária aprovado, do termo de compromisso relativo a sua execução e, no caso da legitimação fundiária e da legitimação de posse, da listagem dos ocupantes do núcleo urbano informal regularizado, da devida qualificação destes e dos direitos reais que lhes foram conferidos. Dessa forma, a Reurb-S em imóvel público nada mais é do que uma doação em favor dos ocupantes de baixa renda.

No caso de Reurb-E, regularização fundiária aplicável aos núcleos urbanos informais ocupados por população não qualificada como de baixa renda, não deve ser realizada doação, mas sim alienação onerosa. Conforme dispõe o art. 16 da Lei nº 13.464/2017, na Reurb-E, promovida sobre bem público, havendo solução consensual, a aquisição de direitos reais pelo particular ficará condicionada ao pagamento do justo valor da unidade imobiliária regularizada, a ser apurado na forma estabelecida em ato do Poder Executivo titular do domínio, sem considerar o valor das acessões e benfeitorias do ocupante e a valorização decorrente da implantação dessas acessões e benfeitorias. Assim, deve ser realizada a avaliação para que se apure o justo valor, ou seja, o valor de mercado do bem público a ser objeto da Reurb-E.

O inciso I do §3º do art. 76 autoriza a Administração Pública conceder título de propriedade ou de direito real de uso de imóvel, sem licitação, quando o uso destinar-se a outro órgão ou outra entidade da Administração Pública, qualquer que seja a localização do imóvel. Trata-se de hipótese parcialmente já abrangida pela alínea "e" do inciso I do art. 76. Aqui, a concessão do título de propriedade ou direito real de uso poderá ser gratuita ou onerosa. Não se trata de um caso de licitação dispensada, mas de dispensa de licitação, tendo em vista que a lei usa a expressão "poderá", indicando, assim, uma mera faculdade. A expressão "Administração Pública" abrange a direta e a indireta. Entretanto, para as empresas públicas e sociedades de economia mista, não poderá haver qualquer ato gratuito, pois isso representaria vantagens a estas em detrimento da competitividade, incidindo nas vedações constantes do art. 173 da Constituição Federal.

Conforme dispõe o inciso II do §3º do art. 76, a Administração Pública está autorizada a conceder título de propriedade ou de direito real de uso de imóvel, sem licitação, quando o uso destinar-se a pessoa natural que, nos termos de lei, regulamento ou ato normativo do órgão competente, haja implementado os requisitos mínimos de cultura, de ocupação mansa e pacífica e de exploração direta sobre área rural, observado o limite de que trata o §1º do art. 6º da Lei nº 11.952, de 25 de junho de 2009. Tal como o caso do inciso I do §3º do art. 76, também é um caso de dispensa de licitação, tendo em vista que a lei usa a expressão "poderá", indicando, assim, uma mera faculdade. O órgão competente, para utilizar essa hipótese de licitação dispensada, deverá estabelecer, por meio de lei ou regulamento, o que entende por "requisitos mínimos de cultura" (exploração agropecuária, agroindustrial, extrativa, florestal, pesqueira, de turismo ou outra atividade similar que envolva a exploração do solo), "ocupação mansa e pacífica" (aquela exercida sem oposição e de forma contínua) da área rural, nos termos do artigo 2º, inciso II, do artigo 17, da Lei nº 8.666/93, expressão do princípio da função social da propriedade, insculpido no art. 186 da Constituição Federal. Ademais, a denominada "exploração direta" da área rural, requisito exigido pelo mesmo dispositivo legal, encontra definição no artigo 2º, inciso III, da Lei Federal n° 11.952/2009 (com a redação dada pela Lei nº 13.465/2017), sendo assim considerada "a atividade econômica exercida em imóvel rural e gerenciada diretamente pelo ocupante com o auxílio de seus familiares, de terceiros, ainda que sejam assalariados". A ocupação deve ser anterior a 1º de dezembro de 2004. Trata-se de norma que tem por função apenas regularizar as situações existentes, não aplicável às ocupações posteriores à 1º de dezembro. Leis que buscam regularizar ocupações irregulares devem estabelecer marcos temporais de aplicabilidade, sob pena de estimularem novas invasões.

O §4º do art. 76 dispensa a autorização legislativa para a aplicação do inciso II do §3º. Tal dispensa apenas tem validade no âmbito da União, tendo em vista que esta não pode dispensar a autorização legislativa necessária para a alienação de bem público de outro ente federativo. Nesse sentido, remeto o leitor ao item 1.11.

2.4.7 Alienação de bem público para concessionário de serviço público

Conforme acima demonstrado, no item 2.4.5, é possível a venda direta de bem público até mesmo para empresas estatais que prestam atividades econômicas. Consequentemente, não é lógico exigir que a alienação de um bem público destinado a um serviço público, ainda que prestado por concessionária de serviços públicos, dependa de prévia licitação.

É possível a alienação sem licitação de bens públicos para concessionárias de serviços públicos, desde que o bem se caracterize como reversível. Se o bem é reversível ele será, ao fim do contrato administrativo de concessão, transferido ao patrimônio do poder concedente, e o destinatário final do bem será um ente da Administração Pública, razão pela qual aplicável o art. 76, I, 'e' da Lei nº 14.133/2021.

Os concessionários de serviço público podem, inclusive, desapropriar bens públicos. O art. 100 da Lei nº 9.472, de 16 de julho de 1997, o art. 10 da Lei nº 9.074/1995, bem como o art. 29 VIII da Lei nº 8.987/95 devem ser conjugados com o Decreto-Lei nº 3.365/41 que dispõe, no §2º do art. 3º, que "os bens do domínio dos estados, municípios, Distrito Federal e Territórios poderão ser desapropriados pela União, e os dos municípios pelos estados, mas, em qualquer caso, ao ato deverá preceder autorização legislativa". No art. 3º, o Decreto-Lei nº 3.365/41 dispõe que "os concessionários de serviços públicos e os estabelecimentos de caráter público ou que exerçam funções delegadas de Poder Público poderão promover desapropriações mediante autorização expressa, constante de lei ou contrato".

Conjugando-se referidos dispositivos legais, percebe-se que as concessionárias de serviço público federal podem desapropriar bens de estados e municípios; os concessionários de serviços públicos estaduais podem desapropriar bens dos municípios; entretanto, não podem os concessionários de serviços públicos estaduais desapropriarem bens da União; por fim, os concessionários de serviços públicos municipais não podem desapropriar bens dos Estados e da União. Anoto que a desapropriação de bens públicos, apesar de depender de lei, no caso do serviço público, não depende de lei específica, visto que a autorização legislativa é a Lei nº 8.987/95. O Tribunal Regional Federal da 1ª Região, nesse sentido, decidiu que "a Lei nº 8.987/95 apresenta-se teleologicamente como a autorização legislativa de que trata o Decreto-Lei nº 3.365/41 (art. 2º, §2º)".[316]

Se o concessionário de serviço público pode desapropriar bens públicos, não haveria razão para se exigir que a venda direta, pelo justo preço, não pudesse ser realizada sem licitação. Ademais, existe a possibilidade da Administração Pública, num contrato de Parceria Público-Privada (PPP) – que nada mais é do que uma modalidade de concessão, transferir recursos para a aquisição de bens reversíveis. Se é possível a transferencia de recursos de forma direta para a aquisição de bens reversíveis, não há razão para a vedação da transferência direta de um bem imóvel do ente público para o concessionario sem licitação, com fundamento no art. 6º, IV, da Lei nº 11.079/2004.

2.4.8 Venda de bem público por dispensa de licitação em razão de licitação anterior deserta

Poderá a venda do bem público ocorrer sem licitação, conforme previsão da alínea "a" do inciso III do art. 75 da Lei nº 14.133/2021,[317] nos casos em que não surgiram licitantes interessados ou não foram apresentadas propostas válidas em edital de licitação realizado há menos de um ano.

Para que se possa vender um bem público sem licitação, no caso tratado na alínea "a" do inciso III do art. 75 da Lei nº 14.133/2021, conforme lição de Rafael Carvalho Rezende Oliveira, é necessária a presença dos seguintes pressupostos:

> a) ausência de interessados na licitação anterior; b) motivação: a justificativa deve demonstrar que a repetição do certame acarretaria prejuízos

---

316 BRASIL. Tribunal Regional Federal da 1ª Região. Agravo de instrumento nº 2005.01.00.055362-5/TO, Rel. Cândido Ribeiro.

317 BRASIL. Lei nº 14.133, de 1º de abril de 2021. *Lei de Licitações e Contratos Administrativos*. Disponível em: http://www.planalto.gov.br/ccivil_03/_ato2019-2022/2021/lei/L14133.htm. Acesso em: 24 set. 2021.

> ao Interesse Público; e c) manutenção das condições preestabelecidas: o intuito é evitar a violação aos princípios da moralidade e da impessoalidade, pois a alteração substancial das condições estabelecidas na licitação anterior poderia atrair o interesse de licitantes, o que exigiria a realização da licitação.[318]

A ausência de interessados ocorre quando não aparecem interessados no certame licitatório. A não apresentação de propostas válidas ocorre nos casos em que todas as propostas são desclassificadas, na forma do art. 59 da Lei nº 14.133/2021.

O requisito mais difícil de ser comprovado é a demonstração de que a repetição do certame poderia causar prejuízos ao Interesse Público. Conforme alerta José dos Santos Carvalho Filho, "a repetição da licitação dificilmente deixa de causar prejuízo à Administração, já que acarreta demora na contratação e alteração de preço de bens e serviços".[319] Assim, não é o mero prejuízo decorrente da repetição da licitação, por si só, fundamento suficiente para dispensar a licitação.

Deve haver uma demonstração fundamentada e pontual do prejuízo específico que seria ocasionado pela repetição da licitação no caso concreto, além do mero custo de se repetir um certame licitatório. Irene Patrícia Nohara alerta que, "se der para repetir o processo licitatório de forma regular, melhor que se realize a licitação".[320] Conforme lição da doutrina, a impossibilidade de repetição da licitação deve ser feita "com demonstração cabal dos danos que dela adviriam, e a razão de sua existência (prazos, custos, necessidade pública imediata dos bens e/ou serviços)".[321]

Segundo Diogenes Gasparini, para a incidência da hipótese de dispensa em comento deve ser demonstrado o prejuízo financeiro decorrente do acréscimo no valor do contrato, ou o

---

[318] OLIVEIRA, Rafael Carvalho Rezende. *Curso de Direito Administrativo*. 9. ed. Rio de Janeiro: Forense, 2021. p. 644-645. Edição do Kindle.

[319] CARVALHO FILHO, José dos Santos. *Manual de Direito Administrativo*. 27. ed. São Paulo: Atlas, 2014. p. 257.

[320] NOHRA, Irene Patrícia. *In*: NOHARA, Irene Patrícia; CÂMARA, Jacintho Arruda. Tratado de Direito Administrativo. DI PIETRO, Maria Sylvia Zanella (coord.). *Licitações e contratos administrativos*. v. 6. São Paulo: Revista dos Tribunais, 2014. p. 135.

[321] MOREIRA, Egon; GUIMARÃES, Fernando Vernalha. *A Lei Geral de Licitação – LGL e o Regime Diferenciado de Contratação – RDC*. São Paulo: Malheiros: 2012. p. 416.

prejuízo administrativo decorrente do atraso do serviço ou da utilização da obra pública:

> A nova licitação, no entanto, pode ser prejudicial à Administração Púbica, em face do tempo demandado para sua realização, causando-lhe um acréscimo no valor do contrato (prejuízo financeiro) ou atraso na prestação do serviço ou utilização da obra (prejuízo administrativo). Daí a razão dessa hipótese de licitação dispensável. Assim, caracterizada a situação de deserção e demonstrado o efetivo prejuízo financeiro ou administrativo, a contratação pode ser celebrada sem licitação.[322]

O prejuízo financeiro, no caso da venda de um bem público, poderia ser o risco de diminuição do valor de mercado do bem, seja em decorrência da oscilação dos preços de mercado, seja em razão da deterioração do bem em razão do tempo. O prejuízo administrativo seria a demora na obtenção dos valores decorrentes da venda e a impossibilidade de sua aplicação em outros investimentos de Interesse Público. Tais justificativas devem ser fundamentadas e comprovadas.

Deve-se ressaltar que a finalidade da dispensa de licitação em comento não é a urgência, mas sim a inconveniência de realizar uma licitação que provavelmente irá resultar em nova deserção ou em não apresentação de propostas válidas. É a economicidade o fundamento da dispensa de licitação em caso de licitação deserta ou na qual não foram apresentadas propostas válidas. Nesse sentido, Marçal Justen Filho ressalta que:

> O problema não é realizar a licitação, mas *repetir* uma licitação que já foi processada regularmente, sem que despertasse interesse dos particulares. Há uma presunção de inutilidade de repetir licitação; se ninguém acorreu à anterior, por que viria a participar da nova? Haveria desperdício não apenas de tempo, mas também de recursos públicos.[323]

Anote-se que a falta de interessados na licitação anterior pressupõe que esta tenha se processado de forma regular, sem direcionamentos ou condições que inviabilizem a competição ou

---

[322] GASPARINI, Diogenes. *Direito Administrativo*. 17. ed. São Paulo: Saraiva, 2012. p. 588.

[323] JUSTEN FILHO, Marçal. *Comentários à Lei de Licitações e Contratos Administrativos*. 15. ed. São Paulo: Dialética, 2012. p. 350.

afastem interessados do certame. Irene Patrícia Nohara ressalta que "a dispensa pela licitação deserta também não pode ser decorrente de omissões e falhas por parte dos agentes públicos".[324] Conforme lição de Marçal Justen Filho, "se, porém, as condições estabelecidas inicialmente restringiam inadequadamente o universo dos licitantes ou retratavam contrato desinteressante para a Administração, é claro que não será autorizada a contratação direta com fulcro no inc. V".[325]

2.5 Direito de preferência do ocupante na aquisição de bem público por licitação

Dispõe o art. 77 da Lei de Licitações[326] que, "para a venda de bens imóveis, será concedido direito de preferência ao licitante que, submetendo-se a todas as regras do edital, comprove a ocupação do imóvel objeto da licitação". Trata-se de hipótese não prevista na Lei nº 8.666/93[327] e que deve ser analisada sob óptica dos princípios da eficiência e impessoalidade, sob pena de ocasionar favorecimentos ilícitos.

Conforme dispõe o art. 513 do Código Civil,[328] adaptado à venda de bem público, a preferência impõe à Administração Pública a obrigação de oferecer ao ocupante a coisa que aquela vai vender, ou dar em pagamento, para que este use de seu direito de prelação na compra, tanto por tanto. Aquele que exerce a preferência está, sob pena de a perder, obrigado a pagar, em condições iguais, o preço encontrado, ou o ajustado. Deverá a Administração Pública

---

[324] NOHRA, Irene Patrícia. *In*: NOHARA, Irene Patrícia; CÂMARA, Jacintho Arruda. Tratado de Direito Administrativo. DI PIETRO, Maria Sylvia Zanella (coord.). *Licitações e contratos administrativos*. v. 6. São Paulo: Revista dos Tribunais, 2014. p. 135.

[325] JUSTEN FILHO, Marçal. *Comentários à Lei de Licitações e Contratos Administrativos*. 15. ed. São Paulo: Dialética, 2012. p. 351.

[326] BRASIL. Lei nº 14.133, de 1º de abril de 2021. *Lei de Licitações e Contratos Administrativos*. Disponível em: http://www.planalto.gov.br/ccivil_03/_ato2019-2022/2021/lei/L14133.htm. Acesso em: 24 set. 2021.

[327] BRASIL. Lei nº 8.666, de 21 de junho de 1993. *Regulamenta o art. 37, inciso XXI, da Constituição Federal, institui normas para licitações e contratos da Administração Pública e dá outras providências*. Disponível em: http://www.planalto.gov.br/ccivil_03/Leis/L8666cons.htm. Acesso em: 29 set. 2021.

[328] BRASIL. Lei nº 10.406, de 10 de janeiro de 2002. *Institui o Código Civil*. Disponível em: http://www.planalto.gov.br/ccivil_03/leis/2002/l10406compilada.htm. Acesso em: 24 set. 2021.

notificar o ocupante, para que este, em sessenta dias, manifeste seu desejo de adquirir o imóvel, sob pena de caducidade do direito de preferência. Se a Administração Pública não respeitar o direito de preferência do ocupante, conforme dispõe o art. 519 do Código Civil, responderá por perdas e danos.

O termo "ocupante", previsto no art. 77 da Lei nº 14.133/2021, deve ser interpretado como qualquer pessoa que, anteriormente ao procedimento licitatório, ocupe *regularmente* o imóvel público que será alienado. O ocupante regular do imóvel público a ser alienado é a pessoa física ou jurídica que tenha a posse do imóvel decorrente de ato ou contrato administrativo celebrado pela Administração Pública proprietária do bem, de acordo com os ditames legais aplicáveis ao caso. Assim, estão inclusos no conceito de ocupante o locatário, o permissionário, o cessionário, o concessionário, o comodatário e todo aquele que obteve a posse do imóvel decorrente de ato amparado em lei emanado do ente público titular do bem alienado.

Também deve ser considerado como "ocupante", para fins de preferência, aquele que possui justo título. Aqui, cabe melhor explicitar o conceito de justo título. Este, a princípio, seria o "ato jurídico hábil em tese à transferência do domínio".[329] Entretanto, o conceito de justo título tem sido abrandado pela Jurisprudência. Conforme já decidiu o Superior Tribunal de Justiça,[330] "é preciso compreender justo título segundo os princípios da socialidade, da eticidade e da operabilidade, diretrizes estabelecidas pelo Novo Código Civil". Continua o Superior Tribunal de Justiça, concluindo que "justo título não pode ser considerado, preponderantemente, sinônimo de instrumento, mas de causa hábil para constituição da posse". No caso de terras públicas, uma longa ocupação, onde o Poder Público se omitiu por anos em adotar quaisquer providências visando retomar a áreas de sua propriedade, gerando uma presunção de que não teria interesse em promover desocupações, onde os ocupantes cumpram a função social da propriedade, pode-se aplicar a preferência estabelecida pelo art. 77 da Lei de Licitações.

---

[329] VIANA, Marco Aurélio S. *Comentários ao novo Código Civil*. TEIXEIRA, Sálvio de Figueiredo (coord.). 3. ed. Rio de Janeiro: Forense, 2007. p. 118.

[330] BRASIL. Superior Tribunal de Justiça. REsp 1.148.631/DF. Rel. Min. Luis Felipe Salomão. Rel. p/ Acórdão Min. Marco Buzzi, Quarta Turma, julgado em: 15.08.2013.

Em caso de terras devolutas[331] em áreas onde exista uma situação de longa permanência de ocupações não legitimadas pelo Poder Público, pode-se também cogitar a aplicação da hipótese de preferência constante do art. 77 da Lei de Licitações. Se o ocupante de terras devolutas possui, por exemplo, registro de propriedade ainda não cancelado pelo Poder Público, seria possível concluir que este poderia gerar uma presunção de boa-fé, na forma do parágrafo único do art. 1.201 do Código Civil.

Não estão incluídos no conceito de "ocupante", previsto no art. 77 da Lei de Licitações, quaisquer pessoas que ocupem, de forma irregular, imóvel público, tais como invasores, esbulhadores, ou pessoas que tenham praticado irregularidades no processo de obtenção da posse do imóvel, como participado de contratação fraudulenta. A irregularidade não pode gerar efeitos. Quem ofende a lei, não pode ser beneficiado pela ilegalidade que cometeu. Aplica-se o princípio geral de direito de que ninguém pode se beneficiar da própria torpeza (*Nemo auditur propriam turpitudinem allegans*).

A Administração Pública tem o dever de zelar pelo patrimônio público, impedindo qualquer tipo de ocupação irregular de bem público. Da mesma forma, não pode o particular ocupar bem público irregularmente, em detrimento de toda a coletividade. Utilizar irregularmente um bem público é um ato de improbidade administrativa, na forma do inciso XII do art. 9º da Lei de Improbidade Administrativa.

O ente público proprietário do bem deve adotar todas as medidas previstas no ordenamento jurídico para cessar o uso irregular de bem público, conforme demonstrado no item 1.11.2. Dessa forma, o ocupante irregular de bem público não pode ter o direito de preferência na aquisição do imóvel público.

Admitir que o ocupante irregular de bem público possa ter direito de preferência na aquisição em procedimento licitatório seria estimular o esbulho possessório de bem público visando a sua aquisição posterior. Da mesma forma, poderia favorecer uma situação em que a Administração Pública se omitisse no seu dever de zelar pelo patrimônio público, visando gerar preferência para

---

331 Sobre o assunto, veja artigo de nossa autoria: NAKAMURA, André Luiz dos Santos. Segurança jurídica, boa-fé e terras devolutas. *Revista da AGU*, v. 16, p. 35-60, 2017.

alguém em futura aquisição, em notória ofensa aos princípios da impessoalidade e moralidade administrativa, previstos no art. 37 da Constituição Federal. Assim, somente o ocupante regular ou o possuidor de justo título do bem público pode se valer da prerrogativa constante do art. 77 da Lei nº 14.133/2021.

CAPÍTULO 3

OUTORGA DE USO PRIVATIVO DE BENS PÚBLICOS

O uso normal do bem público não altera a sua vocação natural (ex: cadeiras e mesas de restaurante em calçada). O uso anormal do bem público altera a vocação natural do bem (ex: fechamento de uma rua para realização de uma feira livre). O uso privativo de bem público consiste na outorga de uso de um bem público a uma pessoa para utilização exclusiva por parte desta, por prazo temporário, determinado ou indeterminado.

A outorga de uso privativo de bem público, salvo nos casos previstos na Constituição Federal,[332] nas Constituições Estaduais[333] ou nas leis orgânicas municipais, prescinde de autorização legislativa. Entretanto, a autorização legislativa para a outorga de uso de bem público não vincula o Poder Executivo, que tem o poder de decidir pela conveniência e pela oportunidade da medida. Nesse sentido, Inês Maria dos Santos Coimbra de Almeida Prado ensina que, "ainda que haja lei autorizando a concessão de uso de determinado bem, outra poderá vir a ser a decisão do Executivo, conforme assim recomente o interesse público".[334]

O pressuposto para a outorga privativa de uso de um bem público a outra pessoa, física ou jurídica, de direito público ou

[332] Art. 49, XVII.

[333] Art. 19, V, da Constituição do Estado de São Paulo.

[334] PRADO, Inês Maria dos Santos Coimbra de Almeida. *Instrumentos estatais de outorga de uso privativo de bens públicos*. 208 p. Dissertação (Mestrado). – Direito, Pontifícia Universidade Católica de São Paulo, São Paulo, 2010. Disponível em: https://tede2.pucsp.br/handle/handle/9092. Acesso em: 3 dez. 2021.

privado, é a presença de Interesse Público. O conceito de Interesse Público é de difícil delimitação. Entretanto, é possível extrair algumas definições nucleares. Segundo Alice Gonzalez Borges:[335]

> O Interesse Público é um somatório de interesses individuais coincidentes em torno de um bem da vida que lhes significa um valor, proveito ou utilidade de ordem moral ou material, que cada pessoa deseja adquirir, conservar ou manter em sua própria esfera de valores. Esse interesse passa a ser público, quando dele participam e compartilham um tal número de pessoas, componentes de uma comunidade determinada, que o mesmo passa a ser também identificado como interesse de todo o grupo, ou, pelo menos, como um querer valorativo predominante da comunidade.

Além do Interesse Público, definido de forma abstrata, existe o denominado Interesse Público positivado, qual seja, aquele "Interesse Público contido e delimitado pela Constituição e pela lei, que já corresponde à expressão positiva do bem comum".[336] Assim, se uma atividade é atribuída ao ente público por meio de Constituição (Federal ou Estadual), lei orgânica, lei ordinária ou qualquer ato normativo válido, entende-se que existe um Interesse Público que justifique o fomento estatal desta atividade por meio de uma outorga de uso privativo de bem público.

O Interesse Público que justifica a outorga de uso privativo de um bem público poderá ser a obtenção de receitas decorrentes do pagamento realizado pelo cessionário em contrapartida ao direito de utilização do bem público. Também poderá ser enquadrado como interesse público a transferência, para o cessionário do bem público, dos custos de sua manutenção e conservação, se forem elevados. Por fim, configura interesse público o recebimento posterior do bem público, após o término da outorga de uso privativo, valorizado por edificações e/ou benfeitorias realizadas pelo cessionário.

Se o ente público tem a administração de um bem público com altos custos de manutenção ou que demande altos investimentos para sua manutenção e/ou reforma, não havendo recursos orçamentários

---

335 BORGES, Alice Gonzalez. Interesse Público: um conceito a determinar. *Revista de Direito Administrativo*, Rio de Janeiro, v. 205, p. 109-116, jul. 1996.

336 BORGES, Alice Gonzalez. Interesse Público: um conceito a determinar. *Revista de Direito Administrativo*, Rio de Janeiro, v. 205, p. 109-116, jul. 1996.

disponíveis, a outorga de uso privativa, por prazo determinado, para a iniciativa privada, é uma medida de interesse público. O cessionário do bem público irá se utilizar deste por um período de tempo determinado, fazer os investimentos necessários ou contratados, realizar as atividades empresariais aptas a amortizarem os investimentos realizados e, após o término do prazo contratual, o bem público irá retornar à posse do ente público, com todas as benfeitorias e acessões realizadas a ele incorporadas, ocasionando um aumento do valor do patrimônio público.

A outorga de uso privativo do bem público pode ser por prazo determinado ou indeterminado. Mesmo por prazo determinado, o bem público sempre poderá ser retomado pelo ente público titular do domínio. Se a retomada do bem público pelo titular do domínio ocasionar o dever de indenizar o cessionário, a outorga de uso é estável. Diferentemente, se o Poder Público puder retomar o bem outorgado ao privado, sem qualquer dever de indenizá-lo, diz-se que a outorga de uso é precária. A precariedade na outorga de uso privativo do bem público não deve ser considerada como lapso de tempo, e sim como a possibilidade ou não de retomada do bem sem pagamento de indenização ao cessionário. Nesse sentido, José Cretella Júnior informa que "até uma simples autorização outorgada, por sessenta dias, passa a não ter *precariedade*, porque o Poder Público não pode revogá-la antes desse tempo".[337]

Não se admite, contudo, a outorga de uso perpétua. Nesse sentido é a lição de José Cretella Júnior:

> Nem se deixe de lado o *princípio informativo básico do direito público* – o interesse público prevalece sobre o interesse particular –, diante do qual o *uso privativo* de qualquer tipo de bem público jamais pode ser *perpétuo*, o que leva à conclusão inevitável de que o atributo da *precariedade* em maior ou menor grau está presente em todos os institutos conhecidos e consagrados tradicionalmente pelo direito para explicarem a que título a Administração fez a outorga de uso ao particular *uti singuli*.[338]

Em regra, a outorga de uso privativo do bem público deve ser remunerada. Não se pode aceitar um uso privativo de bem público

[337] CRETELLA JÚNIOR. José. *Tratado do Domínio Público*. Rio de Janeiro: Forense, 1984. p. 77.
[338] CRETELLA JÚNIOR. José. *Tratado do Domínio Público*. Rio de Janeiro: Forense, 1984. p. 65.

por entidade particular, sem que ocorra a necessária contrapartida pelo proveito econômico obtido. Anote-se que o uso privativo de um imóvel público, por resultar na desnecessidade do cessionário em adquirir a propriedade ou alugar um imóvel, representa sempre um proveito econômico, razão pela qual, em regra, deve ser remunerado. Deve ser aplicado o princípio da igualdade nos ônus e benefícios decorrentes da ação do Estado. Se este beneficia alguém com um bem de sua propriedade, deve haver um pagamento que irá reverter em prol de todos.[339]

Nos casos em que o uso do bem público se destina a um serviço público, mesmo que prestado por particular concessionário de serviço público, existe o entendimento de que não deve haver cobrança pelo uso, tendo em vista que tal valor acabaria, na prática, sendo repassado aos usuários do serviço público. Ademais, existiria uma vocação natural do bem público para atender a uma finalidade pública, razão pela qual não haveria razão para a cobrança da concessionária de serviços públicos. Rachel Pellizzoni da Cruz argumenta que, "quando se trata de bem público, a instituição de servidão administrativa não se faz necessária, precisamente porque a destinação pública é inerente à própria natureza do bem".[340] Nesse sentido, decidiu o Supremo Tribunal Federal:[341]

> As faixas de domínio público de vias públicas constituem bem público, inserido na categoria dos bens de uso comum do povo. Os bens de uso comum do povo são entendidos como propriedade pública. Tamanha é a intensidade da participação do bem de uso comum do povo na atividade administrativa que ele constitui, em si, o próprio serviço público [objeto de atividade administrativa] prestado pela Administração. Ainda que os bens do domínio público e do patrimônio administrativo não tolerem

---

339 "Há a hipótese em que a remuneração se destina a promover a redistribuição da riqueza. Assim se passa especialmente nos casos em que a fruição do bem público pelo particular se traduzirá numa atividade apta a gerar riquezas. Em vez de propiciar a um sujeito determinado a acumulação a riqueza envolvida, estabelece-se a cobrança de uma remuneração que se orienta a promover a redistribuição dos benefícios a toda a comunidade". (JUSTEN FILHO, Marçal. *Curso de Direito Administrativo*. Belo Horizonte: Fórum, 2012, 8. ed. 2012. p. 1.067-1.068.).

340 CRUZ, Rachel Pellizzoni da. Da cobrança pela utilização de bens públicos de uso comum para a prestação de serviços públicos em regime de concessão. *Revista de Direito Administrativo*, Rio de Janeiro, v. 231, p. 157-167, jan./mar. 2003.

341 BRASIL. Supremo Tribunal Federal. RE 581.947. Relator: Min. Eros Grau, Tribunal Pleno, julgado em: 27.05.2010, repercussão geral – mérito.

> o gravame das servidões, sujeitam-se, na situação a que respeitam os autos, aos efeitos da restrição decorrente da instalação, no solo, de equipamentos necessários à prestação de serviço público. A imposição dessa restrição não conduzindo à extinção de direitos, dela não decorre dever de indenizar.

No mesmo sentido, decidiu o Supremo Tribunal Federal que a vedação imposta aos entes federados de cobrar pelo uso de vias públicas, faixas de domínio e outros bens públicos de uso comum do povo, em razão da passagem de infraestruturas de serviços de telecomunicações, instituída pela Lei Federal nº 13.116/2015, não é inconstitucional.[342]

Entretanto, não se trata do melhor entendimento. Se o bem utilizado pela concessionária de serviços públicos fosse privado, para passagem de infraestrutura, como cabos, tubulações ou postes, ela teria que instituir uma servidão administrativa que poderia ou não ensejar o direito à indenização ao proprietário do imóvel. Se, no caso concreto, não houvesse prejuízo ao uso do bem privado pelo concessionário, nada seria devido a título de indenização; entretanto, ocorrendo restrições ao uso, haveria o dever de indenizar. Não há motivos para o tratamento diferenciado do bem privado e do bem público. Se este sofresse restrições em razão do uso feito pelo concessionário, a servidão administrativa deveria ser onerosa; se a servidão em nada diminuísse a utilidade do bem, não deveria haver indenização. Se a indenização decorrente da servidão fosse amigável, teria natureza de preço público; se fixada em processo judicial, teria natureza indenizatória, conforme lição de Adilson Abreu Dallari:

> Havendo entendimento, concordando a empresa concessionária de serviço público telefônico com os valores fixados pelo proprietário do bem público sobre o qual serão colocadas as instalações, dutos e fiação, o pagamento terá a natureza jurídica de preço público. Não havendo entendimento, havendo necessidade de instituir servidão administrativa, o pagamento estipulado pelo juiz ou acordado pelas partes terá a natureza jurídica da indenização.[343]

---

[342] BRASIL. Supremo Tribuna Federal. ADI 6.482, Relator: Gilmar Mendes, Tribunal Pleno, julgado em: 18.02.2021.

[343] DALLARI, Adilson Abreu. Uso oneroso de bens públicos por empresas concessionárias de serviços públicos. *Revista da Faculdade de Direito de São Bernardo do Campo*, 2001, p. 7-16.

No sentido da possibilidade de cobrança pelo uso de bens públicos dominicais por concessionárias de serviços públicos, decidiu o Superior Tribunal de Justiça:[344]

> A exceção insculpida no art. 12 da Lei 13.116/2015 não alcança o exercício do direito de passagem pretendido pela TIM nos túneis do Metrô de São Paulo, em virtude da não adequação do bem a qualquer uma das situações dispostas na Lei Geral das Antenas, quais sejam, vias públicas, faixas de domínio e outros bens públicos de uso comum do povo.
> 6. Falta aos túneis do Metrô de São Paulo característica essencial para que sejam classificados como bem de uso comum: a submissão aos mandamentos da isonomia, da generalidade, da ausência de restrições. Os subsolos do metrô estão afetados ao serviço público de transporte metroviário de passageiros, amoldando-se mais adequadamente à definição de bem de uso especial de uso administrativo externo do que à definição de bem de uso comum do povo, porquanto o seu uso é restrito aos usuários do serviço de transporte subterrâneo.
> 7. É legítima a retribuição financeira exigida por concessionária em face de outra empresa privada prestadora de serviço de interesse público, a fim de obter rendimentos alternativos, complementares, acessórios ou de projetos associados, na forma do art. 11 da Lei 8.987/1995, desde que haja previsão contratual, diante dos impactos para a promoção de modicidade tarifária e do favorecimento à melhor satisfação do interesse público.

Também cumpre ressaltar que, nos casos de outorga de uso privativo de bem público, a licitação é necessária quando há possibilidade de competição, como forma de evitar favoritismos por parte da Administração. Conforme lição de José dos Santos Carvalho filho,[345] "quanto à exigência de licitação, deve-se entender-se necessária sempre que for possível e houver mais de um interessado na utilização do bem, evitando-se favorecimentos ou preterições ilegítimas".

Uma questão preliminar a ser enfrentada, refere-se à disciplina trazida pela Lei nº 14.133/2021, e seu impacto na disciplina da outorga de uso de bens públicos, em comparação à disciplina da revogada Lei nº 8.666/1993. Os dispositivos legais correspondentes, nas duas leis, têm o seguinte teor:

---

344 BRASIL. Superior Tribunal de Justiça. *REsp nº 1.990.245/SP*. Relator Ministro Afrânio Vilela, Segunda Turma, julgado em 17.09.2024, DJe de 19.09.2024.

345 CARVALHO FILHO, José dos Santos. *Manual de Direito Administrativo*. 22. ed. Rio de Janeiro: Lumen Juris, 2009. p. 1.108.

LEI FEDERAL Nº 8.666/1993	**LEI FEDERAL Nº 14.133/2021**
Art. 2º – As obras, serviços, inclusive de publicidade, compras, alienações, concessões, permissões e locações da Administração Pública, quando contratadas com terceiros, serão necessariamente precedidas de licitação, ressalvadas as hipóteses previstas nesta Lei.	Art. 2º – Esta Lei aplica-se a: I – alienação e concessão de direito real de uso de bens; II – compra, inclusive por encomenda; III – locação; IV – concessão e permissão de uso de bens públicos; V – prestação de serviços, inclusive os técnico-profissionais especializados; VI – obras e serviços de arquitetura e engenharia; VII – contratações de tecnologia da informação e de comunicação.

Aparentemente, teria ocorrido uma inovação pela Lei federal nº 14.133/2021 a qual, de forma expressa, inseriu a concessão de direito real de uso de bens, bem como a concessão de permissão de bens públicos no rol de atos/contratos que necessitam de prévia licitação. Entretanto, o entendimento da doutrina era de que as concessões e permissões de serviços públicos já estaria abrangida pela redação do art. 2º da Lei federal nº 8.666/1993:

> "Algumas dúvidas surgem a propósito de concessão e permissão de uso de bens públicos, que não se confundem com as concessões e permissões de serviços públicos. Essas figuras não estão explicitamente reguladas na Lei nº 8.666/1993 e a elas não se referem as Leis nº 8.907, nº 9.074 e nº 11.079 (que dispõem sobre concessão e permissão de serviços públicos). A omissão legislativa não pode conduzir à interpretação da ausência de obrigatoriedade de licitação. Aliás, veja-se que o art. 2º da Lei nº 8.666/1993 alude genericamente a 'concessões e permissões', sem qualificar seu objeto[346]".

Nesse sentido, infere-se que a inovação da Lei federal º 14.133/2021, ao tratar de concessões e permissões de bens públicos, é somente aparente:

> "Quando comparado com o art. 2º da Lei nº 8.666/1993, o art. 2º da Lei nº 14.133 inova ao fazer referência à concessão de direito real de

[346] JUSTEN FILHO, Marçal. *Comentários à Lei de Licitações e Contratos Administrativos.* 15. ed. São Paulo: Dialética, 2012. p. 51.

uso e à concessão e permissão de uso de bens públicos, bem como às contratações de tecnologia da informação e de comunicação. No entanto, a inovação é apenas aparente, porque todos esses contratos já eram alcançados pela Lei nº 8.666 ou por legislação esparsa[347]"

Vale dizer, a Lei federal nº 14.133/2021 não alterou a disciplina anterior da Lei nº 8.666/1993, acerca da necessidade de licitação para outorgas de uso de bens públicos, razão pela qual os precedentes à Lei nº. 14.133/2021, continuam aplicáveis. A Lei Federal nº 14.133/2021,[348] em seu art. 4º, inciso IV, estabelece que as concessões e permissões de bens públicos serão necessariamente precedidas de licitação, ressalvadas as hipóteses previstas nesta Lei. A contratação direta somente é possível nas hipóteses de inexigibilidade, dispensa de licitação, ou de licitação dispensada, previstas nos artigos 74, 75 e 76, respectivamente, da Lei nº 14.133/2021.[349] A outorga de uso precária e sem prazo determinado se materializa por ato administrativo unilateral, razão pela qual não incide o dever de licitar. Contudo, a outorga de uso privativo de público para um ente privado, por prazo determinado, gera uma vantagem econômica a este, que deixa de carcar com os custos para alugar ou comprar um bem para atendimento de suas necessidades. Dessa forma, a outorga de uso privativo aprazada tem natureza de negócio jurídico, devendo ser realizada por meio de um procedimento objetivo e prévio de seleção do cessionário do bem público, qual seja, a licitação, sob pena de ofensa ao princípio da impessoalidade.[350]

A Lei nº 14.133/2021 não previu qual seria a modalidade licitatória específica para as outorgas de uso de bem público. Dessa

---

347 Di Pietro, Maria Sylvia Zanella; Guimarães, Edgar; Motta, Fabrício *et al. Licitações e Contratos Administrativos* – Inovações da Lei 14.133, de 1º de Abril de 2021. 2. ed. Rio de Janeiro: Forense, 2022. p. 24. Edição do Kindle.

348 BRASIL. Lei nº 14.133, de 1º de abril de 2021. *Lei de Licitações e Contratos Administrativos*. Disponível em: http://www.planalto.gov.br/ccivil_03/_ato2019-2022/2021/lei/L14133.htm. Acesso em: 24 set. 2021.

349 [...] a dispensa pressupõe uma licitação "exigível". É inexigível a licitação quando a disputa for inviável. Havendo viabilidade de disputa é obrigatória a licitação, excetuados os casos de "dispensa" imposta por lei. (JUSTEN FILHO, Marçal. *Comentários à Lei de Licitações e Contratos Administrativos*. 15. ed. São Paulo: Dialética, 2012. p. 333.).

350 Cf. MOREIRA, Egon Bockmann; GUIMARÃES, Fernando Vernalha. *Licitação Pública*: A Lei Geral de Licitação (LGL) e o Regime Diferenciado de Contratação (RDC). São Paulo: Malheiros, 2012. p. 67.

forma, é possível inferir que as concessões e permissões devem ser precedidas de licitação, em uma das modalidades previstas na nova lei de licitações. Nesse ponto, não há, ainda, entendimento firmado sobre o assunto, havendo quem sustente ser o leilão a modalidade mais adequada para as outorgas de uso de bem público:

> Apesar da previsão expressa, estabelecendo a aplicação da Lei nº 14.133/2021 aos casos de concessões e permissões de uso de bens públicos, não foi instituída qualquer disciplina ou procedimento específico para esses casos.
> Em vista desse silêncio e considerando que, em geral, as licitações para concessões e permissões de uso de bens públicos adotam o critério de julgamento de maior lance, de acordo com a sistemática implantada pela Lei nº 14.133/2021, as licitações para esse fim deverão ser processadas pela modalidade leilão.
> Isso porque o art. 6º, inciso XL, considera o leilão a "modalidade de licitação para alienação de bens imóveis ou de bens móveis inservíveis ou legalmente apreendidos a quem oferecer o maior lance.

A rigor, entendemos possível considerar a concessão e a permissão de uso de bens públicos como espécies de alienação de bens imóveis, com a peculiaridade de envolver apenas a posse e não a propriedade e ser por tempo determinado. Adotada essa compreensão, a opção da nova Lei de Licitações foi pela adoção do procedimento do leilão, conforme consta do art. 6º, inciso XL.[351]

Entretanto, há quem defenda o cabimento das modalidades concorrência e pregão para as outorgas de uso de bem público. O pregão seria a modalidade licitatória a ser utilizada nos casos em que a outorga de uso do bem se destinar a usos cujos padrões de desempenho e qualidade podem ser objetivamente previstos pelo edital, com base em especificações usuais no mercado:

> No entanto, o posicionamento adotado pelo TCU teve como objeto a concessão de bens cujos padrões de desempenho e qualidade podem ser objetivamente previstos pelo edital, com base em especificações

[351] Aplica-se a nova Lei nº 14.133/2021 para concessões e permissões de uso de bens públicos? Qual será o procedimento a ser observado? *Zênite,* 30 jun. 2022. Disponível em: https://zenite.blog.br/aplica-se-a-nova-lei-no-14-133-2021-para-concessoes-e-permissoes-de-uso-de-bens-publicos-qual-sera-o-procedimento-a-ser-observado/?doing_wp_cron=1712880053.6014239788055419921875. Acesso em: 11 abr. 2024.

> usuais no mercado, conforme prevê o parágrafo único do artigo 1º, da Lei Federal nº 10.520/02. É dizer: em se tratando de um bem comum, pode-se adotar a modalidade pregão na concessão de uso. Não obstante, tal solução não pode ser adotada em contratos de maior complexidade e monta, em especial em relação a bens voltados a uma finalidade pública de alta complexidade, como é o caso, por exemplo, de unidades de saúde.
> (...)
> Quanto à modalidade de licitação, a nova lei admite, em tese, a concorrência e o pregão para a celebração de contratos de concessão de uso. A escolha da modalidade licitatória compete à Administração Pública e, como visto, a utilização do pregão se limita à concessão de bens e serviços comuns, enquanto a concorrência é adequada para concessão de bens que não possuem características usuais de mercado.[352]

Há diversos tipos de outorgas de uso e a modalidade licitatória deve ser a mais adequada ao interesse público que a motiva. Nos casos em que a outorga de uso do bem público destinar-se a atividades privadas, empresariais, que possam ser objeto de descrição objetiva do desempenho esperado e da forma de atividade a ser desenvolvida, ou seja, uma atividade equiparada a um "serviço comum" de natureza comum, na forma definida no inciso XIII do art. 6º da Lei nº 14.133/2021, seria possível o uso da modalidade licitatória pregão. Nos casos em que a atividade a ser desenvolvida no imóvel objeto da outorga de uso não puder ser objetivamente definida em edital, por meio de especificações usuais de mercado, deve-se adotar a modalidade concorrência.

Não existe uma disciplina legal acerca das formas de outorga de uso privativo de bens públicos. Dessa forma, necessária a definição de expressões que são citadas pela legislação, pela Jurisprudência e pela doutrina, às vezes como sinônimos. Assim, a seguir, serão definidos os termos "cessão de uso", "permissão de uso", "concessão de uso", "concessão de direito real de uso", bem como os casos em que são aplicáveis e os requisitos necessários.

---

352 MÂNICA, Fernando Borges. A concessão de uso de bem público na Nova Lei de Licitações e seu cabimento para hospitais. *Revista Jurídica da Procuradoria-Geral do Estado do Paraná*. Curitiba, nº 13, p. 11-20, 2022. Disponível em: https://www.pge.pr.gov.br/sites/default/arquivos_restritos/files/documento/2022-07/e-book_pge_revista_juridica_13o_edicao_-_2022_0.pdf#page=11. Acesso em 11/04/2022.

3.1 Cessão de uso

No âmbito federal, a Lei nº 9.636, de 15 de maio de 1998 (com a redação dada pela Lei nº 11.481/2007), no seu art. 18, trata da cessão de uso. A legislação federal trata a cessão de uso como gênero de outorga de uso privativo que pode ser instrumentalizada por meio do regime da concessão de uso ou de outros instrumentos previstos no Decreto-Lei nº 9.760/1946. Este, por sua vez, em seu art. 64, reza que "os bens imóveis da União não utilizados em serviço público poderão, qualquer que seja a sua natureza, ser alugados, aforados ou cedidos".

A doutrina não tem um entendimento uniforme sobre o termo "cessão". Odete Medauar nos informa que o termo "cessão" é empregado "para o uso efêmero de parte de bens públicos, como é o caso de auditórios (para cursos, congressos, conferências, formaturas, por exemplo) teatros, (formaturas, apresentações artísticas, por exemplo), salas de aula (para concursos públicos, congressos, simpósios, por exemplo), de modo gratuito ou remunerado".[353] Diferentemente, parte da doutrina conceitua a cessão como a transferência de um imóvel de um órgão para outro da mesma pessoa jurídica de direito público. Para Diogenes Gasparini, cessão de uso:

> É o ato que consubstancia a transferência do uso de certo bem de um órgão (Secretaria da Fazenda) para outro (Secretaria de Justiça) da mesma pessoa política (União, Estado-Membro e Município), para que este o utilize segundo sua natureza e fim, por tempo certo ou indeterminado.[354]

No mesmo sentido, para Hely Lopes Meirelles:[355]

> Cessão de uso é a transferência gratuita da posse de um bem público de uma entidade ou órgão para outro, a fim de que o cessionário o utilize nas condições estabelecidas no respectivo termo, por tempo certo ou

[353] MEDAUAR, Odete. *Direito Administrativo Moderno*. 16. ed. São Paulo: Revista dos Tribunais, 2012. p. 281.

[354] GASPARINI, Diogenes. *Direito Administrativo*. 16. ed. São Paulo: Saraiva, 2011. p. 991.

[355] MEIRELLES, Hely Lopes. *Direito Administrativo Brasileiro*. 40. ed. São Paulo: Malheiros, 2014. p. 607.

indeterminado. É o ato de colaboração entre repartições públicas, em que aquela que tem bens desnecessários aos seus serviços cede o uso a outra que deles está precisando.

Já Maria Sylvia Zanella Di Pietro,[356] interpretando o Decreto-Lei Federal nº 9.760 de 1946, entende que a cessão de uso de bem público é "uma espécie do gênero concessão de uso [...], é sempre gratuita, por tempo determinado, e só pode ter por objeto bens dominicais, só podendo ser conferida para os fins definidos nos citados dispositivos da legislação federal".

As lições doutrinárias acima precisam ser adaptadas ao Direito Positivo de cada ente federativo. Por exemplo, no Estado de São Paulo, a definição de que a cessão seria apenas a transferência de um bem imóvel de um órgão para outro da mesma unidade federativa não se coaduna com o art. 19, inciso V da Constituição Estadual,[357] que prevê a necessidade de autorização legislativa para "cessão ou para concessão de uso de bens imóveis do Estado para particulares". Logo, a Constituição Estadual Paulista expressamente prevê a cessão de uso para particulares, razão pela qual a definição de cessão de uso feita por Diogenes Gasparini e Hely Lopes Meirelles não seria aplicável em razão do direito positivo paulista. Ademais, a transferência de imóvel ou parte de imóvel de um órgão para outro dentro da mesma pessoa jurídica é o que se denomina "transferência de administração", expressamente prevista no art. 9º do Decreto Estadual do Estado de São Paulo nº 61.163/2015.[358]

Da mesma forma, no Estado de São Paulo, a cessão de uso não pode ser definida como uma espécie do gênero concessão. O inciso V do art. 19 da Constituição do Estado de São Paulo prevê a necessidade de autorização legislativa para "cessão ou para concessão de uso de bens imóveis do Estado para particulares", o que nos mostra que se tratam de instrumento jurídicos diferentes.

---

356 DI PIETRO, Maria Sylvia Zanella. *Direito Administrativo*. 22. ed. São Paulo: Atlas, 2009. p. 699.

357 SÃO PAULO. Constituição Estadual, de 5 de outubro de 1989. Disponível em: https://www.al.sp.gov.br/repositorio/legislacao/constituicao/1989/compilacao-constituicao-0-05.10.1989.html. Acesso em: 6 out. 2021.

358 SÃO PAULO. Decreto nº 61.163, de 10 de março de 2015. *Reformula o Sistema de Gestão do Patrimônio Imobiliário do Estado (SGPI) e dá providências correlatas*. Disponível em: https://www.al.sp.gov.br/repositorio/legislacao/decreto/2015/decreto-61163-10.03.2015.html. Acesso em: 7 out. 2021.

O que Odete Medauar definiu como cessão de uso, no Estado de São Paulo, pode ser enquadrado no conceito de autorização de uso, que abaixo será estudada.

O inciso V do art. 19 da Constituição do Estado de São Paulo, após requerer a autorização legislativa para a cessão de uso de imóveis para particulares, a dispensa "nos casos de permissão e autorização de uso, outorgada a título precário, para atendimento de sua destinação específica":

> **Artigo 19** – Compete à Assembleia Legislativa, com a sanção do Governador, dispor sobre todas as matérias de competência do Estado, ressalvadas as especificadas no artigo 20, e especialmente sobre:
> **V** – autorização para cessão ou para concessão de uso de bens imóveis do Estado para particulares, dispensado o consentimento nos casos de permissão e autorização de uso, outorgada a título precário, para atendimento de sua destinação específica.

Do dispositivo acima, conclui-se que, no Estado de São Paulo, cessão de uso é a transferência da posse de bem público para terceiros. *A cessão de uso é gênero do qual são espécies a autorização de uso e a permissão de uso.* Acrescenta-se, ainda, a concessão de uso e a concessão de direito real de uso como outras formas de outorga de uso de bem público. Nesse sentido, José Cretella Júnior ensina que, "no direito administrativo brasileiro, a outorga para a utilização privativa de bem público, por particular, é feita por intermédio dos institutos jurídicos da *autorização, permissão e concessão*".[359]

3.2 Autorização de uso

A autorização de uso[360] é o ato administrativo pelo qual a Administração Pública permite, de modo precário, que alguém utilize bem público para seu próprio interesse. O caráter precário

[359] CRETELLA JÚNIOR. José. *Tratado do Domínio Público.* Rio de Janeiro: Forense, 1984. p. 85.

[360] "Autorização de uso é o ato administrativo unilateral e discricionário, pelo qual a Administração consente, a título precário, que o particular se utilize de bem público com exclusividade. A utilização não é conferida com vistas à finalidade pública, mas no interesse privado do utente. Aliás, essa é uma das características que distingue a autorização da permissão e da concessão". (DI PIETRO, Maria Sylvia Zanella. *Direito Administrativo.* 22. ed. São Paulo: Atlas, 2009. p. 690-691.).

do uso informa que a Administração Pública pode, a qualquer momento, reaver o imóvel do particular, não cabendo a este qualquer direito de continuar usando o bem público ou de receber indenização pela restituição do bem público.

A autorização de uso é decidida por meio de ato administrativo discricionário. A autoridade administrativa decide pela conveniência e pela oportunidade de autorizar o uso privativo do bem público, bem como acerca do momento que este deve cessar. A autorização de uso é um ato unilateral, ou seja, não tem natureza contratual e não depende de autorização legislativa. Por fim, a autorização de uso não depende, em regra, de licitação, porque se destina a *um uso temporário e de curto prazo,* não existindo, em regra, competitividade. Entretanto, se no caso concreto houver mais de um interessado em receber o bem público por meio de autorização de uso, deve ser realizada a licitação ou realizado algum tipo de procedimento que assegure a isonomia e a impessoalidade, tal como um chamamento.

Deve ser utilizada a autorização de uso para os casos em que o autorizatário não realizará qualquer investimento no imóvel, bem como o uso seja, por sua natureza, de curtíssimo prazo. Seria exemplo de autorização de uso, a utilização de um bem público de forma privativa num final de semana ou em dias determinados para algum evento, como realização de provas de concursos, vestibulares, eleições, filmagens, feiras, exposições, eventos, etc.

3.3 Permissão de uso

Permissão de uso[361] é o ato administrativo pelo qual a Administração Pública consente que certa pessoa utilize privativamente um bem público de forma precária e por prazo indeterminado, para o atendimento de um interesse público. A permissão de uso é um ato *intuito personae,* ou seja, é realizado em razão das qualidades do permitente, razão pela qual não é possível a transferência da permissão de uso.

---

[361] "Permissão de uso é o ato administrativo unilateral, discricionário e precário, gratuito ou oneroso, pelo qual a Administração Pública faculta a utilização privativa de bem público, para fins de Interesse Público". (DI PIETRO, Maria Sylvia Zanella. *Direito Administrativo.* 22. ed. São Paulo: Atlas, 2009. p. 691.).

Difere a permissão de uso da autorização de uso; esta não pressupõe a existência de uma finalidade pública; aquela pressupõe a existência de Interesse Público. Um critério que deve servir de distinção entre a autorização e a permissão de uso de bem público deve ser o grau de transitoriedade e o fato de que, *quanto menos transitória for a utilização de um bem público, maior deve ser a compatibilidade entre a fruição privativa e o Interesse Público.* Nesse sentido é a lição de Marçal Justen Filho:[362]

> Não se afigura cabível estabelecer distinção entre autorização de uso e permissão de uso fundada no interesse particular. É problemático afirmar que a autorização não é aplicável nos casos em que o bem público se destina a satisfazer o interesse do autorizado e que a permissão é instrumento de produção do interesse coletivo. Em todos os casos, o particular busca realizar um interesse predominantemente não estatal, ainda que a atuação por ele pretendida deva ser compatível com o bem comum [...] o ponto nodal da diferença reside na natureza transitória ou não da utilização pretendida pelo particular. *Quanto menos transitória for a utilização pretendida, tanto maior deverá ser o grau de compatibilidade entre a fruição privativa e as necessidades coletivas.*

Se o interesse do cessionário for meramente privado e o uso do bem público for *por curto tempo*, deve-se utilizar a autorização de uso, de forma remunerada. Se o uso do bem público atender a algum Interesse Público, deve ser utilizada a permissão de uso. Por fim, caso não exista Interesse Público e o prazo de outorga seja longo, deve ser utilizada a concessão de uso.

A Lei nº 9.636/1998[363] dispôs, em seu art. 22, que a utilização, a título precário, de áreas de domínio da União para a realização de eventos de curta duração, de natureza recreativa, esportiva, cultural, religiosa ou educacional, poderá ser autorizada, na forma do regulamento, *sob o regime de permissão de uso*, em ato do Secretário do Patrimônio da União, publicado no Diário Oficial da União. Assim,

---

[362] JUSTEN FILHO, Marçal. *Curso de Direito Administrativo*. 8. ed. Belo Horizonte: Fórum, 2012. p. 1.071-1.072.

[363] BRASIL. Lei nº 9.636, de 15 de maio de 1998. *Dispõe sobre a regularização, administração, aforamento e alienação de bens imóveis de domínio da União, altera dispositivos dos Decretos-Leis nº 9.760, de 5 de setembro de 1946, e 2.398, de 21 de dezembro de 1987, regulamenta o §2º do art. 49 do Ato das Disposições Constitucionais Transitórias, e dá outras providências.* Disponível em: http://www.planalto.gov.br/ccivil_03/LEIS/L9636.htm. Acesso em: 29 set. 2021.

no âmbito da União, em razão da disciplina legislativa vigente, o que a doutrina denomina autorização de uso, é denominado de permissão de uso.

Em regra, não há prazo na permissão de uso. Esta tem natureza eminentemente precária, podendo ser revogada a qualquer tempo. Sendo uma permissão de uso outorgada a título precário, em regra, não há necessidade de licitação, tendo em vista não ter natureza contratual. Entretanto, se houver mais de um interessado em receber a outorga de uso privativo do imóvel por meio de permissão de uso, necessária a observância do princípio da impessoalidade administrativa, o que pode ensejar a necessidade de licitação ou algum outro procedimento que possa assegurar a isonomia entre os interessados, como um chamamento.

3.3.1 Permissão de uso qualificada

A permissão de uso qualificada é a que tem um prazo determinado de vigência. Segundo José Cretella Júnior, "*permissão de segundo grau* ou *permissão qualificada* é a utilização privativa do domínio público *com empresa*, ou seja, com instalações onerosas que se aprofundam no solo ou que aparelham a parte do domínio ocupado para o melhor aproveitamento do local".[364] Deve-se ressaltar que a permissão de uso, precária ou qualificada, pressupõe a existência de Interesse Público. Ausente este, descabe falar em permissão de uso, mas sim em autorização ou em concessão de uso, caso o prazo seja curto ou longo, respectivamente.

Anote-se que a permissão de uso deveria ter a natureza precária, ou seja, não deveria ter prazo. Se for inserido prazo na permissão, a precariedade é relativizada. A inserção de prazo na permissão gera ao particular o direito de indenização no caso de revogação. Maria Sylvia Zanella Di Pietro entende que a permissão de uso com prazo, denominada permissão qualificada, tem natureza contratual e, em regra, necessita de autorização legislativa prévia:[365]

---

364 CRETELLA JÚNIOR. José. *Tratado do Domínio Público.* Rio de Janeiro: Forense, 1984. p. 69.

365 DI PIETRO, Maria Sylvia Zanella. *Temas polêmicos sobre licitações e contratos*. 3. ed. São Paulo: Malheiros, 1998. p. 40-41.

> A permissão de uso, quando da precariamente (como é de sua natureza), ou seja, sem prazo estabelecido, não cria obrigações para a Administração Pública, que concede a permissão e a retira discricionariamente, independentemente do consentimento do permissionário, segundo razões exclusivamente de Interesse Público. Nesses casos, a permissão não tem natureza contratual e, portanto, não está sujeita a licitação (a não ser em hipóteses em que outras leis específicas a exijam expressamente). No entanto, existem verdadeiras concessões de uso que são disfarçadas sob a denominação de permissão de uso, tendo a natureza contratual; isto ocorre especialmente quando ela é concedida com prazo estabelecido, gerando para o particular direito a indenização em caso de revogação da permissão antes do prazo estabelecido.

Entretanto, entende-se desnecessária a autorização legislativa para a permissão de uso qualificada, tendo em vista que esta não se confunde com a concessão de uso. Somente esta demanda autorização legislativa, salvo nos casos em que a legislação do ente federativo não a exigir. A previsão de prazo na permissão de uso qualificada não extingue a precariedade do ato. Esta ainda existe, porém mitigada. A precariedade da permissão de uso qualificada é menor que na permissão de uso comum, sendo, no entanto, maior que na concessão de uso. Nesse sentido, José Cretella Júnior assevera que "a *precariedade* nesse tipo de permissão, *é menor*, tornando-a *qualificada* pelo grau de aderência da empresa permissionária ao seu suporte dominial, menor a *precariedade*, em relação à *permissão simples*, maior, porém, relativamente à *concessão*".[366]

Deve-se optar, preferencialmente, pelo instituto da concessão de uso, no lugar da permissão de uso qualificada, nas situações em que o permissionário irá fazer investimentos que demandem prazo maior para a sua amortização. Por outro lado, não havendo investimentos do permissionário no bem público, a permissão de uso deve ser precária. Revela-se cabível a eleição da permissão de uso qualificada para empreitadas mais singelas, de Interesse Público, onde o investimento é menor que os usualmente realizados na concessão de uso. Entretanto, não deve a autoridade administrativa, visando burlar a exigência de autorização legislativa para a realização da concessão de uso, simplesmente denominá-la de permissão de

[366] CRETELLA JÚNIOR. José. *Tratado do Domínio Público*. Rio de Janeiro: Forense, 1984. p. 69.

uso qualificada, a qual requer a realização de licitação, salvo na hipótese da existência de causa de licitação dispensada, dispensa ou inexigibilidade de licitação.

3.4 Concessão de uso de bem público

Concessão de uso é um contrato mediante o qual o ente público proprietário do bem público outorga seu uso privativo a terceiro, por prazo certo e determinado. Trata-se de outorga de uso privativo de bem público com natureza contratual, adequada aos casos em que seja necessário um investimento de vulto pelo concessionário que demande um prazo de uso prolongado e determinado. Os investimentos realizados pelo concessionário demandam tempo para serem amortizados, razão pela qual é necessária a existência de prazo fixo, determinado e prolongado. Como se trata de um contrato administrativo, aplicam-se as denominadas cláusulas exorbitantes, previstas no art. 104 da Lei nº 14.133/2021.

Conforme lição de Thiago Marrara, "a concessão de uso serve para viabilizar usos privativos normais e anormais, de Interesse Público ou de interesse privado".[367] A atividade desenvolvida pelo concessionário não necessariamente deve ser de Interesse Público, podendo ser de interesse meramente privado, como a exploração de atividade econômica no bem concedido. Entretanto, o ente público concedente deve justificar a existência de Interesse Público em conceder o bem público.

O Interesse Público que justifica a concessão de uso de bem público pode consistir na melhor forma de gestão do patrimônio público, mediante diminuição de custos de manutenção do bem público, bem como na obtenção de valores decorrentes da outorga. Nos casos em que o bem público demande altos custos de manutenção e/ou necessite de reformas substanciais, sem que a Administração Pública possua recursos para tanto, é legítima a concessão de uso para a iniciativa privada. Esta irá, durante o prazo contratual, explorar o bem economicamente para amortizar os investimentos necessários. Após o

[367] MARRARA, Thiago; FERRAZ, Luciano. *Direito Administrativo dos bens e restrições estatais à propriedade*. Tratado de Direito Administrativo. v. 3. DI PIETRO, Maria Sylvia Zanella (coord.). São Paulo: Revista dos Tribunais, 2014. p. 239.

término do prazo contratual, o bem será devolvido à Administração Pública, com todas as acessões e benfeitorias realizadas.

A concessão de uso requer a realização de licitação, salvo na hipótese da existência de causa de inexigibilidade, de dispensa de licitação ou de licitação dispensada, na forma dos arts. 74 a 76 da Lei nº 14.133/2021.

Em regra, a concessão de uso de bem público depende de autorização legislativa, a depender do que for disciplinado pela legislação do ente público titular do domínio. No Estado de São Paulo, a Constituição Estadual[368] (art. 19, V) exige autorização legislativa para concessão de uso para particulares. Se a concessão de uso do bem público for para outro ente da Administração Pública, no Estado de São Paulo, não se faz necessária autorização legislativa.

Se o concessionário for um particular, em regra, o uso deve ser remunerado. O uso do bem público pelo particular, em regra, traz uma vantagem econômica, razão pela qual não se justificaria o uso gratuito. Diferentemente, se o concessionário for um ente público que irá desenvolver uma atividade pública ou de Interesse Público, o uso pode ser gratuito.

3.4.1 Concessão de direito real de uso

A concessão de direito real de uso tem as mesmas características da concessão de uso, mas é um direito real resolúvel. Esta característica permite o registro da concessão de direito real de uso na matrícula do imóvel, na forma do item 40, do inciso I, do art. 167 da Lei nº 6.015/73.[369] Um direito real apresenta características que o distinguem do direito pessoal. Conforme Carlos Alberto Bittar,

> As características básicas dos direitos reais são: oponibilidade *erga omnes*; aderência imediata ao bem, sujeitando-o diretamente ao titular; atribuição ao titular dos direitos de sequela, e, em alguns casos, o

[368] SÃO PAULO. Constituição Estadual, de 5 de outubro de 1989. Disponível em: https://www.al.sp.gov.br/repositorio/legislacao/constituicao/1989/compilacao-constituicao-0-05.10.1989.html. Acesso em: 6 out. 2021.

[369] Lei nº 6.015, de 31 de dezembro de 1973. *Dispõe sobre os registros públicos, e dá outras providências*. Disponível em: http://www.planalto.gov.br/ccivil_03/Leis/L6015compilada.htm. Acesso em: 8 out. 2021.

> de preferência. Decorrem dessas qualidades, atributos outros, que complementam a respectiva textura, a saber: a exclusividade e a conferência de ação real ao titular.[370]

Inicialmente, a concessão de direito real de uso foi prevista no art. 7º do Decreto-Lei nº 271/67.[371] Este diploma legislativo instituiu a concessão de uso de terrenos públicos ou particulares, remunerada ou gratuita, por tempo certo ou indeterminado, como direito real resolúvel, *para fins específicos de regularização fundiária de interesse social, urbanização, industrialização, edificação, cultivo da terra, aproveitamento sustentável das várzeas, preservação das comunidades tradicionais e seus meios de subsistência ou outras modalidades de interesse social em áreas urbanas*. Após, a Lei nº 13.465/2017 inseriu a concessão de direito real de uso dentre os direitos reais elencados no art. 1.225 do Código Civil, bem como dentre os direitos reais registráveis no item 40 do inciso I do art. 167 da Lei nº 6.015/73.

A concessão de direito real de uso é semelhante à concessão de uso. Trata-se de uma outorga de uso com prazo determinado, mas com a peculiaridade de ser um direito real objeto de registro no Cartório de Registro de Imóveis.

A concessão de direito real de uso requer a realização de licitação, salvo na hipótese da existência de causa de licitação dispensada, de dispensa de licitação ou de inexigibilidade de licitação, na forma dos arts. 74 a 76 da Lei nº 14.133/2021.

3.4.2 Concessão real de uso para fins de moradia

A Medida Provisória nº 2.220/2001[372] (com a redação dada pela Lei nº 13.465/2017), em seu art. 1º, prevê que aquele que até 22 de dezembro de 2016 possuiu como seu, por cinco anos,

---

[370] BITTAR, Carlos Alberto. *Direitos Reais*. 2. ed. Rio de Janeiro: Forense, 2011. p. 18.

[371] BRASIL. Decreto-Lei nº 271, de 28 de fevereiro de 1967. *Dispõe sobre loteamento urbano, responsabilidade do loteador concessão de uso e espaço aéreo e dá outras providências*. Disponível em: http://www.planalto.gov.br/ccivil_03/Decreto-Lei/Del0271.htm. Acesso em: 1º nov. 2021.

[372] BRASIL. Medida Provisória nº 2.220, de 4 de setembro de 2001. *Dispõe sobre a concessão de uso especial de que trata o §1º do art. 183 da Constituição, cria o Conselho Nacional de Desenvolvimento Urbano (CNDU) e dá outras providências*. Disponível em: http://www.planalto.gov.br/ccivil_03/mpv/2220.htm. Acesso em: 8 out. 2021.

ininterruptamente e sem oposição, até duzentos e cinquenta metros quadrados de imóvel público situado em área urbana, utilizando-o para sua moradia ou de sua família, tem o direito à concessão de uso especial para fins de moradia em relação ao bem objeto da posse, desde que não seja proprietário ou concessionário, a qualquer título, de outro imóvel urbano ou rural. Dispõe, ainda, (§1ª do art. 1º) que a concessão de uso especial para fins de moradia será conferida de forma gratuita ao homem ou à mulher, ou a ambos, independentemente do estado civil. Na forma do disposto no §2º do art. 1º, o direito à concessão real de uso para fins de moradia não será reconhecido ao mesmo concessionário mais de uma vez. Por fim, o §3º do art. 1º dispõe que o herdeiro legítimo continua, de pleno direito, na posse de seu antecessor, desde que já resida no imóvel por ocasião da abertura da sucessão.

A lei não prevê, para o caso de pedido individual, a possibilidade de acrescer a posse à do antecessor. Tal possibilidade somente é presumida na concessão coletiva prevista no art. 2º, §1º. Nota-se que a sucessão de posse é disciplinada de forma diversa para a concessão real de uso individual e para a coletiva. Para esta, e somente para esta, é permitido que o possuidor, para o fim de contar o prazo de cinco anos exigido para a aquisição do direito de concessão de uso especial para fins de moradia, acrescentar ao tempo de sua posse o de seu antecessor, contanto que ambas sejam contínuas, conforme disciplina do §1º do art. 2º. A única forma de sucessão de posse para a legitimação individual é a prevista no §3º do art. 1º, qual seja, o direito ao herdeiro legítimo de continuar, de pleno direito, na posse de seu antecessor, desde que já resida no imóvel por ocasião da abertura da sucessão. Sobre a sucessão de posse, conforme entendimento de Carlos Bastide Horbach:[373]

> Da mesma forma como regulada pelo §3º do art. 9º da Lei 10.257/2001, a sucessão na posse é disciplinada pelo §3º do art. 1º da medida provisória em comento, ou seja, o herdeiro legítimo continua, de pleno direito, na posse de seu antecessor, desde que já resida no imóvel por ocasião da abertura da sucessão.

[373] HORBACH, Carlos Bastide. Dos instrumentos da política urbana. *In*: MEDAUAR, Odete; ALMEIDA, Fernando Dias Menezes. *Estatuto da cidade*: Lei nº 10.257, de 10.07.2001 – comentários. 2. ed. São Paulo: RT, 2004. p. 151.

A disciplina da sucessão na posse foi realizada tal como a constante da usucapião especial de imóvel urbano, prevista no art. 9º do Estatuto da Cidade, o qual teve por fim regulamentar o art. 183 da Constituição Federal. Houve uma limitação na forma como se dá a sucessão, admitindo-se apenas a sucessão do herdeiro legítimo, excluindo-se, assim, a sucessão a título singular. Tal exclusão se deve pelo fato de que a moradia prevista na Constituição não admite sucessão, salvo na hipótese de sucessão a título universal, por pressupor uma posse pessoal. Carlos Bastide Horbach leciona que "a grande maioria dos autores, ao analisar o tema, concluiu pela impossibilidade de transmissão da posse ao sucessor singular, na *acessio possessionis*, uma vez que a ocupação para moradia exigida pela Constituição é pessoal".[374]

Anoto que a Medida Provisória nº 2.220/2001 não pode ser aplicada para situações que se constituírem posteriormente à sua entrada em vigor. Não existe direito à concessão de uso para fins de moradia para o ocupante que perfizer o período de cinco anos após 22 de dezembro de 2016. A Medida Provisória nº 2.220/2001 é uma norma de natureza transitória, destinada a regularizar as situações pendentes na data da sua edição. Carlos Bastide Horbach ensina que, "não sendo direito subjetivo oponível do possuidor do imóvel público, pode ser assegurado pela legislação infraconstitucional como norma transitória somente aplicável a quem preencher os requisitos legais até a data fixada na medida provisória".[375] No mesmo sentido é a lição de Maria Sylvia Zanella Di Pietro:

> Dessarte, o possuidor deve completar com cinco anos de posse contados dessa data para trás, não sendo a concessão real de uso especial instituto que projeta seus efeitos para o futuro, mas que somente reconhece direito a certos possuidores que, em 30.06.2001, acumulassem os requisitos para gozá-lo.[376]

---

[374] HORBACH, Carlos Bastide. Dos instrumentos da política urbana. *In*: MEDAUAR, Odete; ALMEIDA, Fernando Dias Menezes. *Estatuto da Cidade*: Lei nº 10.257, de 10.07.2001 – comentários. 2. ed. São Paulo: RT, 2004. p. 134-135.

[375] DI PIETRO, Maria Sylvia Zanella. Concessão de uso especial para fins de moradia. *In*: DALLARI, A. A; FERRAZ, S (coord.). *Estatuto da cidade*: Comentários à Lei Federal nº 10.257/2001. São Paulo: Malheiros, 2003. p. 158.

[376] HORBACH, Carlos Bastide. Dos instrumentos da política urbana. *In*: MEDAUAR, Odete; ALMEIDA, Fernando Dias Menezes. *Estatuto da Cidade*: Lei nº 10.257, de 10.07.2001 – comentários. 2. ed. São Paulo: RT, 2004. p. 151.

O entendimento acima foi acolhido pelo Tribunal de Justiça do Estado de São Paulo, conforme voto da relatora Maria Laura Tavares:[377]

> A necessidade do prazo quinquenal aquisitivo anterior a 30/06/2001 se justifica pelo fato de se tratar de situação excepcional, que, para tanto, demanda a adoção de medida igualmente excepcional. Sendo incontroverso que o imóvel objeto da demanda é público, integrante do patrimônio da Municipalidade de São Paulo, a alegação de posse não pode ser oposta ao ente público titular do domínio, razão pela qual, inclusive, não se admite o manejo de ações possessórias pelo particular para esse fim. O fato de ser o bem público traz a certeza de que os ocupantes exercem sobre ele mera detenção, o que justifica a excepcionalidade da Medida Provisória 2.220/01 e a validade da limitação temporal imposta, já que o que se buscou foi a regularização da situação daqueles que já ocupavam bens públicos antes do ato normativo editado. Desconsiderar a delimitação temporal da Medida Provisória implicaria fazer do julgador verdadeiro legislador positivo, tratando uma situação excepcional como se fosse a regra geral, o que não se pode admitir.

Assim, para se beneficiar do direito de uso para fins de moradia, o possuidor deve ter posse própria, não se admitindo a sucessão, bem como deve contar com mais de cinco anos de ocupação do imóvel em data anterior à 22 de dezembro de 2016, em razão da Lei 13.465/2017, que alterou o prazo anterior constante da MP 2.220/2001, que era 30 de junho de 2001.

3.5 Outorga de uso privativo de bens públicos para entidades religiosas

O art. 19 da Constituição Federal, inciso I, veda aos entes de Federação estabelecer cultos religiosos ou igrejas, subvencioná-los, embaraçar lhes o funcionamento ou manter com eles ou com seus representantes, relações de dependência ou aliança, *ressalvada, na forma da lei, a colaboração de Interesse Público*. Dessa vedação, surge um assunto a ser enfrentado: é possível a outorga de uso privativo de bem público para entidade de caráter religioso?

---

[377] SÃO PAULO. Tribunal de Justiça. Processo 9000115-83.2012.8.26.0053. Rel. Maria Laura Tavares, 5ª Câmara de Direito Público, julgado em: 28.09.2015.

É incorreta a ideia de que a laicidade é uma separação total entre o Estado e as religiões. Sobre as vedações estatais previstas no art. 19 I, assim se manifesta Pontes de Miranda:[378]

> Estabelecer cultos religiosos está em sentido amplo: criar religiões ou seitas, ou fazer igrejas ou quaisquer postos de prática religiosa ou propaganda. Subvencionar cultos religiosos está no sentido de concorrer, com dinheiro ou outros bens da entidade estatal, para que se exerça a atividade religiosa. Embaraçar o exercício dos cultos religiosos significa vedar, ou dificultar, limitar ou restringir a prática, psíquica ou material, de atos religiosos ou manifestações do pensamento religioso.

Para a correta análise das vedações constitucionais previstas no inciso I do art. 19 da Constituição Federal, deve-se ter uma noção acerca do laicismo adotado pelo Estado brasileiro. Existem duas faces do laicismo: i) a primeira seria um juízo de valor negativo, pelo Estado, em relação às posturas de fé; tal conduta teve sua origem no racionalismo e no cientificismo, hostis à liberdade de religião plena; essa postura implica a desvalorização da religião, tornando o Estado inimigo da religião, seja ela qual for;[379] ii) laicidade vista sob uma ótica de neutralidade; esta não significa a oposição à religião. Conforme lição de Paulo Gustavo de Gonet Branco,[380] "a laicidade do Estado não significa, por certo, a inimizade com a fé".

Nossa laicidade é de neutralidade e tolerância à religião, sem qualquer oposição às atividades religiosas. É um Estado que, "sob a proteção de Deus",[381] promulgou uma Constituição. O Estado laico brasileiro não favorece as religiões, mas não lhes pode embaraçar o funcionamento. Nossa Constituição adotou o laicismo no sentido de neutralidade, não de oposição às religiões. Segundo ensinamento da doutrina,[382] "o Estado brasileiro não é confessional, mas tampouco

---

378 PONTES DE MIRANDA. *Comentários à Constituição de 1967 com a Emenda nº 1 de 1969 –* tomo II. São Paulo: RT, 1970. p. 185.

379 Cf. TAVARES, André Ramos. Religião e neutralidade do Estado. *Revista Brasileira de Estudos Constitucionais RBEC*, Belo Horizonte, a. 2, n. 5, p. 13-25, jan./mar. 2008.

380 *In*: MENDES, Gilmar Ferreira; COELHO, Inocêncio Mártires; BRANCO, Paulo Gustavo Gonet. *Curso de Direito Constitucional*. 4. ed. São Paulo: Saraiva, 2009. p. 462.

381 Preâmbulo da Constituição Federal.

382 MENDES, Gilmar Ferreira; COELHO, Inocêncio Mártires; BRANCO, Paulo Gustavo Gonet. *Curso de Direito Constitucional*. 4. ed. São Paulo: Saraiva, 2009. p. 461

é ateu, como se deduz do preâmbulo da Constituição, que invoca a proteção de Deus".

Sobre a posição do Estado laico, é precisa a decisão proferida pela Suprema Corte Americana no caso *Everson v. Board of Education*:[383]

> Aquela Emenda requer do Estado que seja neutro em suas relações com grupos de crentes religiosos ou de não-crentes; não requer que o Estado seja seu adversário. O tanto que o poder do Estado não deve ser utilizado de maneira a favorecer as religiões, não deve ser para ceifá-las.

A atividade religiosa de um particular não pode servir de fundamento para a negativa de uma pretensão que vise ao atendimento do Interesse Público e social. A neutralidade do Estado com a religião nem sempre tem o aspecto de omissão. Havendo Interesse Público, pode o Estado realizar condutas positivas que, favorecendo o Interesse Público, atendam ao pleito de determinada entidade religiosa.

A outorga de uso privativo de imóvel público para entidade religiosa, em razão apenas do interesse desta, enquadrar-se-ia na vedação do art. 19, I, da Constituição, sob a modalidade de subvenção. Entretanto, se o uso do bem público for cedido visando ao bem da coletividade, não haveria o óbice do art. 19, I, da Constituição Federal. Não haveria subvenção, porque o uso do imóvel a ser dado à entidade religiosa, caso exista comprovada atividade de Interesse Público, seria um instrumento para o fomento de atividades de interesse social desenvolvidas.

A Constituição Federal prevê a possibilidade de que recursos públicos sejam destinados a escolas confessionais, como definido em lei, desde que comprovem finalidade não lucrativa e apliquem seus excedentes financeiros em educação (art. 213, I e II). A razão da referida autorização constitucional se deve à finalidade pública a ser atendida pelos estabelecimentos educacionais confessionais. Da mesma forma, se a concessão de uso a uma entidade religiosa for destinada, apenas, a possibilitar que um trabalho de interesse

[383] *In*: TAVARES, André Ramos. Religião e neutralidade do Estado. *Revista Brasileira de Estudos Constitucionais RBEC*, Belo Horizonte, a. 2, n. 5, p. 13-25, jan./mar. 2008.

social relevante possa continuar, não haveria o subsídio vedado pela Constituição Federal, sendo, apenas, uma colaboração de Interesse Público, permitida pela Constituição Federal.

A atuação do Estado junto às entidades religiosas não se dá somente com a omissão. Pode e deve o Estado apoiar as atividades de entidades religiosas que realizem o Interesse Público. Conforme ensinamento de Jorge Miranda,[384] "o silêncio perante a religião, na prática, redunda em posição contra a religião". Decorre do direito da liberdade de religião a dimensão positiva de que:

> O Estado deve assegurar a permanência de um espaço para o desenvolvimento adequado de todas as confissões religiosas. Cumpre ao Estado empreender esforços e zelar para que haja essa condição estrutural propícia ao desenvolvimento pluralístico das convicções pessoais sobre religião e fé.[385]

A regra deve ser o tratamento igualitário a todos os cultos religiosos, sem favorecimento. Se houver vários grupos religiosos diversos, não deverá haver o favorecimento de uma única religião, por meio de cessão de uso exclusiva de área comum do assentamento, sob pena de ofensa ao direito à liberdade religiosa dos demais fieis das outras religiões não beneficiadas com a mesma liberalidade. Nesse sentido é a lição de André Ramos Tavares:[386]

> No conceito de plena liberdade religiosa, da qual decorre a necessária separação entre Estado e Igreja, encontra-se, ainda, uma igualdade inerente entre crenças, igrejas e indivíduos, perante o Estado. Se houver tratamento desigual, cai por terra a liberdade religiosa ampla, que cede espaço a algumas exceções que prejudicam o todo.

Entretanto, se houver a proposta de uma atividade de Interesse Público por apenas uma entidade religiosa, não haveria a obrigação de proporcionar a todas as entidades religiosas a mesma

---

[384] MIRANDA, Jorge. *Manual de direito constitucional*: direitos fundamentais. Tomo IV. Coimbra: Coimbra, 1988. p. 365.

[385] TAVARES, André Ramos. Religião e neutralidade do Estado. *Revista Brasileira de Estudos Constitucionais RBEC*, Belo Horizonte, a. 2, n. 5, p. 13-25, jan./mar. 2008.

[386] TAVARES, André Ramos. Religião e neutralidade do Estado. *Revista Brasileira de Estudos Constitucionais RBEC*, Belo Horizonte, a. 2, n. 5, p. 13-25, jan./mar. 2008.

oportunidade de uso do imóvel público. Isso não significará ofensa à igualdade de importância entre os diversos cultos. Conforme lição da doutrina:[387]

> Não se pode traduzir a igualdade religiosa (decorrente da neutralidade do Estado e da aplicação do princípio da igualdade no âmbito religioso) como a exigência de tratamento matematicamente idêntico entre confissões religiosas, por parte do Estado, uma "homologia massificadora".

Ademais, deve-se ressaltar que a permissão de instalações de templos religiosos atende ao Interesse Público, por implicar o necessário fornecimento de meios para que o direito fundamental à liberdade de religião possa ser exercido. Conforme entendimento da doutrina,

> A cooperação interessa ao Estado na medida em que exista uma esfera de homologia entre as suas tarefas constitucionais positivas de ordem social e cultural [...] e as atividades desenvolvidas pelas confissões religiosas [...] o contrário seria propugnar um Estado ateu ou contrarreligioso, ou que admite com reservas e desestimula práticas religiosas.[388]

Entretanto, a colaboração de interesse deve se dar *na forma da lei*, conforme preceito expresso do art. 19, I, da Constituição. Anoto que a existência de lei é necessária, não sendo aplicável o referido dispositivo diretamente pela Administração. Conforme ensinamento de José Afonso da Silva,[389]

> A lei, pois, é que vai dar a forma dessa colaboração. É certo que não poderá ocorrer no campo religioso. Demais, a colaboração estatal tem que ser geral, a fim de não discriminar entre as várias religiões. A lei não precisa ser federal, mas da entidade que deve colaborar.

---

[387] MORAIS, Carlos Blanco de. Liberdade religiosa e direito de informação. *In*: MIRANDA, Jorge. *Perspectivas constitucionais*: nos 20 anos da Constituição de 1976. Coimbra: Coimbra, 1997. v. 2. p. 246.

[388] MORAIS, Carlos Blanco de. Liberdade religiosa e direito de informação. *In*: MIRANDA, Jorge. *Perspectivas constitucionais*: nos 20 anos da Constituição de 1976. Coimbra: Coimbra, 1997. v. 2. p. 282.

[389] SILVA, José Afonso da. *Comentário contextual à Constituição*. 4. ed. São Paulo: Malheiros, 2007. p. 251.

Uma lei pode autorizar a outorga de uso de bem público para entidade religiosa. Referida lei deverá prever, inclusive, como condição de permanência da interessada no imóvel, que as atividades de interesse social desenvolvidas tenham continuidade e, na medida do possível, sejam melhoradas e ampliadas. Devem ser prestadas informações periodicamente acerca das atividades de interesse social realizadas. A hipótese de interrupção das atividades sociais deve ser inserida como condição de rescisão do contrato.

3.6 Locação

No caso de bens dominicais, não há qualquer impedimento ao uso de instrumentos típicos do Direito Privado, tal como o contrato de locação. Anoto que existem entendimentos no sentido de que os bens públicos não podem ser locados, apenas outorgados por instrumentos de Direito Público.[390] Entretanto, tal afirmativa destoa de preceito legal expresso.

Primeiramente, a Lei Federal nº 8.245/1991,[391] em seu art. 1º, parágrafo único, alínea "a", inciso I, expressamente prevê que a locação de imóveis de propriedade da União, dos estados e dos municípios, de suas autarquias e fundações públicas serão regidas pelo Código Civil. Logo, em razão do preceito legal acima, é prevista a existência do contrato de locação de bens públicos.

Conforme lição de Alice Gonzalez Borges, a locação pode ser empregada como forma de contratação pelo Poder Público por duas maneiras: ou figurando a Administração como locadora de bens públicos a particulares, ou figurando, ao inverso, como locatária

---

[390] No sentido da impossibilidade de uso do contrato de locação de bens públicos: "Entendemos que a locação é incompatível com a transferência do uso privativo dos bens públicos. O regime jurídico especial dos bens públicos, a necessidade de continuidade das atividades administrativas e as prerrogativas públicas relacionadas à definição da necessidade e da destinação dos bens públicos são obstáculos à utilização de contratos de direito privado para definição da gestão do patrimônio público. OLIVEIRA, Rafael Carvalho Rezende. *Curso de Direito Administrativo*. Rio de Janeiro: Método. Edição do Kindle.

[391] BRASIL. Lei nº 8.245, de 18 de outubro de 1991. *Dispõe sobre as locações dos imóveis urbanos e os procedimentos a elas pertinentes*. Disponível em: http://www.planalto.gov.br/ccivil_03/leis/l8245.htm. Acesso em: 21 mar. 2022.

de bens particulares que sejam necessários para o funcionamento de algum serviço público".[392]

Por uma decisão de mérito, mediante juízo de conveniência e oportunidade, pode a Administração Pública decidir pela locação de seus bens imóveis, ao invés de realizar permissões ou concessões de uso. Segundo José dos Santos Carvalho Filho:

> Locação é o contrato de direito privado pelo qual o proprietário-locador transfere a posse de bem ao locatário, que tem a obrigação de pagar certa importância – o aluguel por período determinado de uso do bem. O uso privativo nessa hipótese ocorre quando o bem pertence ao Estado. Se este celebra, como locador, contrato de locação com um particular, assumindo este a condição de locatário, deve o ajuste ser regulado normalmente pelo Código Civil, demonstrando o caráter privado da contratação. Importa lembrar que, mesmo sendo instrumento de direito privado, a locação de bens públicos a terceiros também confere seu uso privativo pelo locatário, tal como ocorre com as formas de direito público já examinadas. Têm surgido algumas controvérsias a respeito dessa forma de uso dos bens públicos de entidades administrativas. Há estudiosos que não aceitam o regime de locação do direito civil para bens públicos, sustentando que somente se revela admissível a concessão remunerada de uso de bem público, modalidade de contrato administrativo. Como já visto, essa não nos parece a melhor posição: na verdade, inexiste qualquer vedação constitucional em tal sentido. Ademais, legislação mais recente tem sido expressa no que concerne à viabilidade jurídica do instituto da locação de imóveis públicos. Resulta, pois, que não se pode deixar de reconhecer a viabilidade desse ajuste. Uma coisa é concluir ser a concessão de uso um ajuste mais adequado do que a alocação; outra, inteiramente diversa, é simplesmente considerar inadmissível a locação. O que importa, na espécie, é a opção do administrador – que, diga-se de passagem, terá que avaliar cada situação e não poderá vislumbrar outro fim senão o do Interesse Público.[393]

Deve ser observado que o contrato de locação de bens dominicais é um instrumento de gestão eficiente do patrimônio público. Não ocorre qualquer incompatibilidade em locar bens públicos com o regime jurídico administrativo, tendo em vista que, conforme lição da doutrina, "pode a Administração, quando a utilização das prerrogativas

---

[392] BORGES, Alice Gonzalez. A Administração Pública como locatária. *Revista de Direito Administrativo*, v. 201, p. 71-87, 1995.

[393] CARVALHO FILHO, Jose dos Santos. *Manual de Direito Administrativo*. 27. ed. São Paulo: Atlas, 2014. p. 1.209-1.210.

de potestade pública não seja necessária para a consecução de seus fins, escolher a via privada para contratar, delas abdicando, portanto, em maior ou menor grau".[394] O Interesse Público na locação de bens públicos é a obtenção da renda decorrente do contrato de locação, em prestígio a uma gestão eficiente do patrimônio público. Nesse sentido, Maria Sylvia Zanella Di Pietro ensina que:

> Os institutos de direito público são empregados quando a utilização tem finalidade predominantemente pública, quando se destina ao exercício de atividades de interesse geral [...] o contrário, os institutos de direito privado são aplicados quando a utilização tem por finalidade direta e imediata atender ao interesse privado do particular, como ocorre na locação [...] nesses casos, o Interesse Público é apenas indireto, assegurando a obtenção de renda ao Estado e permitindo a adequada exploração do patrimônio público, no interesse de todos.[395]

Nem se diga que o contrato de locação de bem público seria regido pela disciplina dos contratos administrativos, tendo em vista que o art. 62, §3º, I, apenas listou a Administração Pública como locatária. Conforme entendimento de Marçal Justen Filho, "o elenco do art. 62, §3º, inc. I, apresenta evidente natureza exemplificativa. As referências ali contidas devem ser consideradas como um padrão para identificação de outras espécies contratuais similares, que não poderão perder suas características inerentes de natureza privada".[396] A União, por ter lei específica sobre a locação de seus bens (Decreto-Lei nº 9.760/1956, arts. 86 a 91), tem seus contratos disciplinados por esta. Já estados e municípios, como não podem legislar sobre Direito Civil, art. 22, I da Constituição Federal, tem seus contratos de locação de bens públicos disciplinados pelo Código Civil. Conforme Fábio Henrique Di Lallo Dias,

> quando a Administração Pública estadual, municipal ou distrital optar por contrato de locação e não pela concessão de uso remunerada, por

---

[394] BORGES, A. G. A Administração Pública como locatária. *Revista de Direito Administrativo*, v. 201, p. 71-87, 1995.

[395] DI PIETRO, Maria Sylvia Zanella. *Direito Administrativo*. 22. ed. São Paulo, Atlas, 2009. p. 696-697.

[396] JUSTEN FILHO, Marçal. *Comentários à Lei de Licitações e Contratos Administrativos*. 15. ed. São Paulo: Dialética, 2012. p. 870.

critérios de conveniência e oportunidade, ela deverá curvar-se ao direito comum, sendo proibido valer-se das cláusulas exorbitantes constantes da lei de contratos administrativos.[397]

Pode o contrato de locação, no qual o ente público é locador, ter vigência por prazo indeterminado. Não é aplicável a vedação do §3º do art. 57 da Lei nº 8.666/1993. Tal preceito veda que o ente público assuma obrigações sem que exista o correspondente crédito orçamentário. Como no contrato de locação de bem público, a Administração apenas recebe e não paga valores, não incide a vedação constante do §3º do art. 57 da Lei nº 8.666/1993. Ademais, um contrato de locação por prazo indeterminado pode ser denunciado a qualquer tempo pelo locador.[398] Assim, não haveria qualquer prejuízo ao Interesse Público no caso de necessidade de retomada do imóvel.

3.7 Comodato

O comodato é um instrumento que não deve ser utilizado para outorgas de uso privativo de bens públicos. Trata-se de um contrato essencialmente gratuito, não gerando receitas para a Administração Pública. Por não gerar receitas ao ente público, não haveria justificativas para o uso do comodato, com a consequente renúncia às prerrogativas de direito público existentes nas autorizações, permissões e concessões de uso.

Ademais, todo comodato implica a renúncia à retomada do bem público por um período de tempo. O comodato por prazo indeterminado implica a sujeição de um bem público a um uso privativo sem possibilidade de retomada imediata. Admite-se a existência de comodato com prazo indeterminado.[399] Entretanto, o

[397] DIAS, Fabio Henrique Di Lallo. Locação de bens públicos. *In*: DI PIETRO, Maria Sylvia Zanella (org.) *Direito Administrativo Privado*. São Paulo: Atlas, 2013. p. 226-235.

[398] Conforme decorre, *a contrario sensu* do art. 571 do CC.

[399] Nesse sentido: "O comodato pode ser por prazo determinado ou por prazo indeterminado". (TEPEDINO, Gustavo; BARBOZA, Heloisa Helena; MORAES, Maria Celina Bodin de. *Código Civil Interprestado conforme a Constituição da República*. Vol. II. Rio de Janeiro: Renovar, 2006. p. 296)

comodato por prazo indeterminado tem regra específica, qual seja, o art. 581 do Código Civil, que tem a seguinte redação:

> Art. 581. Se o comodato não tiver prazo convencional, presumir-se-lhe-á o necessário para o uso concedido; não podendo o comodante, salvo necessidade imprevista e urgente, reconhecida pelo juiz, suspender o uso e gozo da coisa emprestada, antes de findo o prazo convencional, ou o que se determine pelo uso outorgado.

Tal norma implica a conclusão de que, mesmo sem prazo previsto no contrato de comodato, a eventual retomada do imóvel pelo comodante pode não ocorrer de imediato. Conforme lição da doutrina, "quando o prazo para o uso do bem não for estipulado convencionalmente, presume-se um prazo razoável para a sua utilização ou cumprimento de sua finalidade".[400] Assim, apesar de existir o comodato precário, em razão do disposto no art. 581 do Código Civil, a mera declaração de vontade do comodante não implica, necessariamente, a retomada imediata da coisa.[401] Dessa forma, mesmo sem prazo determinado, todo contrato de comodato tem como prazo mínimo o necessário ao uso da coisa, diferentemente da autorização e da permissão de uso que, se precárias, permitem a retomada imediata do bem outorgado.

---

400 TEPEDINO, Gustavo; BARBOZA, Heloisa Helena; MORAES, Maria Celina Bodin de. *Código Civil Interprestado conforme a Constituição da República.* Vol. II. Rio de Janeiro: Renovar, 2006. p. 296.

401 Nesse sentido: "Nada impede que a coisa seja emprestada por tempo indeterminado, Haverá, então, *comodato* precário, para a dissolução do qual é necessária a declaração de vontade de uma das partes, nem sempre tendo imediata eficácia a do comodante". (GOMES, Orlando. *Contratos.* 20. ed. Rio de Janeiro: Forense, 2000. p. 317.).

CAPÍTULO 4

BENS PÚBLICOS EM ESPÉCIE

A lista dos bens públicos em espécie é ampla. Na Constituição Federal,[402] temos o elenco dos bens públicos em espécie, de acordo com a titularidade de cada ente federativo.

Conforme o art. 20 da Constituição Federal,[403] são bens da União, além dos que atualmente lhe pertencem e os que lhe vierem a ser atribuídos: i) as terras devolutas indispensáveis à defesa das fronteiras, das fortificações e construções militares, das vias federais de comunicação e à preservação ambiental, definidas em lei; ii) os lagos, rios e quaisquer correntes de água em terrenos de seu domínio, ou que banhem mais de um Estado, sirvam de limites com outros países, ou se estendam a território estrangeiro ou dele provenham, bem como os terrenos marginais e as praias fluviais; iii) as ilhas fluviais e lacustres nas zonas limítrofes com outros países; as praias marítimas; as ilhas oceânicas e as costeiras, excluídas, destas, as que contenham a sede de Municípios, exceto aquelas áreas afetadas ao serviço público e à unidade ambiental federal; iv) os recursos naturais da plataforma continental e da zona econômica exclusiva; v) o mar territorial; vii) os terrenos de marinha e seus acrescidos; viii) os potenciais de energia hidráulica; ix) os recursos minerais, inclusive os do subsolo; x) as cavidades naturais subterrâneas e os

[402] BRASIL. *Constituição da República Federativa do Brasil de 1988*. Disponível em: http://www.planalto.gov.br/ccivil_03/constituicao/constituicao.htm. Acesso em: 24 set. 2021.

[403] BRASIL. *Constituição da República Federativa do Brasil de 1988*. Disponível em: http://www.planalto.gov.br/ccivil_03/constituicao/constituicao.htm. Acesso em: 24 set. 2021.

sítios arqueológicos e pré-históricos; xi) as terras tradicionalmente ocupadas pelos índios.

São bens dos Estados, conforme dispõe o art. 26 da Constituição Federal: i) as águas superficiais ou subterrâneas, fluentes, emergentes e em depósito, ressalvadas, nesse caso, na forma da lei, as decorrentes de obras da União; ii) as áreas, nas ilhas oceânicas e costeiras, que estiverem no seu domínio, excluídas aquelas sob domínio da União, dos municípios ou de terceiros; iii) as ilhas fluviais e lacustres não pertencentes à União; iv) as terras devolutas não compreendidas entre as da União.

A Constituição Federal não enumera os bens dos municípios. São bens dos municípios: ruas, praças, jardins públicos, logradouros públicos, conforme dispõe a Lei nº 6.766/79.[404] Também são bens dos municípios os que forem a ele transferidos pela União, pelo Estado ou por particulares.

Trataremos, agora, de alguns dos bens públicos em espécie, os disciplinados pela Constituição Federal, bem como de outros que decorrem da legislação ordinária.

4.1 Terras devolutas

As terras devolutas, em regra, são bens de propriedade dos Estados, conforme preceitua o inciso IV do art. 26 da Constituição Federal.[405] Apenas as terras devolutas indispensáveis à defesa das fronteiras, das fortificações e construções militares, das vias federais de comunicação e à preservação ambiental são bens da União, conforme dispõe o inciso II do art. 20 da Constituição Federal. Aos municípios não houve a atribuição pela Constituição Federal do domínio sobre terras devolutas; estas, entretanto, podem ser de propriedade municipal, caso tenham sido transferidas ao Município pela União ou pelos Estados. Em regra, as terras devolutas são bens dominicais, salvo se afetadas a um uso comum ou uso especial.

---

[404] BRASIL. Lei nº 6.766, de 19 de dezembro de 1979. *Dispõe sobre o Parcelamento do Solo Urbano e dá outras Providências*. Disponível em: http://www.planalto.gov.br/ccivil_03/leis/l6766.htm. Acesso em: 24 set. 2021.

[405] BRASIL. *Constituição da República Federativa do Brasil de 1988*. Disponível em: http://www.planalto.gov.br/ccivil_03/constituicao/constituicao.htm. Acesso em: 24 set. 2021.

No Brasil, todas as terras que não foram regularmente adquiridas por alguém mediante ato de transmissão realizado pelo Estado, são públicas, em razão da origem histórica da propriedade fundiária. Todas as terras foram adquiridas pela Nação Portuguesa por meio do direito de conquista e a propriedade particular no Brasil somente é válida se decorrer de ato estatal válido de transferência, conforme leciona Hely Lopes Meirelles:

> No Brasil todas as terras foram, originalmente, públicas, por pertencentes à Nação Portuguesa, por direito de conquista. Depois, passaram ao Império e à República, sempre como domínio do Estado. A transferência das terras públicas aos particulares deu-se paulatinamente por meio de *concessões de sesmarias e de data, compra e venda, doação, permuta,* e *legitimação de posses*. Daí a regra de que toda terra sem título de propriedade particular é do domínio público.[406]

Em razão da origem e da história da propriedade imobiliária brasileira, existe um caos fundiário que se iniciou ainda nos primórdios da história do Brasil. O princípio da imprescritibilidade dos bens públicos, aliado à origem dominial dos bens imóveis que derivam da propriedade estatal decorrente do direito de ocupação resultante da colonização do Brasil, torna a prova da propriedade imobiliária uma tarefa extremamente difícil, geradora de grande insegurança jurídica, em especial no tocante às terras devolutas. Cumpre aos Estados, em nome da segurança jurídica, da boa-fé e do direito fundamental à moradia, adotar as medidas adequadas e necessárias para promover a regularização fundiária dos atuais ocupantes das terras devolutas.

4.1.1 Conceito de terras devolutas

São devolutas as terras que "nunca tiveram dono ou o tiveram e já não o tem".[407] Todas as terras brasileiras, à época do descobrimento, foram adquiridas pela Coroa Portuguesa em

---

[406] MEIRELLES, Hely Lopes. *Direito Administrativo Brasileiro*. 35. ed. São Paulo: Malheiros, 2009. p. 552.

[407] PONTES DE MIRANDA. *Comentários à Constituição de 1967 com a Emenda nº 1 de 1969* – tomo I. São Paulo: RT, 1969. p. 529.

razão do denominado Direito de Conquista. Mesmo antes de 1500, boa parte das terras que hoje compõem o nosso território eram consideradas de propriedade de Portugal devido ao Tratado de Tordesilhas.

Terras brasileiras foram concedidas aos particulares pelo regime das sesmarias. Caso o beneficiário não ocupasse, cultivasse e demarcasse as terras dadas em sesmarias, caía em comisso, sendo devolvidos os bens à Coroa. As terras brasileiras somente podiam ser adquiridas originariamente por meio de sesmarias, e qualquer outra forma de aquisição era contrária ao Direito. Ruy Cirne Lima[408] ensina que, "dispondo as leis do reino que as terras do Brasil deviam ser adquiridas unicamente por concessões de sesmarias, bem é de ver que todo modo diverso de aquisição lhes seria contrário".

A maioria dos beneficiários das sesmarias, em razão da grande dificuldade[409] em cumprir os requisitos destas, caiu em comisso.[410] Conforme informa a doutrina,[411] "ao longo dos oitocentos era fato que as sesmarias estavam majoritariamente em comisso, pois os sesmeiros não haviam cumprido a determinação legal de medir e demarcar sua terra". Sobre o assunto, o Ministro do Supremo Tribunal Federal, Aliomar Baleeiro, ensina-nos que:

> As terras do Brasil foram objeto de conquista e posse, por Pedro Álvares Cabral para o Rei de Portugal. Ela passou a ser uma fazenda do Rei, ficando no domínio real até a Independência, quando foi transferida para o Patrimônio Nacional, lá permanecendo até o tempo do Império,

---

408 LIMA, Ruy Cirne. *Terras Devolutas – História, Doutrina, Legislação*. Porto Alegre: Globo, 1935. p. 51.

409 "As sesmarias eram concedidas debaixo das condições de medição, confirmação e verificação de cultivo, sendo esta última uma condição essencialíssima, segundo o alvará de 5 de janeiro de 1785. Só isso já está indicando a inobservância do regime sesmeiro, dada a carência de topógrafos e a inexistência de vias regulares de penetração no interior sertanejo". (JUNQUEIRA, Messias. *O Instituto das Terras Devolutas*. São Paulo: Lael, 1976. p. 35.).

410 "Ora, observam todos os escritores e estudiosos do assunto, que na concessão das Sesmarias, no Brasil, as exigências eram realmente excessivas e de tal modo onerosas, que não raro, os titulares preferiam abandonar por completo a concessão. Com esse abandono, as terras eram invadidas por posseiros sem título algum. Os sesmeiros, mesmo, preferiam deixar a Sesmaria a eles titulada, para ir lavrar terras alheias, a salvo das obrigações com o Governo". (LACERDA, Linhares de. *Tratado das Terras do Brasil*. Rio de Janeiro: Alba, 1960. p. 118).

411 MOTTA, Márcia Maria Menendes. Sesmarias e o mito da primeira ocupação. *Justiça & História*. v. 4, n. 7, 2004, p. 63.

> até que o art. 64 da Constituição de 1891 a distribuiu aos Estados em cujos limites se encontrava. Então, os Estados, como sucessores da Nação brasileira, e a Nação brasileira, como sucessora do patrimônio pessoal do Rei de Portugal, não necessitam trazer nenhum título. O título é a posse histórica, o fato daquela conquista da terra. A terra, no Brasil, originariamente era pública. O Rei desmembrou pedaços, áreas enormes, as chamadas sesmarias, e doou-as. Houve esse processo até quase a Independência. Depois da Independência, estabeleceu-se que não poderiam ser mais objeto de doações ou concessões. Deveriam ser vendidas. Ora, o Rei de Portugal não dava terras. Ele fazia uma espécie de concessão aos sesmeiros, para sua efetiva utilização econômica. O que queria era fundar um império. Queria que o sujeito trouxesse dinheiro, homens, ferramentas, animais, lavrasse a terra, valorizasse-a, com o que o rei receberia seus impostos, tanto que reservava certos direitos regaleanos. Basta o fato de não terem cumprido suas obrigações – como, geralmente, não cumpriam – para com a Coroa portuguesa, para que caíssem em comisso, por diferentes maneiras.[412]

Em 1822 as sesmarias foram extintas. Conforme lição de Ruy Cirne Lima, "desta sorte, portanto, a Resolução de 17 de julho de 1822, pondo termo ao regime das sesmarias no Brasil, sancionava apenas um fato consumado: – a instituição das sesmarias já havia rolado fora de órbita de nossa evolução social".[413] Assim, o instituto das sesmarias fracassou[414] no Brasil, gerando os latifúndios improdutivos, a concentração de terras e o atraso no desenvolvimento do Brasil.

O fim dos regimes das sesmarias significou o caos fundiário no Brasil. Não houve uma disciplina que substituísse o instituto, e a ocupação de terras ficou sem uma disciplina legal durante o período de 1822 a 1850. Paulo Garcia informa que, "de 1822 a 1850, vivemos um regime quase caótico, imperando, então, o princípio que reconhecia valor à posse, ou ocupação".[415]

---

[412] BRASIL. Supremo Tribunal Federal. RE 51.290/GO. Rel. Min. Evandro Lins e Silva, julgado em: 24.09.1968.

[413] LIMA, Ruy Cirne. *Terras Devolutas – História, Doutrina, Legislação.* Porto Alegre: Globo, 1935. p. 44.

[414] "Nestas primeiras décadas do séc. XIX, eram as sesmarias identificadas com o atraso na agricultura e no desenvolvimento econômico em geral. Os discursos de José Bonifácio de Andrade e Silva expressam com nitidez essa concepção, quando afirma que a legislação das sesmarias não atendia aos interesses de expansão da agricultura, a qual exigia novos instrumentos legais". (VARELA, Laura Beck. *Das Sesmarias à Propriedade Moderna: Um estudo de História do Direito Brasileiro.* Rio de Janeiro: Renovar, 2005. p. 112.).

[415] GARCIA, Paulo. *Terras Devolutas.* Belo Horizonte: Oscar Nicolai, 1958. p. 23.

Após o fim das sesmarias, houve a multiplicação de posseiros, sem qualquer título sobre as terras que ocupavam. Tal fato exigiu a disciplina legislativa do modo como se adquiria o domínio fundiário, bem como critérios de distinção entre terras públicas e privadas, o que se deu com a Lei de Terras[416] no ano de 1850. Esta tinha o objetivo de retomar os imóveis improdutivos e disponibilizá-los para quem quisesse ocupá-los, iniciando-se, assim, a colonização do Brasil, com o fim da escravidão. Conforme nos noticia Messias Junqueira, "a finalidade da elaboração da Lei nº 601 foi obter terras em que se fizesse a colonização por pessoas livres, de vez que, a esse tempo já havia cessado o tráfico legal de escravos [...]".[417]

Em razão da origem histórica da propriedade fundiária no Brasil, existe o entendimento de que as terras são, *a priori*, do Estado e devolutas, salvo se o particular comprovar uma regular aquisição. Tal entendimento tinha respaldo jurisprudencial:[418]

> Num país em que pela posse histórica da Coroa Portuguesa, por força do ato de Cabral após o descobrimento, todas as terras foram originalmente do domínio público, quero crer que milita em favor do Estado, hoje sucessor daquele Coroa (Constituição de 1891, art. 64), a presunção *juris tantum* de ser o dono de qualquer solo. O particular é que deve provar pela cadeia de títulos sucessórios, ou por título hábil, o desmembramento da gleba, que o destacou do patrimônio público.

Entretanto, não se trata do melhor entendimento. Nem toda terra que não é de particular é devoluta. Para ser considerada devoluta, deve haver a prova dos fatos que ensejam a devolutividade da área, mediante estudos da cadeia dominial. Nesse sentido é o alerta de Pontes de Miranda:[419]

> A concepção de que ao Príncipe toca o que, no território, não pertence a outrem, particular ou entidade de direito público, é concepção superada.

---

[416] BRASIL. Lei nº 601, de 18 de setembro de 1850. *Dispõe sobre as terras devolutas do Império.* Disponível em: http://www.planalto.gov.br/ccivil_03/Leis/L0601-1850.htm. Acesso em: 8 out. 2021.

[417] JUNQUEIRA, Messias. *O Instituto das Terras Devolutas*. São Paulo: Lael, 1976. p. 78.

[418] BRASIL. Supremo Tribunal Federal. RE 49.158. Voto do Ministro Aliomar Baleeiro, julgado em: 02.08.1966.

[419] PONTES DE MIRANDA. *Comentários à Constituição de 1967 com a Emenda nº 1 de 1969* – tomo I. São Paulo: RT, 1969. p. 529.

> As terras ou são dos particulares, ou do Estado, ou *nullius*. Nem todas as terras que deixaram de ser de pessoas físicas ou jurídicas se devolvem ao Estado. Ao Estado vão o que foi abandonado, no sentido preciso do sistema jurídico. Ao Estado foi o que, segundo as legislações anteriores ao Código Civil, ao Estado se devolvia. A expressão "devolutas", acompanhando "terras", a esse fato se refere.

Anoto que a presunção de titularidade pública de imóveis foi elidida paulatinamente pela legislação. A definição do que sejam terras devolutas decorre da exclusão das destinadas a um fim especifico pelo Poder Público, bem como aquelas sob legítimo domínio particular. Segundo lição de Pontes de Miranda:[420]

> Devoluta é a terra que, devolvida ao Estado, esse não exerce sobre ela o direito de propriedade, ou pela destinação ao uso comum, ou especial, ou pelo conferimento de poder de uso ou posse a alguém [...] os bens do Estado, se não recebem destino, nem exerce o Estado os direitos que tem, ficam devolutos.

As terras dadas em sesmarias e caídas em comisso eram de domínio do Império, ressalvada a possibilidade de revalidação, desde que cumpridos os requisitos da Lei (basicamente, efetiva ocupação, moradia e cultura). Também, houve a legitimação das posses dos imóveis onde havia ocupação, moradia e cultivo.

Desde a Lei nº 601/1850, foram editadas disposições legais que cuidaram de preservar o patrimônio privado:

> Art. 1º Ficam proibidas as aquisições de terras devolutas por outro título que não seja o de compra.
> Art. 3º São terras devolutas:
> §1º As que não se acharem aplicadas a algum uso público nacional, provincial, ou municipal.
> §2º As que não se acharem no domínio particular por qualquer título legitimo, nem forem havidas por sesmarias e outras concessões do Governo Geral ou Provincial, não incursas em comisso por falta do cumprimento das condições de medição, confirmação e cultura.
> §3º As que não se acharem dadas por sesmarias, ou outras concessões do Governo, que, apesar de incursas em comisso, forem revalidadas por esta Lei.

[420] PONTES DE MIRANDA. *Comentários à Constituição de 1967 com a Emenda nº 1 de 1969 –* tomo I. São Paulo: RT, 1969. p. 529.

> §4º As que não se acharem ocupadas por posses, que, apesar de não se fundarem em título legal, forem legitimadas por esta Lei.
> Art. 4º Serão revalidadas as sesmarias, ou outras concessões do Governo Geral ou Provincial, que se acharem cultivadas, ou com princípios de cultura, e morada habitual do respectivo sesmeiro ou concessionário, ou do quem os represente, embora não tenha sido cumprida qualquer das outras condições, com que foram concedidas.
> Art. 5º Serão legitimadas as posses mansas e pacificas, adquiridas por ocupação primaria, ou havidas do primeiro ocupante, que se acharem cultivadas, ou com princípio de cultura, e morada, habitual do respectivo posseiro, ou de quem o represente, guardadas as regras seguintes:
> §1º Cada posse em terras de cultura, ou em campos de criação, compreenderá, além do terreno aproveitado ou do necessário para pastagem dos animais que tiver o posseiro, outrotanto mais de terreno devoluto que houver contíguo, contanto que em nenhum caso a extensão total da posse exceda a de uma sesmaria para cultura ou criação, igual às últimas concedidas na mesma comarca ou na mais vizinha.
> §2º As posses em circunstâncias de serem legitimadas, que se acharem em sesmarias ou outras concessões do Governo, não incursas em comisso ou revalidadas por esta Lei, só darão direito à indenização pelas benfeitorias.
> Excetua-se desta regra o caso do verificar-se a favor da posse qualquer das seguintes hipóteses: 1ª, ter sido declarada boa por sentença passada em julgado entre os sesmeiros ou concessionarios e os posseiros; 2ª, ter sido estabelecida antes da medição da sesmaria ou concessão, e não perturbada por cinco anos; 3ª, ter sido estabelecida depois da dita medição, e não perturbada por 10 anos.
> §3º Dada a exceção do parágrafo antecedente, os posseiros gozarão do favor que lhes assegura o §1º, competindo ao respectivo sesmeiro ou concessionario ficar com o terreno que sobrar da divisão feita entre os ditos posseiros, ou considerar-se também posseiro para entrar em rateio igual com eles.
> §4º Os campos de uso comum dos moradores de uma ou mais freguesias, municípios ou comarcas serão conservados em toda a extensão de suas divisas, e continuarão a prestar o mesmo uso, conforme a prática atual, enquanto por Lei não se dispuser o contrário.

A Lei Imperial reconheceu as posses e a propriedade para aqueles que atendessem aos procedimentos para tal. Também estabeleceu o procedimento para "extremar o domínio público do particular", de modo administrativo (art. 10). Assim, somente podem ser consideradas devolutas aquelas áreas que não atendam às determinações da Lei Imperial.

Posteriormente, as terras devolutas foram transferidas para os Estados pela Constituição Republicana, razão pela qual o Estado de São Paulo cuidou de apurar as terras devolutas que lhe cabia. Foi promulgada a Lei nº 323, de 22 de junho de 1895. Após, surgiu a Lei nº 545, de 2 de agosto de 1898, que modificou a primeira, ampliando os casos já previstos naquela de reconhecimento da integração da propriedade no domínio privado. Assim, em seu art. 2º, estabeleceu:

> Art. 2º Ficam legitimadas em virtude desta lei, independentemente de processo de legitimação:
> "§1º As terras que estiverem na posse particular por título de domínio obtido 20 anos antes desta lei, ou por decisão judicial proferida desde a mesma data.
> "Se o título de aquisição for instrumento particular, não se reputará datado senão do tempo em que a seu respeito se houver verificado algum fato de fé irrecusável, nos termos de direito.
> "§2º As terras que antes desta lei estavam na posse particular, com morada habitual e cultura efetiva, pelo prazo não interrompido de 30 anos, compreendidas as sesmarias ainda não revalidadas [...].

Foi estabelecido, no art. 10, que os títulos *de aquisição das terras* mencionadas no art. 2º deveriam ser transcritos no Registro Público e, no art. 15, determinou que: *"Na discriminação das terras ter-se-ão em vista os títulos de domínio particular e os que estiverem transcritos, na forma dos arts. 9º e 10 das posses revalidadas e legitimadas em virtude desta lei"*. Posteriormente, a Lei estadual nº 655, de 23.8.1899, também buscou legitimar posses de particulares. O Decreto nº 734, de 05.01.00, excluiu do conceito de terras devolutas as que se achavam no domínio privado por qualquer título até a data da Lei nº 601/50, o que representou importante providência para a pacificação do domínio privado no Estado. Por fim, referido decreto regularizou aquisições anteriores a 2 de agosto de 1878, bem como reconheceu a aquisição por posse pelo prazo de 30 anos como apta à aquisição da propriedade, sem processo de legitimação:

> Art. 9º – Fica legitimado em sua posse, independentemente de processo de legitimação:
> §1º O possuidor de terras que tiver título de domínio obtido até o dia 2.8.1878:
> a) consideram-se legítimos todos os títulos hábeis em Direito para transferir domínio;

> b) se o título de aquisição for instrumento particular, não se reputará datado senão do tempo em que a seu respeito se tiver verificado algum fato de fé irrecusável, nos termos de direito.
> §2º O possuidor que estiver na posse das terras por decisão judicial proferida até o referido dia 2.8.1878.
> §3º O que por si ou por seu antecessor tiver morada habitual e cultura efetiva nas terras pelo prazo continuado de 30 anos, contado de 2.8.1878, ainda mesmo que as terras constituam objeto de sesmarias ou concessões não revalidadas ou partes delas.
> Art. 10: As posses de que trata o artigo antecedente ficam *"ipso jure"* legitimadas, independentemente de processo de legitimação, e o possuidor será reputado pleno proprietário das terras para todos os efeitos de direito.

A legislação do Estado de São Paulo, ao longo do tempo, reconheceu títulos decorrentes de transações privadas, independentemente de seu termo originário, bem como reconheceu a posse como instrumento para a aquisição da propriedade. Dessa forma, nem todo título que não decorra das sesmarias é nulo. Mesmo os títulos de propriedade que não tenham origem estatal, se foram reconhecidos expressa ou implicitamente pelas seguidas legislações posteriores à Lei de Terras, são válidos. Nesse sentido é a lição da doutrina:[421]

> Os imóveis residentes no patrimônio privado mediante título legítimo de aquisição, segundo os termos das leis do País, não são terras devolutas. Estados e municípios carecem de poder jurídico para, através de suas leis, absorvê-los nelas. Igualmente não o são as terras que, embora não se pudessem considerar integradas no domínio privado, vieram a nele se incluir em decorrência de leis estaduais e municipais cujas disposições (nas respectivas esferas de domínio) lhes reconheceram tal alojamento. Deveras, neste último caso, estados e municípios nada mais haverão feito que se demitir de pretensões dominiais sobre terras próprias, em favor de quem preencheu requisitos por eles estatuídos em suas legislações.

Assim, para fins de apuração da devolutividade de uma área, não basta a mera comprovação de que o título de propriedade não se originou de uma sesmaria. O título de propriedade que teve origem

---

[421] MELLO, Celso Antônio Bandeira de. Terra Devoluta. Imóvel particular assim qualificado em discriminatória administrativa – inadmissibilidade – origens e histórico da propriedade imobiliária no Brasil. *In*: *Revista de Direito Imobiliário*, v. 4, p. 57, jul./1979.

em transações privadas reconhecidas pela legislação federal ou estadual é válido. A mera inexistência de título formalmente válido não é prova de devolutividade. Para comprovar a natureza devoluta de determinado imóvel, é necessário o estudo da cadeia dominial para que seja comprovado o não enquadramento nas disposições legais acima mencionadas que consideraram válidas transações privadas, bem como reconheceram os direitos decorrentes da posse e o aproveitamento de terras por possuidores.

Ademais, a própria inexistência de registro em determinada área é um fato de difícil constatação. Nesse sentido é a lição da doutrina:[422]

> [...] a falta de titularidade pode ser apenas aparente, decorrendo de erro de especificação, de dificuldades de medição, de pontos referenciais removíveis ([...] até o ponto onde se acha uma figueira, defletindo à direita [...]), de falhas dos próprios registros originários, realizados por fólio pessoal e por medidas aproximadas, por destruição, extravio ou danificação de livros, ou por outro fato.

Assim, somente se pode considerar devolutas as terras que não estão aplicadas a algum uso público nacional, estadual ou municipal; as que não estavam na posse de algum particular, com ou sem título, em 1850, e que não foram legitimadas pela Lei de Terras (Lei nº 601/1850); as que não estão no domínio de um particular, em virtude de título legítimo; e, por fim, aquelas em que os possuidores não cumpriram qualquer requisito de legitimação previsto nas leis posteriores à Lei de Terras que regularizaram várias ocupações de terceiros.

4.1.2 Efeitos da declaração de devolutividade na ação discriminatória

As terras devolutas, para serem individualizadas, dependem de um procedimento de discriminação, cujo objetivo é "extremar o bem público do privado, exterminando quaisquer dúvidas inerentes à delimitação dos imóveis".[423]

---

422 ASSUNÇÃO, Xavier Lutero. *Direito Fundiário Brasileiro*. Bauru/SP: Edipro, 2008. p. 46.

423 BALBINO FILHO, Nicolau. *Direito Imobiliário Registral*. 2. ed. São Paulo: Saraiva, 2012. p. 36.

A discriminação pode ser feita administrativamente ou judicialmente. Em breve síntese, o processo administrativo de discriminação de terras devolutas da União se dá da seguinte forma, conforme os artigos 2º a 17 da Lei nº 6.383/76: O presidente do INCRA está encarregado de criar as Comissões Especiais (CE), com circunscrição e sede estabelecidas no ato de criação. Essas Comissões Especiais, integradas por um advogado do serviço jurídico do INCRA (presidente), um engenheiro agrônomo (membro) e um funcionário (secretário), ficarão incumbidas de instaurar o processo administrativo discriminatório.

Após instaurada, a Comissão instruirá o processo do seguinte modo: a) elaboração do memorial descritivo da área; b) convocação, por edital, com prazo de 60 (sessenta) dias, dos interessados para apresentarem seus títulos dominiais ou alegarem aquilo do seu interesse. Esse edital deverá ser afixado em lugar público, na sede dos Municípios e distritos onde se situar a área nele indicada, bem como, por duas vezes, no Diário Oficial da União, do Estado e na imprensa local, onde houver, com intervalo mínimo de 8 (oito) e máximo de 15 (quinze) dias entre a primeira e a segunda publicação; c) autuação da documentação recebida de cada interessado e tomadas por termo as declarações dos interessados e depoimentos das testemunhas se houverem previamente sido arroladas; d) vistoria para identificação do imóvel; e) pronunciamento sobre as alegações, os títulos de o domínio, os documentos dos interessados e a boa-fé das ocupações; f) levantamento geodésico e topográfico das terras objeto de discriminação, bem como sua demarcação. Excluídas, nessa demarcação, estarão as áreas particulares devidamente comprovadas pelos legítimos proprietários. Encerrada a demarcação, será lavrado termo de encerramento da discriminação administrativa e levado a registro, pelo INCRA, em nome da União, no Registro Civil de Imóveis. Conforme redação do art. 14 da Lei nº 6.383/76, o não-atendimento ao edital de convocação ou à notificação (artigos 4º e 10 da presente Lei) estabelece a presunção de discordância e acarretará imediata propositura da ação judicial.

Não é adequada a discriminação administrativa em terras onde exista registro em nome de particulares, pois somente provimento judicial pode determinar o cancelamento de título de propriedade constante no Cartório de Registro de Imóveis, conforme art. 259 da Lei de Registros Públicos.[424] Dessa forma, em relação aos imóveis que estiverem registrados, ou mesmo aos que, por acaso, tenham registro e ele, por algum motivo, não tenha sido localizado, a discriminatória administrativa não se mostra adequada, cabendo ao Estado realizar a discriminação judicial.

Na discriminatória judicial, havendo a declaração de devolutividade, ocorre a desconstituição dos títulos de propriedade existentes em nome de particulares. Após, inicia-se a chamada fase de demarcação. Nesta, ocorre a legitimação dos possuidores que cumpram os requisitos previstos em lei, sendo-lhes concedidos títulos de propriedade. As áreas não legitimadas são registradas em nome do Estado.

De toda a disciplina processual acima, percebe-se que a ação discriminatória tem uma natureza preponderantemente declaratória, com efeitos desconstitutivos dos títulos particulares existentes e uma fase executiva. A sentença proferida na ação discriminatória não é meramente declaratória. O domínio é declarado pela sentença de procedência. Esta abre a possibilidade de início da demarcação. Se as terras estiverem tituladas como de domínio privado, a procedência a discriminatória implica a desconstituição dos referidos títulos, razão pela qual tem natureza desconstitutiva negativa. Assim, a discriminatória tem eficácia declaratória positiva, com efeitos desconstitutivos dos títulos particulares na sua fase de conhecimento e eficácia executiva na fase demarcatória. A doutrina,[425] ao discorrer sobre a natureza jurídica da decisão proferida na ação discriminatória, ensina que:

> A respeito de tal natureza remanescem ainda divergências. Isto porque não se limita a sentença de procedência nela prolatada a encerrar o processo. Este prossegue com a demarcação da área discriminada. Por isso mesmo torna-se difícil aceitar a natureza meramente declaratória da ação em tela não obstante o posicionamento de Pontes de Miranda e Jacy de Assis, nesse sentido. Sua estrutura procedimental assemelha-se à executiva *lato sensu*, em que a sentença encerra uma

---

[424] BRASIL. Lei nº 6.015, de 31 de dezembro de 1973. *Dispõe sobre os registros públicos, e dá outras providências*. Disponível em: http://www.planalto.gov.br/ccivil_03/Leis/L6015compilada.htm. Acesso em: 8 out. 2021.

[425] ARMELIN, Donaldo. Aspectos Processuais da Ação Discriminatória. *Doutrinas Essenciais de Processo Civil*, out. 2011. p. 1.317.

etapa do processo, o qual continua com a atuação da jurisdição no plano empírico. Destaque-se, ainda, o entendimento de Marcos Afonso Borges, sem respaldo na Jurisprudência, que a reputa condenatória, mesmo quando não cumulada com pedido expresso nesse sentido. Em verdade, como ressalta este último processualista, a discriminatória, no elenco das ações de divisão de patrimônios oriundas do Direito Romano, como a *"actio communi dividundo"*, *"actio familiae erscicundae"* e *"actio finium regundorum"* melhor se afeiçoa a esta última. Todavia, sendo tais ações dominiais, ou seja, pressupondo domínio, na discriminatória esse domínio emerge declarado da sentença de procedência, que abre, então, a admissibilidade da demarcação, sem solução de continuidade procedimental. Mais, ainda, em se tratando de terras tituladas como de domínio privado, a procedência a discriminatória implica a desconstituição dos referidos títulos e, pois, sob certa angulação em efeitos de natureza desconstitutiva negativa. Em verdade, pois, a discriminatória tem eficácia preponderantemente declaratória positiva, com eventuais efeitos desconstitutivos, na sua fase de conhecimento, sendo executiva na fase demarcatória. Como bem destaca Pontes de Miranda, embora esta última ação sob o prisma do direito material possa ser vista como declaratória, sob a angulação processual é ela executiva. Diferentemente, para o entendimento favorável à sua natureza condenatória essa aparente antinomia não se põe, surgindo a discriminatória como executiva *lato sensu*, se despiciendo o processo de execução para entrega de coisa certa, ou como meramente condenatória, quanto à entrega do imóvel, sempre que indispensável o processo de execução.

Assim, não é possível afirmar que a sentença proferida na ação discriminatória é meramente declaratória. O provimento jurisdicional meramente declaratório não ocasiona qualquer modificação em relações jurídicas preexistentes. Como a ação discriminatória culmina na desconstituição de títulos privados, ela não tem natureza meramente declaratória. Sobre o efeito meramente declaratório, a doutrina ensina que:[426]

> Tem efeito simplesmente certificativo: não influi na situação jurídica preexistente senão na medida em que lhe agrega uma certeza jurídica oficial. Dela se diferenciam as sentenças que (sempre por sua própria força, independentemente de qualquer atividade jurisdicional complementar) modificam a situação jurídica preexistente.

426 MOREIRA, José Carlos Barbosa. Sentença Executiva? *Revista de Processo*, v. 114, p. 147, mar. 2004.

Como se infere do art. 13 da Lei nº 6.383, de 7 de dezembro de 1976, uma vez encerrado o processo discriminatório, o Instituto Nacional de Colonização e Reforma Agrária (INCRA) providenciará o registro, em nome da União, das terras devolutas discriminadas, definidas em lei como bens da União. E o parágrafo único prescreve que "Caberá ao Oficial do Registro de Imóveis proceder à matrícula e ao registro da área devoluta discriminada em nome da União". Assim, desnecessária qualquer medida específica para o prévio cancelamento de títulos existentes em nome de particulares. Nesse sentido:

> A discriminatória é a ação apropriada para os propósitos dos autos, não obstando a existência de registro na área em nome de particulares, pois que, pela disciplina da Lei nº 6.383/76, é desnecessária a prévia invalidação dos registros por via distinta.[427]

A discriminação implica aquisição originária da propriedade, visto que a devolutividade não deriva de qualquer título de propriedade, nem de qualquer alienação para o Estado; ela decorre da propriedade estatal das terras decorrente do direito de conquista. Assim, não é desnecessário o cancelamento prévio dos registros. A aquisição originária de propriedade ocasiona o cancelamento do título anterior, como efeito da atribuição da propriedade. Sobre a aquisição originária, Orlando Gomes:[428]

> Se a propriedade é adquirida por modo originário, incorpora-se ao patrimônio do adquirente em toda a sua plenitude, tal como a estabelece a vontade do adquirente. Se for por modo derivado, transfere-se com os mesmos atributos, restrições e qualidades que possuía no patrimônio do transmitente, segundo conhecida parêmia: *nemo plus jus transferre ad alium potest quam ipse habet*. É que a aquisição derivada se condiciona à do predecessor, adquirindo o novo proprietário o direito que tinha e lhe transmitiu o antigo proprietário.

O registro do título expedido na discriminatória merece ingresso imediato no sistema predial, não se sujeitando aos princípios da continuidade e da especialidade. Assim, o cancelamento dos

---

[427] SÃO PAULO. 1º Tribunal de Alçada Civil. Ap. nº 1.201.33441. Rel. Juiz Erbetta Filho.

[428] GOMES, Orlando. *Direitos Reais*. 17. ed. Rio de Janeiro: Forense, 2000. p. 137.

registros é um efeito secundário da sentença que acata o pedido da ação discriminatória.

4.1.3 Nulidade dos títulos de propriedade particulares em terras devolutas não outorgados pelo Estado ou por este reconhecidos

A propriedade apenas é válida se todos os títulos que a ela deram origem forem válidos. Se, durante a cadeia sucessória de títulos, algum for irregular, todos os demais se tornam inválidos. De um título irregular não pode defluir nenhum efeito jurídico válido. Provar a propriedade é uma tarefa difícil, pois exige a prova de todas as cadeias de sucessões pelas quais passou a propriedade, sendo uma prova diabólica.

Caso exista algum título transcrito no cartório de registro de imóveis sobre terra devoluta cuja origem não tenha ocorrido na forma da Lei de Terras ou de título ou posse não legitimada nos termos das leis posteriores acima elencadas, o título de propriedade é nulo, por possuir um vício na origem.

Sobre o conceito de nulidade, cito a clássica lição de Clóvis Bevilácqua:[429]

> Nulidade é a declaração legal de que a determinados atos se não prendem os efeitos jurídicos, normalmente produzidos por atos semelhantes. É uma reação da ordem jurídica para restabelecer o equilíbrio perturbado pela violação da lei. Por isso, diz Solon: "É uma verdadeira pena, que consiste na privação dos direitos ou vantagens, que o ato teria conferido, se fosse conforme a lei, e que tira todos os benefícios dele resultantes, para colocar as partes no estado que se achavam, quando foi praticado o ato ilegal.

Célebre é a frase de Digesto Ulpiano,[430] que nos diz: *Nemo plus juris ad alium transferre potest quam ipse habet*, ou seja, *ninguém pode transferir a outrem mais direitos do que tem.* Se não houve a aquisição regular da terra do Estado na origem, a terra era pública e o continua

[429] BEVILÁCQUA, Clóvis. *Código Civil dos Estados Unidos do Brazil Comentado.* v. 1. Rio de Janeiro: Livraria Francisco Alves, 1916. p. 446.

[430] ULPIANO. Digesto, Livro 50, Tít. 17, Frag. 54.

sendo, não gerando efeitos de eventual transmissão feita por particular que não tinha direitos a transmitir, salvo convalidações legislativas posteriores.

O decurso do prazo não transforma o inexistente em existente, ou mesmo em documento putativo. Nas exatas palavras de Pontes de Miranda,[431] "a nulidade é inconvalidável: não sobrevém, jamais, validação". E, como não existe usucapião de bens públicos, mesmo prolongada posse e cadeia sucessória de terras devolutas, não ocasionará qualquer efeito sobre o ente público, e o particular não obterá convalidação pelo decurso do tempo.

Assim, qualquer título de propriedade, mesmo que formalmente esteja perfeito (transcrito no Cartório de Registro de Imóveis) que incida sobre terras devolutas, é nulo e não produz efeito algum, em razão de seu vício original, da imprescritibilidade da ação discriminatória[432] e da vedação da usucapião de bens públicos.

4.1.4 Boa-fé, segurança jurídica e imprescritibilidade dos bens públicos

A imprescritibilidade dos bens públicos impede que o decurso do tempo convalide títulos de propriedade com vícios de origem, bem como impede que as terras devolutas sejam adquiridas mediante usucapião. Entretanto, a imprescritibilidade dos bens públicos não deve ser vista como um valor absoluto e deve ser compatibilizada com o princípio da segurança jurídica e da boa-fé.

O princípio da segurança jurídica é o princípio geral de direito mais importante,[433] visto que a função de todo ordenamento jurídico

---

[431] PONTES DE MIRANDA. *Tratado de Direito Privado,* Tomo 11. Campinas: Bookseller, 2001. p. 64.

[432] "A ação discriminatória é imprescritível e, portanto, não tem o prazo prescricional regulado pelo art. 177 do Código Civil". E porque são "inalienáveis os bens públicos [artigo 67 do Código Civil] não podem ser adquiridos por usucapião", não havendo, por consequência, "qualquer obstáculo para que a Fazenda utilize a ação discriminatória para ver reconhecido efetivamente o domínio público". (SÃO PAULO. 1º Tribunal de Alçada Civil/SP. Apelação nº 808.933-02. Rel. Luis Carlos de Barros.).

[433] "Ora, bem, é sabido e ressabido que a ordem jurídica corresponde a um quadro normativo proposto precisamente para que as pessoas possam se orientar, sabendo, pois, de antemão, o que devem ou o que podem fazer, tendo em vista as ulteriores consequências imputáveis a seus atos. O Direito propõe-se a ensejar uma certa estabilidade, um mínimo de certeza na regência da vida social. Daí o chamado princípio da "segurança jurídica", o qual,

é conferir um mínimo de segurança para que as pessoas possam ter uma perspectiva de futuro. O ser humano necessita ter segurança jurídica. Sem esta, não seria possível o trabalho, a acumulação de bens, o travamento de relações jurídicas. Sem ter uma perspectiva de futuro, os homens tornar-se-iam selvagens, vivendo o dia de hoje como se o amanhã não existisse, sem preocupar-se em construir relações sólidas fundadas na confiança e lealdade.[434] Nesse sentido é a lição de Canotilho:

> O homem necessita de segurança para conduzir, planificar e conformar autônoma e responsavelmente a sua vida. Por isso, desde cedo se consideravam os princípios da segurança jurídica e proteção à confiança como elementos constitutivos do Estado de direito. Estes dois princípios – segurança jurídica e proteção à confiança – andam estreitamente associados, a ponto de alguns autores considerarem o princípio da proteção da confiança como um subprincípio ou como uma dimensão específica da segurança jurídica. Em geral, considera-se que a segurança jurídica está conexionada com elementos objetivos da ordem jurídica – garantia de estabilidade jurídica, segurança de orientação e realização do direito – enquanto a proteção da confiança se prende mais com as componentes subjetivas da segurança, designadamente a calculabilidade e previsibilidade dos indivíduos em relação aos efeitos jurídicos dos actos.[435]

Os entes públicos devem priorizar a regularização fundiária dos ocupantes de boa-fé das terras devolutas. O princípio da imprescritibilidade dos bens públicos, aliado à origem dominial dos bens imóveis no Brasil que derivam da propriedade estatal decorrente do direito de ocupação resultante da colonização do Brasil, torna a prova da propriedade uma tarefa extremamente difícil, geradora de

bem por isso, se não é o mais importante dentro todos os princípios gerais de Direito, é, indisputavelmente, um dos mais importantes entre eles". (MELLO, Celso Antônio Bandeira de. *Curso de Direito Administrativo*. 22. ed. São Paulo: Malheiros, 2007. p. 119.).

434 "Esta "segurança jurídica" coincide com uma das mais profundas aspirações do Homem: a da segurança em si mesma, a da certeza possível em relação ao que o cerca, sendo esta uma busca permanente do ser humano. É a insopitável necessidade de poder assentar-se sobre algo reconhecido como estável, ou relativamente estável, o que permite vislumbrar com alguma previsibilidade o futuro; é ela, pois, que enseja projetar e iniciar, consequentemente – e não aleatoriamente, ao mero sabor do acaso –, comportamentos cujos frutos são esperáveis a médio e longo prazo. Dita previsibilidade é, portanto, o que condiciona a ação humana. Esta é a normalidade das coisas". (MELLO, Celso Antônio Bandeira de. *Curso de Direito Administrativo*. 22. ed. São Paulo: Malheiros, 2007. p. 119-120.).

435 CANOTILHO. *Apud* DI PIETRO, Maria Sylvia Zanella. *Direito Administrativo*. 22. ed. São Paulo: Atlas, 2009. p. 85-86.

grande insegurança jurídica. A falta de empenho do Estado em zelar pelos imóveis de sua propriedade, bem como a inércia em arrecadar as terras devolutas, têm gerado problemas graves aos ocupantes de boa-fé e de longa data que acreditam serem proprietários dos imóveis onde residem. Há casos em que os particulares, de boa-fé, possuem títulos de propriedade formalmente válidos, mas com vícios na cadeia dominial.

Os imóveis em terras devolutas que têm matrícula e/ou transcrição no Cartório de Registro de Imóveis em nome de particulares, conforme preceito do art. 1.227 do Código Civil, são presumivelmente de propriedade de quem consta do título. O princípio da boa-fé[436] dos adquirentes e dos possuidores não pode ser desconsiderado, visto que a própria lei presume que o proprietário do imóvel é o que consta do título registrado no Cartório de Registro de Imóveis, conforme previsão do art. 1245 do Código Civil.

O desrespeito à boa-fé é uma ofensa ao princípio da moralidade administrativa, consagrado no art. 37 da Constituição Federal, conforme lição da doutrina:[437]

> Nossa Carta, inovadamente, trouxe a moralidade como princípio expresso da Administração e, evidentemente, não poderemos dar uma conotação à moralidade sem qualquer liame com outros princípios, como o da legalidade, da impessoalidade, bem como dos princípios implícitos dentro de um Estado Democrático de Direito, como a boa-fé, umbilicalmente ligada à moralidade. Há uma estreita relação entre estes dois princípios; como bem expressa a citada autora, estão em estrita simbiose, pois a boa-fé é implícita ao princípio da moralidade administrativa. Não poderá a administração agir de má-fé e, ao mesmo tempo, estar a respeitar o princípio da moralidade. Deste modo, vemos que a boa-fé é assegurada constitucionalmente,

[436] "A boa-fé se dá quando uma das partes, em razão do comportamento habitual de outro, espera um determinado comportamento e as consequências de sua conduta. Embasa-se na confiança, seguridade e honorabilidade da palavra do outro. Ocorre quando alguém confia na conduta de outro no cumprimento de suas obrigações, confiando que não será enganada. Quando a Administração outorga a alguém uma esperança de obter uma vantagem, não pode desamparar a expectativa legitima de quem agiu de acordo com a expectativa criada. Não pode haver comportamento contraditório, deve haver uma coerência de comportamento. A boa-fé incorpora o valor ético da confiança. Não há necessidade de dolo. Resultará infringida a boa-fé pelo simples fato de não haver tido em conta a lealdade e confiança devida a quem com os outros se relaciona". (GONZÁLEZ PÉREZ, Jesús. *El principio general de la buena fe en el derecho administrativo*. 3. ed. Madrid: Civitas. p. 71-77.).

[437] FIGUEIREDO, Lúcia Valle. O Princípio da Moralidade Administrativa e o Direito Tributário. *In*: MELLO, Celso Antônio Bandeira. *Estudos em Homenagem a Geraldo Ataliba*. São Paulo: Malheiros, 1999. p. 417-433.

devendo ser tratada com a relevância que merece, especialmente nas relações de direito público.

A boa-fé é um princípio de extrema importância ao direito e se aplica, também, à Administração Pública. Se o Estado, por longo tempo, tolerou a ocupação de áreas públicas por particulares ou a existência de títulos de propriedade nulos em terras de sua propriedade, bem como pratica atos que implicam reconhecimento ou, ao menos, em tolerância com as referidas ocupações, tais como obras públicas destinadas ao calçamento, à infraestrutura e à cobrança de tributos, não pode mudar de atitude e pretender retomar terras longinquamente ocupadas por particulares.

Aplica-se o princípio da vedação do *venire contra factum proprium*, ou seja, os atos anteriores vinculam os posteriores, em razão dos princípios da segurança jurídica e da moralidade administrativa. Nesse sentido é a lição da doutrina,[438] a qual ensina que existe:

> A autovinculação baseada na segurança jurídica e na moralidade administrativa tanto para proteger a coisa julgada administrativa, como para fazer valer promessas do Estado apresentadas mediante ato de declaração unilateral de vontade. Em outras palavras, mesmo fora de um processo administrativo formal, a Administração Pública deve agir de modo coerente e honesto, respeitando suas próprias promessas. Se o Poder Público se comprometeu de modo explícito, plausível e inequívoco a um determinado tipo de conduta e se adotou medidas que indicassem ao administrado sua orientação, dando-lhe estímulo para criação de fortes expectativas e para a tomada de decisões (sobretudo com efeitos pecuniários), então deve cumprir o quanto prometido, salvo na presença de justificativa válida e legítima para o descumprimento. A promessa unilateral é exigível na medida em que, além de verossímil e inequívoca, mostre-se legal, moral e condizente com os princípios regentes da Administração Pública.

A posse e a boa-fé de ocupantes de terras devolutas não podem ser desconsideradas pelo Estado, em razão do direito à moradia, bem como em decorrência da função social da propriedade.[439]

---

[438] MARRARA, Thiago. A boa-fé do administrado e do administrador como fator limitador da discricionariedade administrativa. *Revista de Direito Administrativo*, v. 259, p. 207-247, 2012.

[439] "Desde a Lei nº 601, de 1850, a intenção, ao criar-se o procedimento de discriminação de terras devolutas, sempre foi o de legitimar as posses que apresentassem os requisitos

O diploma legislativo que, de forma inovadora, buscou regularizar ocupantes de terras públicas foi a Medida Provisória nº 2.220/2001; sobre o assunto, remeto o leitor ao item 3.4.2. Após a Medida Provisória nº 2.220/2001, foram editados alguns atos normativos, tais como as Leis nº 11.952/2009 e nº 13.465/2017, que, nas hipóteses excepcionais nelas previstas, também proporcionaram condições para a regularização de ocupações em terras públicas, abrangendo as terras devolutas. Entretanto, deveria ser editada uma legislação geral sobre a regularização de ocupações de boa-fé em terras devolutas, no âmbito da União e dos estados, para fomentar a segurança jurídica, prestigiar a boa-fé e permitir o desenvolvimento econômico e social, muitas vezes obstado pela insegurança fundiária reinante no Brasil.

Não pode o Estado continuar a se opor às ações de usucapião em terras devolutas, impedindo a regularização dos imóveis ocupados por prazo longo, onde é cumprida a função social da propriedade. Não atende ao princípio da eficiência o Estado continuar tentando manter uma propriedade da qual não tem qualquer possibilidade de uso.[440] Assim, devem os entes públicos adotarem as medidas necessárias à regularização fundiária dos ocupantes de terras devolutas.

4.1.5 O exemplo do caos fundiário decorrente das terras devolutas da zona leste do município de São Paulo

Um exemplo do caos fundiário resultante da atual disciplina da propriedade imobiliária no Brasil é a atual situação da denominada "zona leste" da cidade de São Paulo.[441]

---

da cultura efetiva e morada habitual. Por essa razão, uma vez concluído o processo de discriminação, o Poder Público faz a legitimação de posse em benefício daqueles que preencham os requisitos legais previstos no art. 29 da Lei nº 6.383/76, entregando o título de domínio em favor do posseiro". (DI PIETRO, Maria Sylvia Zanella. *Direito Administrativo*. 17. ed. São Paulo: Atlas, 2004. p. 615.).

[440] "Engloba a eficiência vários outros conceitos afins, tais como a eficácia, a efetividade, a racionalização, a produtividade, a economicidade e a celeridade. O ideal de eficiência é inato à conotação dinâmica da atividade administrativa, como ação, como atuação ótima". (GABARDO, Emerson. *Princípio constitucional da eficiência administrativa*. São Paulo: Dialética, 2002. p. 100-102.).

[441] Sobre o relato da zona leste de São Paulo, *ver*: FRATINI, Hidely; IMPARATO, Ellade. *A regularização fundiária e a sobreposição de títulos*. Disponível em: http://www.ibdu.org.br/

Em 1580, a Coroa Portuguesa instituiu a sesmaria do Aldeamento Indígena de São Miguel e Guarulhos, para onde deveriam ser transferidas as tribos indígenas existentes na região. Entretanto, referidas terras foram ocupadas por colonos portugueses. Realizaram-se vários aforamentos e permissões para a ocupação dessas terras, sendo instituídas, ao longo do tempo, por várias esferas de governo, sem que fossem tomadas medidas efetivas à localização e à demarcação dos imóveis aforados, para que não houvesse a sobreposição de cessões.

E, para piorar ainda mais a precária situação, foi realizada uma grande concessão em 14/10/1890, logo após a Proclamação da República, de 500 milhões de metros quadrados de terras devolutas ao Banco Evolucionista do Brasil. A finalidade era formar duas colônias agrícolas, de ambos os lados do rio Tietê, para receber e instalar imigrantes.

O contrato de concessão ao Banco Evolucionista previa a proibição da demarcação de terras já aforadas ou ocupadas por particulares, obrigava a medição e a demarcação das áreas encontradas vazias no prazo de um ano, e a instalação dos núcleos em dois anos, sob pena de caducidade do contrato, áreas essas compreendidas numa faixa de 13.200 metros de cada lado do referido rio, a partir da Ponte Grande. Se não fossem cumpridas as obrigações, o Banco perderia metade da concessão recebida.

Houve a caducidade do contrato e o Banco Evolucionista recebeu, do Governo do Estado de São Paulo, um título de 25.000 hectares de terras do lado esquerdo do rio (metade da concessão), levado a registro no 1º Cartório de Registro de Imóveis da Comarca de São Paulo (transcrição nº 9.095), relativa às terras demarcadas. Em 1926, o Supremo Tribunal Federal reconheceu haver um condomínio entre o Governo do Estado de São Paulo e o Banco Evolucionista, em razão do artigo 64 da Constituição de 1891 ter transferido as terras devolutas aos Estados.

Entretanto, o Banco e seus sucessores já haviam vendido a parte a que tinham direito e muito mais, resultando no esgotamento do título. Consequentemente, na zona leste de São Paulo existem

---

imagens/AREGULARIZAcaO%20FUNDIaRIAEASOBREPOSIcaODETiTULOS.pdf. Acesso em: 1º jan. 2017.

títulos com origem do título do Banco Evolucionista que, em tese, teriam uma nulidade na origem.

E, a partir de 1926, para separar as terras do Estado de São Paulo das do Banco (ou de seus sucessores) e dos particulares, a Fazenda do Estado de São Paulo propôs ações discriminatórias. Algumas dessas ações terminaram e outras ainda estão em andamento. Entretanto, vários títulos de propriedade com vícios na cadeia dominial ainda existem, sem qualquer cancelamento, e os adquirentes de boa-fé se veem numa situação extremamente injusta, visto que, confiando nos registros existentes nos Cartórios de Registros de Imóveis, adquiram imóveis com a legítima presunção de que são particulares e, frequentemente, são surpreendidos com a alegação de devolutividade das referidas áreas.

4.2 Dominialidade hídrica

A Constituição Federal[442] dispôs, no inciso III do art. 20, que são bens da União "os lagos, rios e quaisquer correntes de água em terrenos de seu domínio, ou que banhem mais de um Estado, sirvam de limites com outros países, ou se estendam a território estrangeiro ou dele provenham, bem como os terrenos marginais e as praias fluviais". Por sua vez, no art. 26, a Constituição Federal dispôs que se incluem entre os bens dos Estados "as águas superficiais ou subterrâneas, fluentes, emergentes e em depósito, ressalvadas, neste caso, na forma da lei, as decorrentes de obras da União".

O Código de Águas[443] dispunha que "as águas públicas podem ser de uso comum ou dominicais".[444] Segundo ainda o Código de Águas, seriam águas públicas de uso comum as correntes, os canais, os lagos e as lagoas navegáveis ou flutuáveis e as correntes de que se façam estas águas.[445] Por fim, dispunha que eram públicos dominicais, se não estivessem destinados

---

[442] BRASIL. *Constituição da República Federativa do Brasil de 1988*. Disponível em: http://www.planalto.gov.br/ccivil_03/constituicao/constituicao.htm. Acesso em: 24 set. 2021.

[443] BRASIL. Decreto nº 24.643, de 10 de julho de 1934. *Decreta o Código de Águas*. http://www.planalto.gov.br/ccivil_03/decreto/d24643compilado.htm. Acesso em: 12 out. 2021.

[444] Art. 1º.

[445] Art. 2º.

ao uso comum, ou por algum título legítimo não pertencerem ao domínio particular, os terrenos reservados nas margens das correntes públicas de uso comum, bem como dos canais, lagos e lagoas da mesma espécie.[446]

A Lei nº 9.433/97[447] expressamente dispôs, no inciso I do seu art. 1º, que "a água é um bem de domínio público". A disciplina do Código de Águas adotava o critério de navegabilidade e flutuabilidade como determinantes da dominialidade pública. Tal critério não foi recepcionado pela Constituição Federal. A disciplina constitucional vigente atribuiu a propriedade das águas à União (nos casos do art. 20, III) e aos Estados (nos casos do art. 26, I). Os municípios não mais foram contemplados com a propriedade hídrica pela Constituição Federal de 1988. A antiga disciplina do Código de Águas que previa a propriedade particular de águas em rios não navegáveis ou flutuáveis foi revogada pela atual disciplina constitucional, tal como deixou explicitado o dispositivo do art. 1º da Lei nº 9.433/97.[448] Nesse sentido, segundo Hely Lopes Meirelles:[449]

> *Os rios públicos*, na partilha constitucional, desde 1946, ficaram repartidos entre a União e os Estados-membros, sem se atribuir qualquer domínio fluvial ou lacustre aos municípios, o que já importava em derrogação do art. 29 do Código de Águas, que os distribuía entre as três entidades estatais. Outra observação que se impõe é a de que na distribuição das águas internas foi abandonado o critério tradicional da navegabilidade ou flutuabilidade, só se levando em conta a condição territorial das correntes ou lagos. No atual sistema constitucional os rios e lagos públicos ou pertencem à União ou ao Estado-membro, conforme o território que cubram.

---

[446] Art. 11.

[447] BRASIL. Lei nº 9.433, de 8 de janeiro de 1997. *Institui a Política Nacional de Recursos Hídricos, cria o Sistema Nacional de Gerenciamento de Recursos Hídricos, regulamenta o inciso XIX do art. 21 da Constituição Federal, e altera o art. 1º da Lei nº 8.001, de 13 de março de 1990, que modificou a Lei nº 7.990, de 28 de dezembro de 1989*. Disponível em: http://www.planalto.gov.br/ccivil_03/leis/l9433.htm. Acesso em: 12 out. 2021.

[448] Nesse sentido: "Após a edição da Lei nº 9.433/97, caíram por terra quaisquer dúvidas que pudessem restar acerca da publicização dos recursos hídricos no Brasil. O art. 1º, inciso I, da Lei das Águas, tornou definitiva a condição pública das águas no Brasil, fixando que a *água é um bem de domínio público*". (GRANZIERA, Maria Luiza Machado. *Direito das Águas*. 2. ed. São Paulo: Atlas, 2003. p. 89.).

[449] MEIRELLES, Hely Lopes. *Direito Administrativo Brasileiro*. 35. ed. São Paulo: Malheiros, 2009. p. 569.

No mesmo sentido, decidiu o Superior Tribunal de Justiça:[450]

> O Código de Águas (Decreto nº 24.643/1934) deve ser interpretado à luz do sistema da Constituição Federal de 1988 e da Lei nº 9.433/1997 (Lei da Política Nacional de Recursos Hídricos), que admitem apenas domínio público sobre os recursos hídricos. Na forma dos arts. 20, III, e 26, I, da Constituição, abolida está a propriedade privada de lagos, rios, águas superficiais ou subterrâneas, fluentes, emergentes ou em depósito, bem como a de quaisquer correntes de água.

A disciplina constitucional vigente publicizou todo o domínio hídrico nacional. Não existe, no Brasil, o domínio privado de águas. Independentemente de navegabilidade e flutuabilidade, em razão dos arts. 20, III, e 26, I, da Constituição Federal, todo o domínio hídrico nacional é estatal, restando revogados os artigos 2º e 3º do Código de Águas que previam a propriedade particular de rios.[451]

As águas são bens públicos de uso comum do povo. Trata-se de um bem de uso da coletividade, em razão da sua relevância para o meio ambiente e para a saúde das pessoas. A parte final do art. 1º do Código de Águas, que estabelecia que a água poderia ser um bem dominical, encontra-se revogada pela atual disciplina constitucional das águas, bem como pelo art. 18 da Lei Federal nº 9.433/97, que expressamente declara ser a água um bem inalienável; os bens de uso comum são inalienáveis.[452] Anoto que o Código Civil, no art. 19, I, declara que são bens públicos os de uso comum do povo, tais como *rios*, mares, estradas, ruas e praças. Assim, a água é um bem público de uso comum do povo. Nesse sentido:

> O art. 1º do Decreto nº 24.643/34 – chamado de Código de Águas – diz que 'as águas públicas podem ser de uso comum ou dominicais'. Vimos que, com o advento da Constituição Federal (art. 225) e da Lei

[450] BRASIL. Superior Tribunal de Justiça. REsp 1.352.673/SP. Rel. Ministro Herman Benjamin, Segunda Turma, julgado em: 06.05.2014.

[451] Nesse sentido: "A Constituição Federal de 1988 estabelece que, praticamente, todas as águas são públicas, do domínio da União, dos estados e, por extensão e analogia, do Distrito Federal. Pelos termos empregados na Lei Magna, deixaram de existir, em tese, as águas comuns, as municipais e as particulares, previstas no Código de Águas". (POMPEU, Cid Tomanik. Aspectos jurídicos da cobrança pela utilização dos recursos hídricos. *Revista de Direito Administrativo*, Rio de Janeiro, v. 196, p. 56-84, abr./1994).

[452] Código Civil, art. 101: Os bens públicos dominicais podem ser alienados, observadas as exigências da lei.

nº 9.433/97 (arts. 1º e 18), essa parte do artigo do decreto de 1934 está revogada (art. 57 da lei mencionada), pois as águas públicas não podem ser dominicais.[453]

A classificação das águas como bens de uso comum do povo tem consequências relevantes na forma pela qual o Estado exerce seu domínio. Bens de uso comum do povo são os que se destinam ao uso geral da coletividade, tais como rios, mares, estradas, ruas e praças. Não existe a propriedade pelo ente público, existe a administração do bem.

Em razão da natureza de bem de uso comum, a dominialidade pública das águas deve ser vista como um dever de gestão, e não como uma propriedade em sentido estrito, sujeita ao registro imobiliário. Dessa forma, as águas constituem bem público de uso comum do povo e o Estado não necessita do registro imobiliário da propriedade, visto que o domínio decorre do texto constitucional, devendo zelar pela preservação dos recursos hídricos. Conforme lição de Paulo Affonso Leme Machado,[454] "a dominialidade pública da água, afirmada na Lei nº 9.433/97, não transforma o Poder Público federal e estadual em proprietário da água, mas torna-o gestor desse bem, no interesse de todos". As consequências desta assertiva são:[455] i) o uso da água não pode ser apropriado por uma só pessoa física ou jurídica; ii) o uso da água não pode significar a poluição ou a agressão a esse bem; iii) o uso da água não pode esgotar o próprio bem utilizado, e a concessão ou a autorização (ou qualquer tipo de outorga) do uso da água deve ser motivada ou fundamentada pelo gestor público. Conforme decidiu o Superior Tribunal de Justiça, não podem ser perfurados poços artesianos sem outorga estatal.[456]

Sendo um bem de uso comum do povo, não se faz necessário o registro da propriedade, quer da área por onde corre o rio, quer dos terrenos marginais, visto que a gestão dos recursos hídricos independe

---

453 MACHADO, Paulo Affonso Leme. *Direito Ambiental Brasileiro*. 17. ed. São Paulo, Malheiros, 2009. p. 448.

454 Cf. MACHADO, Paulo Affonso Leme. *Direito Ambiental Brasileiro*. 17. ed. São Paulo, Malheiros, 2009. p. 447.

455 MACHADO, Paulo Affonso Leme. *Direito Ambiental Brasileiro*. 17. ed. São Paulo, Malheiros, 2009. p. 447.

456 BRASIL. Superior Tribunal de Justiça. EREsp 1.335.535-RJ. Rel. Min. Herman Benjamin, Primeira Seção, por unanimidade, julgado em: 26.09.2018.

do registro de propriedade e prescinde deste. Dessa forma, se um rio estiver inserido dentro dos limites de uma propriedade privada, não haveria razões para que se requeresse a exclusão da área do rio e de suas margens do título privado, visto que este não atribui propriedade privada sobre tais áreas, em razão da disciplina constitucional que publicizou todo o domínio hídrico nacional.

4.3 Terrenos reservados e terrenos marginais

Os terrenos reservados foram inicialmente previstos na Lei nº 1.507, de 26 de setembro de 1867,[457] em seu art. 39, da seguinte forma:

> Art. 39. Fica reservada para a servidão pública nas margens dos rios navegáveis e de que se fazem os navegáveis, fora do alcance das marés, salvas as concessões legítimas feitas até a data da publicação da presente lei, a zona de sete braças contadas do ponto médio das enchentes ordinárias para o interior, e o Governo autorizado para concedê-la em lotes razoáveis na forma das disposições sobre os terrenos de marinha.

Posteriormente, o Decreto nº 4.105, de 22 de fevereiro de 1868,[458] dispôs, no §2º do art. 1º, da seguinte forma:

> São terrenos reservados para a servidão pública nas margens dos rios navegáveis e de que se fazem os navegáveis, todos os que banhados pelas águas dos ditos rios, fora do alcance das marés, vão até a distância de 7 braças craveiras (15,4 metros) para a parte de terra, contadas desde o ponto médio das enchentes ordinárias (Lei nº 1.507 de 26 de setembro de 1867, art. 39).

O Código de Águas[459] dispôs que:

> Art. 14. Os terrenos reservados são os que, banhados pelas correntes navegáveis, fora do alcance das marés, vão até a distância de 15 metros

[457] BRASIL. Lei nº 1.507, de 26 de setembro de 1867. *Fixa a despeza e orça a receita geral do Imperio para os exercicios de 1867-1868 e 1868-1869, e dá outras providencias*. Disponível em: http://www.planalto.gov.br/ccivil_03/leis/lim/lim1507.htm. Acesso em: 12 out. 2021.

[458] BRASIL. Decreto nº 4.105, de 22 de fevereiro de 1868. *Regula a concessão dos terrenos de marinha, dos reservados nas margens dos rios e dos acrescidos natural ou artificialmente*. Disponível em: https://www2.camara.leg.br/legin/fed/decret/1824-1899/decreto-4105-22-fevereiro-1868-553319-publicacaooriginal-71152-pe.html. Acesso em: 12 out. 2021.

[459] BRASIL. Decreto nº 24.643, de 10 de julho de 1934. *Decreta o Código de Águas*. http://www.planalto.gov.br/ccivil_03/decreto/d24643compilado.htm. Acesso em: 12 out. 2021.

> para a parte de terra, contados desde o ponto médio das enchentes ordinárias.
> Art. 11. São públicos dominicais, se não estiverem destinados ao uso comum, ou por algum título legítimo não pertencerem ao domínio particular:
> 2º, os terrenos reservados nas margens das correntes públicas de uso comum, bem como dos canais, lagos e lagoas da mesma espécie. Salvo quanto as correntes que, não sendo navegáveis nem flutuáveis, concorrem apenas para formar outras simplesmente flutuáveis, e não navegáveis.
> Art. 31. Pertencem aos Estados os terrenos reservados às margens das correntes e lagos navegáveis, se, por algum título, não forem do domínio federal, municipal ou particular.
> *Parágrafo único.* Esse domínio sofre idênticas limitações às de que trata o art. 29.

E a Constituição Federal,[460] expressamente, incluiu os *terrenos marginais* entre os bens públicos da União (art. 20, III), da seguinte forma:

> Art. 20. São bens da União:
> III – os lagos, rios e quaisquer correntes de água em terrenos de seu domínio, ou que banhem mais de um Estado, sirvam de limites com outros países, ou se estendam a território estrangeiro ou dele provenham, bem como *os terrenos marginais* e as praias fluviais;

Os terrenos às margens (interna ou externa) de rios somente podem ser denominados terrenos marginais e/ou reservados se as águas não sofrerem as influencias das marés. Conforme lição de Diogenes Gasparini, "de sorte que se estiverem sob a influência das marés, serão terrenos de marinha, não reservados, ainda que dotados de menor largura".[461]

A primeira questão a ser solucionada é se haveria uma servidão administrativa nos terrenos reservados ou estes seriam bens públicos. Edmir Netto de Araújo entende que as margens de rios sempre foram e continuam sendo públicas:

> Desde tempos imemoriais as margens dos rios públicos navegáveis pertencem ao Estado brasileiro, salvo, no uso apenas, concessão legítima outorgada pelo Poder Público, pois este jamais vendeu (ou alienou de

[460] BRASIL. *Constituição da República Federativa do Brasil de 1988*. Disponível em: http://www.planalto.gov.br/ccivil_03/constituicao/constituicao.htm. Acesso em: 24 set. 2021.

[461] GASPARINI, Diogenes. *Direito Administrativo*. 17. ed. São Paulo: Saraiva, 2012. p. 1.030.

qualquer maneira) margens dos rios navegáveis, no máximo aforou, com a ressalva da defesa nacional e do Interesse Público. Portanto, em princípio não haveria título legítimo regular de propriedade particular sobre terrenos reservados, improcedendo a alegação de confisco.[462]

Outro entendimento é no sentido de que, antes da Constituição Federal de 1988, havia margens de rios privadas, nos rios privados, na forma da disciplina do Código de Águas. Entretanto, a Constituição Federal de 1988 teria realizado uma "desapropriação constitucional", ao incluir as margens dos rios como imóveis públicos no art. 20, III. Segundo Ives Gandra Martins, "a inclusão de praias e terrenos marginais implica desapropriação constitucional, cujo tratamento deverá ser semelhante ao que se dá em relação aos terrenos de marinha".[463] Nesse sentido também é o entendimento de Maria Sylvia Zanella Di Pietro:

> Ocorre que a Constituição de 1988 trouxe inovação que implicou em revogação tácita de dispositivos do Código de Águas, com efeito, no artigo 20, III, inclui os terrenos marginais no domínio da União. Com isso, deixaram de existir terrenos marginais de propriedade dos municípios ou dos particulares, como deixaram de existir águas particulares. Todos os lagos, rios e quaisquer correntes de água em terrenos de domínio da União ou que banhem mais de um Estado, sirvam de limites com outros países, ou se estendam a território estrangeiro ou dele provenham, bem como os terrenos marginais e as praias fluviais, se incluem entre os bens da União, conforme consta expressamente do referido dispositivo constitucional.[464]

Na verdade, a controvérsia sobre a dominialidade das margens de rios e dos terrenos reservados surgiu antes da Constituição de 1988. Em razão de o Código de Águas, em seu art. 11, ter declarado que os terrenos reservados "são públicos dominicais, se não estiverem destinados ao uso comum, ou por algum título legítimo não pertencerem ao domínio particular", houve entendimento de que todo terreno reservado foi transformado em bem de propriedade pública pelo Código de Águas. O Código de Águas, por ter alterado

---

[462] ARAÚJO, Edmir Netto de. *Curso de Direito Administrativo*. 5. ed. São Paulo: Saraiva, 2010. p. 1.138.

[463] BASTOS, Celso Ribeiro; MARTINS, Ives Gandra da Silva. *Comentários à Constituição do Brasil*. v. 3, tomo I. São Paulo: Saraiva, 1992. p. 61.

[464] DI PIETRO, Maria Sylvia Zanella. *Direito Administrativo*. 28. ed. São Paulo: Atlas, 2015. p. 860.

a disciplina legislativa anterior que denominava o terreno reservado como uma servidão, teria publicizado todos os terrenos reservados (art. 39 da Lei nº 1.507, de 26 de setembro de 1867 e §2º do art. 1º do Decreto nº 4.105, de 22 de fevereiro de 1868). Nesse sentido:

> Todos os escritores pátrios, portanto, entenderam que os terrenos reservados à margem dos rios públicos são de domínio público, embora divirjam quanto à entidade política que consideram como titular desse domínio, e apesar de sustentarem, por fundamentos diversos, as razões do domínio desta ou daquela entidade política sobre tais terrenos. Só admitem pertençam a particulares, quando por título legítimo tenham havido do Poder Público os terrenos reservados. A regra é a do domínio público; exceção, o domínio particular.[465]

Inclusive, o Superior Tribunal de Justiça já acolheu a orientação de que todo terreno reservado é um bem público:

> Segundo o art. 11 do Código de Águas (Decreto nº 24.643/34), os terrenos que margeiam os rios navegáveis são bens públicos dominicais, salvo se por algum título legítimo não pertencerem ao domínio particular. Entretanto o artigo 20, III, da Constituição Federal de 1988 estabelece que são bens da União os lagos, rios e quaisquer correntes de água em terrenos de seu domínio, ou que banhem mais de um Estado, sirvam de limites com outros países, ou se estendam a território estrangeiro ou dele provenham, bem como os terrenos marginais e as praias fluviais. Não prevalece sob a nova ordem constitucional o título e o domínio de natureza real reconhecido no regime constitucional anterior.[466]

Conforme abaixo será demonstrado, existe um grande equívoco no uso dos conceitos "terreno reservado" e "terreno marginal". A Constituição Federal elenca, entre os bens públicos, os "terrenos marginais". Já o Código de Águas usa a denominação "terrenos reservados". Haveria diferença entre tais termos?

O terreno marginal é o local onde se localiza a margem do rio. Conforme lição de Afrânio de Carvalho:[467]

---

465 MELLO, Oswaldo Aranha Bandeira de. Do domínio público sobre os terrenos reservados. *Revista de Direito Administrativo*, n. 1, v. 2, p. 17-42, 1945.

466 BRASIL. Superior Tribunal de Justiça. REsp 995.290/SP. Rel. Min Castro Meira, Segunda Turma, julgado em: 11.11.2008.

467 CARVALHO, Afrânio de. As margens dos rios e os "terrenos reservados". *Revista de Direito Administrativo*, v. 133, p. 1-58, 1978.

> Nesse conjunto, a *margem é a porção do solo que, ficando fora do sulco do álveo permanentemente ocupado pela água, sobe em rampa até o plano superior do terreno, onde se reduz a uma ourela que domina a cava do rio.* Devido a essa posição eminente, *a sua crista não é atingida ordinariamente pela água no tempo da chuva, embora possa sê-lo excepcionalmente quando ocorram fatores meteorológicos extraordinários capazes de provocar uma inundação.* Essa é a *margem natural,* a que baliza e sustenta lateralmente o rio, parte integrante deste, porque sem ela o rio, espraiando-se, perderia a sua individualidade.

A expressão "terrenos marginais" corresponde ao terreno da margem do rio, qual seja, a margem natural, conforme definição acima.

Por sua vez, o terreno reservado inicia-se a partir da margem natural. Conforme definição do art. 14 do Código de Águas, "os terrenos reservados são os que, banhados pelas correntes navegáveis, *fora do alcance das marés,* vão até a distância de 15 metros para a parte de terra, *contados desde o ponto médio das enchentes ordinárias*". Assim, o denominado terreno reservado não se confunde com o terreno marginal, começando a contagem daquele a partir do término deste, correspondendo ao chamado alargamento da margem. Nesse sentido é a lição de Afrânio de Carvalho:

> Ao contrário, pois, do que copiosamente se sustenta, no direito português *sempre foram considerados particulares os terrenos adjacentes às margens naturais,* de sorte que, quando se quis promover o alargamento da faixa dessas, para atender a serviços de utilidade pública, recorreu-se à desapropriação. Só a partir de 1892 é que nele se tomou, portanto, possível, mediante desapropriação, adicionar à margem natural uma faixa adjacente, correspondente à dos nossos 'terrenos reservados'.[468]

A distinção entre margem natural e margem adjacente também é trazida por Cretella Júnior, o qual utiliza as expressões "margem interna" e "margem externa":

> Nossa doutrina jurídica, porém, comporta a distinção entre margem *interna* e *externa.* Aquela é a superfície por onde corre o rio prolongada e elevada lateralmente, segundo uma figura qualquer, e forma com o álveo uma só coisa; é sua parte integrante e, portanto, o que para um se

[468] CARVALHO, Afrânio de. As margens dos rios e os "terrenos reservados". *Revista de Direito Administrativo,* v. 133, p. 1-58, 1978.

dispõe é extensível a outra. A externa é a faixa lateral de terreno que vem terminar na aresta da interna e a ela se aplicam as disposições relativas à propriedade dos terrenos marginais.[469]

Anote-se que *a Constituição Federal de 1988 não abrangeu, no rol dos bens públicos, os terrenos reservados, apenas os terrenos marginais*. Não era vontade do Constituinte de 1988 abranger como bens públicos os terrenos reservados. Tal como as constituições anteriores, apenas os terrenos marginais foram declarados como bens públicos, sem a inclusão dos terrenos reservados. Sobre o histórico das constituições anteriores que nunca declararam como públicos os terrenos reservados, mas apenas os terrenos marginais, assim se manifesta Afrânio de Carvalho:

> Apesar de enumerar sempre os bens públicos, a Constituição nunca incluiu entre eles os "terrenos reservados". A Constituição de 1891 os ignorou; as Constituições de 1934 e de 1937 igualmente os omitiram, limitando-se a incluir na relação dos bens públicos os rios navegáveis e suas margens, ao passo que as de 1967 e de 1969 nem isso fizeram. Quanto à Constituição de 1946, inscreveu na relação dos bens públicos somente os rios, sem aludir sequer a margens (art. 34), porque houve o receio de que essa palavra fosse tomada no sentido de "terrenos marginais", aventado por um constituinte paulista, quando era empregado no sentido estrito, técnico-jurídico. Não assentando bem dar a explicação do sentido na Constituição, foi suprimida a palavra [...]".[470]

Dessa forma, os terrenos marginais são parte natural do rio e, portanto, de propriedade pública, em razão da dominialidade pública das águas. Por isso, em caso de desapropriação de áreas onde existe um curso-d'água, não são indenizáveis as áreas das margens que já são públicas, conforme entendimento consubstanciado na Súmula 479[471] do STF.[472]

---

469 CRETELLA JÚNIOR, José. *Tratado do Domínio Público*. Rio de Janeiro: Forense, 1984. p. 320-321.

470 CARVALHO, Afrânio de. As margens dos rios e os "terrenos reservados". *Revista de Direito Administrativo*, v. 133, p. 1-58, 1978.

471 BRASIL. Supremo Tribunal Federal. Súmula 479. Sessão Plenária de 03/12/1969. Disponível em: https://jurisprudencia.stf.jus.br/pages/search/seq-sumula479/false. Acesso em: 12 out. 2021.

472 Anoto que a Súmula 479 do STF adotou a expressão "margens de rios" e não "terrenos reservados". Súmula 479 do STF: "As *margens dos rios* navegáveis são de domínio público, insuscetíveis de expropriação e, por isso mesmo, excluídas de indenização".

O terreno reservado não se confunde com o terreno marginal. Este sempre será um bem público de uso comum do povo. Aquele, por sua vez, será de propriedade do Estado se o imóvel onde se insere o curso-d'água for público; se for privado o imóvel onde se insere o curso-d'água, o terreno reservado será privado, mas gravado com uma servidão em favor do Poder Público, proprietário do curso-d'água. Nesse sentido, Irene Patrícia Nohara assevera que os terrenos reservados são "bens púbicos dominicais ou particulares, gravados, em geral, com servidão de trânsito".[473]

Apesar da mudança legislativa ocorrida a partir do Código de Águas, o qual deixou de usar a expressão "servidão", substituindo-a pela expressão "domínio público", por uma interpretação sistemática do referido diploma legal, conclui-se que existe a propriedade privada dos terrenos reservados, existindo sobre estes uma servidão administrativa.

O Código de Águas prevê várias hipóteses em que o particular pode se utilizar dos terrenos reservados. Os "proprietários marginais" são expressamente reconhecidos e citados diversas vezes no Código de Águas, como se nota nos arts. 17, 35, 53, 54, 55, 56, 57, 76, 78, 79, 84, 87 e 146. Disso, conclui-se que, sistematicamente, *o Código de Águas reconhece a propriedade privada dos terrenos reservados.* Nesse sentido é lição de Afrânio de Carvalho:

> A lógica implacável dessa dedução, tirada agora indiretamente, como já o fora diretamente, afasta a possibilidade de confundir os "terrenos reservados" com as margens dos rios e consequentemente repele o domínio público dos primeiros. É o próprio Código de Águas que, pela combinação dos seus textos específicos, corrobora o domínio privado das margens externas, constituídas da faixa adjacente às margens naturais. Como se isso não bastasse, também o faz quando arma o conjunto geral de suas disposições, cuja tessitura se romperia iniludivelmente, se não se prendesse ao reconhecimento do domínio privado das margens externas. Efetivamente, a interpretação sistemática do contexto leva a concluir que ele é incompatível com o domínio público das margens externas, bastando para chegar a essa conclusão ler atentamente o título concernente ao aproveitamento das águas públicas, que permite a sua derivação para aplicações da agricultura, da indústria e da higiene, subordinada a autorização ou concessão, salvo quando de pequeno porte (art. 43), prevendo igualmente a eventual desobstrução de seu

[473] NOHARA, Irene Patrícia. *Direito Administrativo*. 8. ed. São Paulo: Atlas, 2018. p. 766.

curso (art. 53). Como fazer essa derivação, mediante o lançamento de canais, levadas as tubulações, se as margens externas, sob o nome de "terrenos reservados", estiverem concedidas a terceiros? O direito de aproveitamento só se adapta bem aquele que esteja em imediato contato com o rio, pois essa posição constitui requisito para fazer no álveo ou na margem as obras indispensáveis ao uso das águas.
Como reconhecimento indireto dessa contingência no próprio título os imóveis interessados são denominados prédios "marginais" (arts. 54 e 55) e os donos proprietários "marginais" (arts. 56 e 57). Tudo converge no sentido de mostrar que o secular direito de derivação, rejuvenescido no Código de Águas, depende, para ser exercido, do reconhecimento da propriedade particular dos ribeirinhos. De duas, uma: ou se aceita o domínio particular dos ribeirinhos, e então pode cumprir-se o Código de Águas, ou não se aceita, e então não pode cumprir-se esse Código. Como *interpretatio illa sumenda quae absurdum evitetur*, impõe-se, por mais esta razão, o descarte da afirmativa do domínio público dos 'terrenos reservados'.[474]

Ademais, o art. 31 do Código de Águas é expresso ao dizer que:

Art. 31. Pertencem aos Estados os terrenos reservados às margens das correntes e lagos navegáveis, se, por algum título, não forem do domínio federal, municipal ou particular.
Parágrafo único. Esse domínio sofre idênticas limitações às de que trata o art. 29.

Ora, o texto expresso do Código de Águas estabelece que a propriedade do terreno reservado é pública, salvo se, por algum título, não forem de domínio privado. Se privada, haverá uma servidão administrativa, na forma do parágrafo único do art. 31, combinado com o art. 29 do Código de Águas. Se o particular tem o registro da propriedade da área do terreno onde se insere o curso-d'água, regularmente adquirida, também é do terreno reservado, onde haverá uma servidão administrativa. Anoto que o Superior Tribunal de Justiça já reconheceu a propriedade particular de terrenos reservados:

Os terrenos que margeiam os rios navegáveis são considerados bens públicos, não sendo, por isso, passíveis de indenização, salvo se,

[474] CARVALHO, Afrânio de. As margens dos rios e os "terrenos reservados". *Revista de Direito Administrativo*, v. 133, p. 1-58, 1978.

> por algum título legítimo, pertencerem ao domínio particular [...]. Concluindo o acórdão recorrido que o imóvel está registrado em nome dos expropriados, pelo que a área reservada está sujeita a indenização, não há como, na via especial, concluir de modo diverso, porquanto tal procedimento implica necessariamente o reexame dos elementos fáticos considerados ao longo da controvérsia (Súmula nº 7/STJ).[475]

Assim, se houver um título de propriedade privado válido da área onde se encontra inserido o curso-d'água, que abranja a área do terreno reservado (nunca o terreno marginal, que sempre é público!), ele é de propriedade privada, conforme lição da doutrina:

> Na aparência, as margens externas (terrenos reservados) foram declaradas pertencentes ao domínio público, mas na realidade continuaram pertencentes ao domínio privado: é que os dois textos do art. 11 e do art. 31 só declaram pertencentes ao domínio público os terrenos "se por algum título não forem do domínio particular", nada importando o qualificativo desse vocábulo no primeiro deles, porque as expressões "título legítimo" e "título" são empregadas indiferentemente na legislação com o mesmo significado, como já notava Lafayette. Ao passo que a lei imperial instituía a titularidade pública, ressalvando qualquer anterior concessão, designativo específico do ato expedido pelo Governo, o Código de Águas a instituiu, ressalvando qualquer anterior título do domínio privado. Tanto vale dizer que o reconhecimento do domínio privado dos terrenos só depende, em face do Código de Águas da preexistência de título hábil em favor do particular. Título é todo ato jurídico próprio em tese para transferir o domínio. No fraseado do regulamento de terras públicas do Império, "são títulos legítimos todos aqueles que, segundo o direito, são aptos para transferir o domínio". Nessa conformidade, qualquer título de transferência do domínio passado entre particulares satisfaz a exigência legal. Ora, a faixa adjacente à margem natural dos rios onde se situam os "terrenos reservados" se acha na sua maior parte coberta de título dessa natureza. Logo, a faixa assim titulada, correspondente às margens externas, continua – é o Código quem o diz – pertencendo aos particulares.[476]

Decorre de todo o acima exposto que não se pode confundir o conceito de terreno marginal, bem de uso comum do povo,

---

[475] BRASIL. Superior Tribunal de Justiça. REsp 508.377/MS. Rel. Min. João Otávio de Noronha, Segunda Turma, julgado em: 23.10.2007.

[476] CARVALHO, Afrânio de. As margens dos rios e os "terrenos reservados". *Revista de Direito Administrativo*, v. 133, p. 1-58, 1978.

margem natural do rio e deste inseparável, com o conceito de terreno reservado. Este não é a margem do rio, mas apenas a margem estendida deste. Apesar da truncada disciplina legislativa, decorre do art. 31 e do parágrafo único do Código de Águas que, salvo nos casos de terrenos de propriedade pública, os terrenos reservados são privados, e gravados com uma servidão administrativa. Nesse sentido, de acordo com Hely Lopes Meirelles:[477]

> Tratando-se, como se trata, de uma *servidão pública* ou *administrativa,* destina-se unicamente a possibilitar a realização de obras ou serviços públicos pela Administração, no interesse da melhor utilização das águas, do aproveitamento das suas riquezas e do seu policiamento, a exemplo das servidões *de halage* e *de marchepied* do Direito Francês, onde o nosso legislador se inspirou. Tal servidão, entretanto, não tem sido entendida corretamente por muitos dos nossos juristas, que a consideram como transferência da propriedade particular para o domínio público. O equívoco destes intérpretes é manifesto, pois as terras particulares atingidas por essa servidão administrativa não passaram para o domínio público, nem ficaram impedidas de ser utilizadas por seus proprietários, desde que nelas não façam construções ou quaisquer outras obras que prejudiquem o uso normal das águas públicas ou impeçam seu policiamento pelos agentes da Administração.

Na área do terreno reservado, incidirá uma servidão pública a favor do ente público proprietário do curso-d'água. Tal área não poderá ser objeto de edificação ou cultivo, devendo estar sempre livre para acesso ao rio e às margens deste, conforme lição de Cretella Júnior:[478]

> Essa porção de terreno deve estar sempre livre e desembaraçada, não podendo ser cultivada pelo proprietário do terreno. Destina-se aos serviços da polícia e regulamentação geral da navegação e flutuação, nela não podendo os particulares executar obra alguma, salvo concessão especial.

Assim, num curso-d'água, existem duas áreas: i) o terreno marginal, sempre um bem de uso comum do povo, inseparável

---

[477] MEIRELLES, Hely Lopes. *Direito Administrativo Brasileiro.* 32. ed. São Paulo: Malheiros, 2006. p. 551-552.

[478] CRETELLA JÚNIOR, José. *Tratado do Domínio Público.* Rio de Janeiro: Forense, 1984. p. 321-322.

do curso-d'água, também bem público de uso comum do povo; ii) o terreno reservado, objeto de servidão pública, em favor do proprietário do curso-d'água, se de propriedade privada o imóvel onde este se insere. Nesse sentido, segundo Afrânio de Carvalho:

> Assim a finalidade da servidão ali declarada é atender à administração, facilitar-lhe o desempenho eventual de seu poder de polícia, e não estender o uso comum do povo, porque não precisa disso. Tanto vale dizer que a servidão não se confunde com o uso comum do povo, embora as duas tiras de terras sobre as quais se exercem fiquem encostadas uma na outra, a da servidão pública, que grava o domínio particular, e a de uso comum do povo, que constitui atributo da margem do domínio público.[479]

Ademais, existem outras normas jurídicas vigentes que claramente indicam que os terrenos reservados podem ser de propriedade privada. Segundo o Código Civil:

> Art. 1.252. O álveo abandonado de corrente pertence aos proprietários ribeirinhos das duas margens, sem que tenham indenização os donos dos terrenos por onde as águas abrirem novo curso, entendendo-se que os prédios marginais se estendem até o meio do álveo.

Álveo, conforme conceito decorrente do Código de Águas, art. 9º, "é a superfície que as águas cobrem sem transbordar para o solo natural e ordinariamente enxuto". Nos casos em que um rio muda de rumo, os terrenos que estavam debaixo das águas, inclusive as margens, são atribuídos aos proprietários lindeiros, consoante a regra do art. 1.252 do Código Civil, mesmo sendo a água pública. Conforme lição de Silvio Rodrigues, "quer seja pública, quer seja particular a corrente, o álveo abandonado pertence aos proprietários ribeirinhos das margens, na proporção de suas testadas e até o meio do referido álveo. Simples aplicação da regra segundo a qual o acessório segue o principal".[480] A disciplina do álveo abandonado presente no Código Civil é mais um fato que corrobora a assertiva de

---

479 CARVALHO, Afrânio de. As margens dos rios e os "terrenos reservados". *Revista de Direito Administrativo*, v. 133, p. 1-58, 1978.

480 RODRIGUES, Silvio. *Direito Civil*: Direito das Coisas. v. 5, 28. ed. São Paulo: Saraiva, 2009. p. 102.

que bem público são somente o curso-d'água e as suas margens, que são dele inseparáveis. Os terrenos reservados são de propriedade privada. Caso o rio mude de rumo, os terrenos por onde ele fazia curso são, por lei, de domínio dos proprietários lindeiros. Se fossem bens públicos, não poderiam ser atribuídos os terrenos reservados e as margens de rios, mesmo na mudança destes, sem prévia autorização legislativa e observância dos procedimentos necessários à alienação de bens públicos, o que tornaria o art. 1.252 do Código Civil letra morta.

Caso se entendesse que todo terreno reservado fosse público, seriam de responsabilidade dos entes públicos o dever de preservar e recompor todas as Áreas de Preservação Permanente (APP). Entretanto, não é isso que consta da legislação ambiental. Segundo dispõe o Código Florestal,[481] considera-se Área de Preservação Permanente (APP), em zonas rurais ou urbanas, as faixas marginais de qualquer curso-d'água natural perene e intermitente, excluídos os efêmeros, *desde a borda da calha do leito regular*, em largura mínima de: a) 30 (trinta) metros, para os cursos-d'água de menos de 10 (dez) metros de largura; b) 50 (cinquenta) metros, para os cursos-d'água que tenham de 10 (dez) a 50 (cinquenta) metros de largura; c) 100 (cem) metros, para os cursos-d'água que tenham de 50 (cinquenta) a 200 (duzentos) metros de largura; d) 200 (duzentos) metros, para os cursos-d'água que tenham de 200 (duzentos) a 600 (seiscentos) metros de largura; e) 500 (quinhentos) metros, para os cursos-d'água que tenham largura superior a 600 (seiscentos) metros. Nas áreas urbanas, a disciplina do Código Florestal pode ser afastada por lei municipal; conforme dispôs a Lei Federal nº 14.285/2021,[482] as APPs serão reguladas e definidas pela lei municipal ou distrital para aprovar o instrumento de planejamento territorial, com obrigatoriedade de reserva de uma

---

[481] Art. 4º.

[482] BRASIL. Lei nº 14.285, de 29 de dezembro de 2021. *Altera as Leis nº 12.651, de 25 de maio de 2012, que dispõe sobre a proteção da vegetação nativa, nº 11.952, de 25 de junho de 2009, que dispõe sobre regularização fundiária em terras da União, e nº 6.766, de 19 de dezembro de 1979, que dispõe sobre o parcelamento do solo urbano, para dispor sobre as áreas de preservação permanente no entorno de cursos-d'água em áreas urbanas consolidadas*. Disponível em: http://www.planalto.gov.br/ccivil_03/_ato2019-2022/2021/lei/L14285.htm. Acesso em: 22 jan. 2021.

faixa não edificável para cada trecho de margem, indicada em diagnóstico socioambiental elaborado pelo município.

A preservação da Área de Preservação Permanente deve ser realizada pelo proprietário da área onde se localiza o curso-d'água, possuidor ou ocupante a qualquer título, pessoa física ou jurídica, de direito público ou privado, conforme disciplina do art. 7º do Código Florestal. A propriedade do terreno reservado, conforme acima demonstrada, salvo no caso de imóvel público, é privada. Não se pode confundir o conceito de terreno marginal, sempre público, bem de uso comum do povo, com o de terreno reservado, em regra, de propriedade privada. Dessa forma, o "proprietário", identificado como responsável pelo dever de preservação da Área de Preservação Permanente não é o ente público proprietário do terreno marginal, mas o proprietário do terreno reservado que é o proprietário do imóvel onde se encontra inserido o curso-d'água.

Ante todo o exposto, conclui-se, acerca da dominialidade dos terrenos reservados que: i) a Constituição Federal, em seu art. 20, III, ao elencar como bens públicos os terrenos marginais, não abrangeu os terrenos reservados: ii) os terrenos marginais são bens públicos de uso comum do povo, inseparáveis do rio; iii) os terrenos reservados iniciam-se a partir da área dos terrenos marginais; iv) a propriedade dos terrenos reservados pode ser pública ou privada, na forma do art. 31 do Código de Águas; v) sobre os terrenos reservados de propriedade privada incide servidão administrativa, na forma do parágrafo único do art. 31 do Código de Águas; vi) a Constituição Estadual, ao dispor em seu art. 8º que os terrenos reservados são bens públicos, o fez na forma do Código de Águas, não excluindo a propriedade privada das referidas áreas; vii) o dever de preservação das Áreas de Preservação Permanente é do proprietário do terreno onde se insere o curso-d'água.

4.4 Bens reversíveis

O bem reversível é aquele diretamente utilizado pelo concessionário de serviço público para a prestação que lhe foi delegado. Um bem constante da categoria de reversível é apenas formalmente pertencente à concessionária de serviço público. Na verdade, o bem reversível é um bem de titularidade do serviço público e não do concessionário. Conforme lição de Carlos Ari Sundfeld e Jacintho Arruda Câmara:

> Bens empregados na prestação do serviço público constituíam, por assim dizer, patrimônio do próprio serviço público. Formalmente pertenceriam à prestadora; todavia, do ponto de vista contábil (para aferição do equilíbrio econômico-financeiro) seriam assumidos como ativos do serviço – e, para serem transferidos ao concedente ao final, deveriam ter seu custo amortizado.[483]

O bem é reversível em razão da sua afetação ao serviço público. Segundo Hely Lopes Meirelles, "reversão, como a própria expressão indica, é o retorno dos bens do serviço concedido, à posse e ao domínio do concedente, ao término do prazo contratual da concessão".[484] Sendo um bem vinculado a uma finalidade pública, o bem reversível somente pode ser alienado mediante autorização do poder concedente, bem como mediante às compensações necessárias para que o serviço público seja preservado.[485]

Anoto que nem todo bem utilizado pelo concessionário de serviço público é um bem reversível. Segundo magistério de Themistocles Brandão Cavalcanti, "no silêncio do contrato, quanto à referência aos bens que devem reverter, o princípio é de que somente aqueles utilizados no serviço e necessários à sua continuidade, devem passar para o poder concedente, a fim de que este possa continuar a explorar o serviço".[486] Os bens da concessionária de

---

483 SUNDFELD, Carlos Ari; CÂMARA, Jacintho Arruda. Bens reversíveis nas concessões públicas: a inviabilidade de uma teoria geral. *Revista da Faculdade de Direito – UFPR*, Curitiba, v. 61, n. 2, maio/ago. 2016, p. 149-174.

484 MEIRELLES, Hely Lopes. Concessão de serviço público – Reversão – Propriedade de bens. *Revista de Direito Administrativo*, Rio de Janeiro, v. 102, p. 462-473, jan. 1970.

485 "Chegados a esta altura da demonstração, podemos compreender claramente a perfeita legitimidade: 1º) da alienação de qualquer bem reversível, com o consentimento do Poder concedente, que de regra deve ser solicitado, e mediante compensações, se for o caso; 2º) a transferência da cláusula de reversão para outro bem até então não reversível, de valor equivalente, e que passa à categoria de bem reversível, desde que nisto consinta o Poder concedente". (MEDEIROS, José Saboia Viriato. Concessão de serviço público – Reversão de bens imóveis. *Revista de Direito Administrativo*, Rio de Janeiro, v. 41, p. 503-522, jan./1955.).

486 CAVALCANTI, Themistocles Brandão. Concessão de serviço público – Reversão de bens. *Revista de Direito Administrativo*, Rio de Janeiro, v. 102, p. 453-462, jan./1970.

serviço público não aplicados a este são bens particulares desta. Em regra, o edital de concessão deve indicar os bens reversíveis, conforme prevê o inciso X do art. 18 da Lei nº 8.987/1995.[487] Dessa forma, o bem reversível é o diretamente aplicado ao serviço público, de propriedade apenas formal do concessionário de serviço público, que necessariamente deve ser transferido ao patrimônio do poder concedente ao final do contrato de concessão, conforme dispõe o §1º do art. 35 da Lei nº 8.987/1995.

O bem reversível, por ser um bem público, não pode ser retido pelo concessionário ao final do contrato de concessão de serviço público, mesmo que não indenizado. Conforme dispõe o art. 36 da Lei nº 8.987/1995, os bens reversíveis ainda não amortizados devem ser indenizados após o término do contrato de concessão. Não se deve admitir que, em razão do instituto da reversão, ocorra um locupletamento ilícito do poder concedente sobre o concessionário. Na hipótese de inexistência de amortização dos investimentos realizados para a aquisição dos bens reversíveis, ocorre o direito do concessionário de postular a indenização, conforme lição de Floriano de Azevedo Marques Neto:[488]

> A regra geral nas concessões comuns é que ao término da vigência do pacto concessório (pelo final do prazo ou nas hipóteses de término antecipado) sobrevenha a reversão, para o patrimônio público, dos bens (tangíveis ou intangíveis, *vg*, direitos sobre bens de terceiros) imprescindíveis à continuidade do serviço público (art. 35, §1º, da Lei nº 8.987/1995). O pressuposto é que ao tempo da reversão o valor dos bens a serem revertidos já esteja amortizado pela regular exploração do serviço. Porém, excepcionalmente, seja porque algum fato externo ao contrato impediu a regular exploração da concessão (desde que atinente ao risco alheio do concessionário), seja porque a concessão teve seu término antecipado, ou ainda em razão de terem sido demandados novos investimentos em bens essenciais à concessão, pode ocorrer de a reversão exigir indenização do concessionário pelo poder concedente.

[487] BRASIL. Lei nº 8.987, de 13 de fevereiro de 1995. *Dispõe sobre o regime de concessão e permissão da prestação de serviços públicos previsto no art. 175 da Constituição Federal, e dá outras providências.* Disponível em: http://www.planalto.gov.br/ccivil_03/LEIS/L8987cons.htm. Acesso em: 14 out. 2021.

[488] MARQUES NETO, Floriano de Azevedo. *Concessões*. Belo Horizonte: Fórum, 2016. p. 197.

Entretanto, a *ausência de indenização não é um óbice à reversão do bem; ou seja, não existe um direito de retenção,*[489] mas apenas um direito de postular a devida indenização ao poder concedente, correspondente ao valor do investimento ainda não amortizado, previsto no contrato. A reversão é uma espécie de desapropriação, prevista no ordenamento jurídico, que ocasiona a transferência compulsória de direitos sobre o imóvel afetado ao serviço público, em razão do fim do contrato de concessão de serviço público.[490]

Uma das formas de aquisição de bens reversíveis é por meio da desapropriação. O concessionário de serviço público pode desapropriar qualquer bem para uso do serviço público. No serviço público de telefonia, dispõe a Lei nº 9.472/1997,[491] em seu art. 100, que "poderá ser declarada a utilidade pública, para fins de desapropriação ou instituição de servidão, de bens imóveis ou móveis, necessários à execução do serviço, cabendo à concessionária a implementação da medida e o pagamento da indenização e das demais despesas envolvidas". No serviço público de energia elétrica, a Lei nº 9.074/1995[492] dispõe, em seu art. 10, que "cabe à Agência Nacional de Energia Elétrica (ANEEL), declarar a utilidade pública, para fins de desapropriação ou instituição de servidão administrativa, das áreas necessárias à implantação de instalações de concessionários, permissionários e autorizados de energia elétrica". Por fim, dispõe a Lei nº 8.987/95, no art. 29 VIII, que "incumbe ao poder concedente declarar de utilidade pública os bens necessários à execução do serviço ou obra pública, promovendo

---

489 Nesse sentido: "Não se quer afirmar que o apossamento de bens dependeria da promoção de indenizações atinentes aos valores residuais para a aquisição e transferência definitiva dos ativos a serem revertidos. Essas aferições constituirão pressuposto para a transferência dos ativos e encerramento da relação jurídica entre as partes". (GUIMARÃES, Fernando Vernalha. *Concessão de serviço público*. 2. ed. São Paulo: Saraiva, 2014. p. 349.).

490 Nesse sentido: "No término da concessão, assegura-se ao concessionário a indenização pelos bens reversíveis ainda não amortizados. Essa transferência compulsória de domínio de bens corresponde a uma modalidade de desapropriação". (JUSTEN FILHO, Marçal. *Teoria Geral das Concessões de Serviço Público*. São Paulo: Dialética, 2003. p. 570.).

491 BRASIL. Lei nº 9.472, de 16 de julho de 1997. *Dispõe sobre a organização dos serviços de telecomunicações, a criação e funcionamento de um órgão regulador e outros aspectos institucionais, nos termos da Emenda Constitucional nº 8, de 1995*. Disponível em: http://www.planalto.gov.br/ccivil_03/Leis/L9472.htm. Acesso em: 14 out. 2021.

492 BRASIL. Lei nº 9.074, de 7 de julho de 1995. *Estabelece normas para outorga e prorrogações das concessões e permissões de serviços públicos e dá outras providências*. Disponível em: https://www.planalto.gov.br/ccivil_03/Leis/L9074cons.htm. Acesso em: 14 out. 2021.

as desapropriações, diretamente ou mediante outorga de poderes à concessionária, caso em que será desta a responsabilidade pelas indenizações cabíveis".

4.5 Bens públicos decorrentes de loteamentos

A disciplina do parcelamento de solo urbano é dada pela Lei nº 6.766/1979.[493] Conforme lição da doutrina,[494] "parcelamento é gênero de que são espécies o loteamento (subdivisão da gleba em lotes para edificação, com abertura, prolongamento, modificação ou ampliação de vias) e o desmembramento (subdivisão da gleba, aproveitando-se o sistema viário existente, com a mesma finalidade de loteamento)". Assim, o loteamento é o parcelamento do solo mediante a subdivisão de gleba em lotes destinados a edificação, com abertura de novas vias de circulação, de logradouros públicos ou prolongamento, modificação ou ampliação das vias existentes (§1º do art. 2º da Lei nº 6.766/1979).

As normas sobre loteamentos são cogentes em razão dos efeitos que estes geram em um espaço público, com efeitos em toda a coletividade, em razão do impacto que causa na infraestrutura existente, bem como em razão da demanda por novas infraestruturas e serviços públicos que geram. Nesse sentido é o entendimento da doutrina:[495]

> O loteamento para fins urbanos transforma a paisagem do local ocupado pela gleba, até então indivisa, em espaço integrado à cidade, como instrumento de sua expansão. Conferindo ao solo uma qualificação urbana, e sendo matriz de um novo bairro residencial, o loteamento é um patrimônio da coletividade, pois essa nova realidade urbanística afeta a cidade, sobrecarregando seus equipamentos urbanos, sua malha viária, toda a infraestrutura e os serviços públicos da urbe.

---

[493] BRASIL. Lei nº 6.766, de 19 de dezembro de 1979. *Dispõe sobre o Parcelamento do Solo Urbano e dá outras Providências*. Disponível em: http://www.planalto.gov.br/ccivil_03/leis/l6766.htm. Acesso em: 24 set. 2021.

[494] MAZZILLI, Hugo Nigro. Observações sobre loteamentos. *Revista de Direito Imobiliário*, v. 9, 1982, p. 24-35, jan.-jun./1982.

[495] FREITAS, José Carlos de. Loteamentos clandestinos e suas modalidades fraudulentas: atuação preventiva dos agentes públicos. *Revista de Direito Imobiliário*. v. 48, p. 11-28, jan.-jun./2000.

Em regra, o loteamento consiste na divisão de uma área maior em áreas menores (lotes) que deverão ser alienadas para terceiros. Para que a referida alienação possa ser legalmente processada, deve-se apresentar um projeto de loteamento, com os requisitos constantes do art. 9º da Lei nº 6.766/1979, que deverá ser registrado na forma dos arts. 18 a 23 da Lei nº 6.766/1979.

Um loteamento faz surgir alguns bens públicos. Conforme art. 17 da Lei nº 6.766/1979, os *espaços livres de uso comum*, as *vias* e as *praças*, as *áreas destinadas a edifícios públicos e outros equipamentos urbanos*, constantes do projeto e do memorial descritivo, não poderão ter sua destinação alterada pelo loteador, desde a aprovação do loteamento, salvo as hipóteses de caducidade da licença ou desistência do loteador. Por sua vez, o art. 22 da mesma lei determina que, desde a data de registro do loteamento, passam a integrar o domínio do município as vias e praças, os espaços livres e as áreas destinadas a edifícios públicos e outros equipamentos urbanos, constantes do projeto e do memorial descritivo. Assim, o loteamento ocasiona o surgimento, *ex lege*, de bens públicos de domínio municipal.

As áreas públicas municipais decorrentes do loteamento são espaços livres de uso comum, vias, praças e áreas destinadas a edifícios públicos ou a outros equipamentos públicos. Tais áreas são, por lei, de propriedade do município. Trata-se de propriedade que dispensa o registro imobiliário, sendo constituídas a partir da aprovação do loteamento, mesmo antes do registro deste. Conforme decidiu o Superior Tribunal de Justiça, "as áreas livres de uso comum incorporam-se ao domínio do município com a simples aprovação do loteamento, não sendo exigível, para tanto, o registro no cartório imobiliário".[496] No mesmo sentido já era o entendimento do Supremo Tribunal Federal:

> Aprovado o arruamento, para urbanização de terrenos particulares, as áreas destinadas às vias e logradouros públicos passam automaticamente para o domínio do município, independentemente de título aquisitivo e transcrição, visto que o efeito jurídico do arruamento é exatamente

---

[496] BRASIL. Superior Tribunal de Justiça. AR 387/SP. Relator: Min. Barros Monteiro, Segunda Seção, julgado em: 29.11.1995.

o de transformar o domínio particular em domínio público, para uso comum do povo.[497]

Algumas áreas públicas são bens de uso comum do povo, tais como os espaços livres de uso comum, as vias e as praças. Já as áreas destinadas a edifícios públicos ou outros equipamentos públicos, denominadas áreas institucionais, são bens de uso especial, se efetivamente ocupados por equipamentos públicos, ou dominicais, enquanto aguardam a efetiva afetação.

A vedação de alteração do uso das áreas institucionais é prevista no art. 17 da Lei nº 6.766/79 e visa garantir que as áreas urbanas tenham um mínimo de condição de salubridade e de circulação de pessoas e veículos. Coloca-se o Interesse Público acima do interesse comercial do loteador. Existe o entendimento de que a norma constante do art. 17 da Lei nº 6.733/79 é dirigida somente ao loteador, não incidindo sobre o Poder Público. O Superior Tribunal de Justiça já entendeu que "o comando contido no art. 17 da Lei nº 6.766/79 dirige-se ao loteador, proibindo-o de alterar a destinação dos espaços livres de uso comum – a edilidade poderá fazê-lo, desde que por regular autorização legal".[498]

Entretanto, não é o melhor entendimento. O município, ao receber as áreas verdes e institucionais do loteamento na forma do art. 22 da Lei nº 6.766/76, recebe uma função pública de salvaguardar o interesse dos administrados, em face de possíveis interesses especulativos dos incorporadores, em razão da relevância da sua destinação. A desafetação pelo município dos bens consistentes em áreas verdes e institucionais prejudica toda uma comunidade de pessoas. Consequentemente, o município não pode desafetar as áreas institucionais de um loteamento. Nesse sentido foi o entendimento consubstanciado no voto do Ministro Adhemar Maciel, do Superior Tribunal de Justiça, no julgamento do Recurso Especial nº 28.058:[499]

> O objetivo da norma é vedar ao incorporador a alteração das áreas destinadas à comunidade. Portanto, não faz sentido, exceto, em casos

---

[497] BRASIL Supremo Tribunal Federal. RE 84.327/SP. Relator: Min. Cordeiro Guerra, Segunda Turma, DJ 19.11.1976.

[498] BRASIL. Superior Tribunal de Justiça. REsp 33.493/SP. Relator: Min Cesar Asfor Rocha, Primeira Turma, julgado em: 22.11.1993.

[499] BRASIL. Superior Tribunal de Justiça. REsp 28.058/SP. Rel. Min. Adhemar Maciel, Segunda Turma, julgado em: 13.10.1998.

especialíssimos, possibilitar à Administração a fazê-lo. No caso concreto, as áreas foram postas sob a tutela da administração municipal, não com o propósito de confisco, mas como forma de salvaguardar o interesse dos administrados, em face de possíveis interesses especulativos dos incorporadores. Ademais, a importância do patrimônio público deve ser aferida em razão da importância da sua destinação. Assim, os bens de uso comum do povo possuem função *it universi*. Constituem um patrimônio social comunitário, um acervo colocado à disposição de todos. Nesse sentido, a desafetação desse patrimônio prejudicaria toda uma comunidade de pessoas, indeterminadas e indefinidas, diminuindo a qualidade de vida do grupo.

Se fosse permitida a desafetação da área institucional pelo município, haveria uma incongruência grave na lei: o loteador não poderia desafetar, mas o município poderia. A finalidade da norma, qual seja, garantir que os loteamentos tenham condições mínimas de infraestrutura, seria esvaziada. O município poderia diminuir ao máximo ou até suprimir todas as áreas institucionais, deixando o loteamento totalmente desprovido de infraestrutura, o que não se pode admitir, conforme Pedro Américo Rios Gonçalves:

> Ora, a natureza da transferência dos bens para o domínio público está vinculada ao projeto de loteamento, devidamente registrado, e que para esse registro deve cumprir exigências que incluem a reserva de área para os equipamentos urbanos e comunitários, daí a sua afetação como bem público de uso comum. Desse modo, a desafetação não é possível, sob pena de severo descumprimento da lei, assim porque seria possível, se permitida fosse a desafetação, até mesmo reduzir aquém do mínimo exigido as áreas destinadas aos equipamentos urbanos e comunitários.[500]

Entretanto, o Supremo Tribunal Federal entendeu que o município tem competência constitucional para desafetar áreas institucionais e verdes de loteamentos, em razão da competência constitucional para legislar sobre matéria de interesse local. Assim, o Supremo Tribunal Federal declarou inconstitucional a vedação constante de norma estadual que vedava a alteração de áreas verdes e institucionais por municípios:

---

[500] GONÇALVES, Pedro Américo Rios. Bem Público – Desafetação – Concessão Real de Uso. *Revista de Direito Administrativo*. v. 193, p. 287-289, 1993.

Ementa: Ação Direta de Inconstitucionalidade. Direito Urbanístico. Planejamento e uso do solo urbano. §§1º a 4º do inc. VII do art. 180 da Constituição do Estado de São Paulo. Restrições aos municípios para a desafetação de áreas definidas em projetos de loteamento como áreas verdes ou institucionais. Ofensa direta à Constituição da República. Competência legislativa concorrente entre União, estados e Distrito Federal para dispor sobre direito urbanístico. Competência legislativa dos municípios para tratar de matéria de interesse local. Ofensa aos incs. I e III do art. 30 e art. 182, da Constituição da República. Inconstitucionalidade formal reconhecida. 1. É direta a contrariedade à repartição de competência legislativa traçada pela Constituição da República, ainda que essa análise se ponha em pauta o cotejo das normas infraconstitucionais. Precedentes. 2. Os municípios têm competência para legislar sobre assuntos de interesse local compreendendo o ordenamento territorial, o planejamento urbano e a fiscalização de áreas de uso e ocupação do solo. Precedentes. 3. É formalmente inconstitucional norma estadual pela qual se dispõe sobre direito urbanístico em contrariedade ao que se determina nas normas gerais estabelecidas pela União e em ofensa à competência dos municípios para legislar sobre assuntos de interesse local, sobre os quais incluídos política de desenvolvimento urbano, planejamento, controle e uso do solo. Precedentes. 4. É inconstitucional norma de Constituição Estadual pele, a pretexto de organizar e delimitar competência de seus respectivos municípios, ofendido o princípio da autonomia municipal, consoante o art. 18, o art. 29 e o art. 30 da Constituição da República. Precedentes. 5. Ação Direta de Inconstitucionalidade conhecida e julgada procedente para declarar inconstitucionais os §§1º a 4º do inc. VII do art. 180 da Constituição do Estado de São Paulo.[501]

Entretanto, ainda entendemos que a área institucional não poderia ser desafetada, quer pelo empreendedor, quer pelo município, tendo em vista que se destina a viabilizar aos moradores do loteamento serviços públicos, visando proporcionar moradia digna aos adquirentes dos lotes.

Tem se tornado prática recorrente dos Municípios a outorga de permissões de uso de bens públicos de loteamentos, tais como os viários públicos e as áreas livres, a associações de moradores, para permitir o fechamento do loteamento. Tendo em vista que a Constituição Federal atribuiu a todos os Municípios competência

[501] BRASIL. Supremo Tribunal Federal. ADI 6.602. Relatora: Cármen Lúcia, Tribunal Pleno, julgado em: 14.06.2021.

para editar normas destinadas a "promover, no que couber, adequado ordenamento territorial, mediante planejamento e controle do uso do solo, do parcelamento e da ocupação do solo urbano" (art. 30, VIII) e a fixar diretrizes gerais com o objetivo de "ordenar o pleno desenvolvimento das funções sociais da cidade e garantir o bem-estar dos habitantes" (art. 182, *caput*), entende-se que tal procedimento seria legítimo. O Supremo Tribunal Federal, no julgamento RE 695.911, decidiu que "é admitido ao município editar lei que disponha sobre forma diferenciada de ocupação e parcelamento do solo urbano em loteamentos fechados, bem como que trate da disciplina interna desses espaços e dos requisitos urbanísticos mínimos a serem neles observados".[502] No mesmo sentido, já havia anteriormente decidido o Supremo Tribunal Federal que "é legítima, sob o aspecto formal e material, a Lei Complementar Distrital nº 710/2005, que dispôs sobre uma forma diferenciada de ocupação e parcelamento do solo urbano em loteamentos fechados, tratando da disciplina interna desses espaços e dos requisitos urbanísticos mínimos a serem neles observados".[503]

4.6 Terrenos de marinha

Conforme dispõe o inciso VII do art. 20 da Constituição Federal,[504] os terrenos de marinha e seus acrescidos são bens da União. A história dos terrenos de marinha indica sua importância à defesa do território. Conforme lição de Diogenes Gasparini, "sendo os terrenos de marinha faixas de terras fronteiriças ao mar, era de interesse preservá-las para a construção de obras ou implantação de serviços necessários à defesa do território, ou quando não, destiná-los aos serviços do Reino".[505] Os terrenos de marinha são bens dominicais, conforme dispõe o artigo 11 do Decreto nº 24.643/1934. Dessa forma, conforme lição de Joel de

---

[502] BRASIL. Supremo Tribunal Federal. RE 695.911. Relator: Dias Toffoli, Tribunal Pleno, julgado em: 15.12.2020.

[503] BRASIL. Supremo Tribunal Federal. RE 607.940. Relator: Teori Zavascki, Tribunal Pleno, julgado em: 29.10.2015.

[504] BRASIL. *Constituição da República Federativa do Brasil de 1988*. Disponível em: http://www.planalto.gov.br/ccivil_03/constituicao/constituicao.htm. Acesso em: 24 set. 2021.

[505] GASPARINI, Diogenes. *Direito Administrativo*. 17. ed. São Paulo: Saraiva, 2012. p. 1.013.

Menezes Niebuhr, "os terrenos de marinha, nessa qualidade, podem ser utilizados privativamente pela União, quer de modo direto, quer por meio da celebração de contratos com terceiros [...]. Inclusive é permitido à União alienar os terrenos de marinha".[506]

As marinhas podem ser classificadas, em relação à sua localização em continentais, costeiras e insulares. As marinhas continentais são as situadas no interior do continente. As marinhas costeiras são as localizadas na costa. As insulares são as situadas nas ilhas costeiras e oceânicas.

Em relação às águas que banham as marinhas, elas se classificam em marítimas, fluviais e lacustres. As marítimas são as banhadas pelas águas do mar. As fluviais são as banhadas pelas águas dos rios alcançados pelas marés. E, por fim, as lacustres são as banhadas pelas águas dos lagos que sofrem influência das marés.

O instituto jurídico dos terrenos de marinha foi criado pela Ordem Régia de 18.11.1818, estabelecendo uma faixa territorial nas margens marítimas da costa brasileira de 15 braças craveiras (unidade antiga de medida em que cada braça craveira é equivalente a 2,20m), contadas para o lado de terra a partir da "borda do mar nas marés de águas vivas". A partir de 1832, houve uma mudança do referencial, que passou a ser a "Linha da Preamar Média do ano de 1831", em conformidade com o art. 4º das Instruções do Ministério da Fazenda, datada de 14.11.1832.[507] Atualmente, a disciplina legal é o vetusto Decreto-Lei nº 9.760/1946.[508] Segundo este:

> Art. 2º São terrenos de marinha, em uma profundidade de trinta e três metros, medidos horizontalmente para a parte da terra, da posição da Linha da Preamar Média (LPM) de 1831:
> a) os situados no continente, na costa marítima e nas margens dos rios e lagoas, até onde se faça sentir a influência das marés;
> b) os que contornam as ilhas situadas em zonas onde se faça sentir a influência das marés.

---

[506] NIEBUHR, Joel de Menezes. Terrenos de marinha: aspectos destacados. *Revista de Doutrina da 4ª Região*, v. 24, n. 2, 2004.

[507] Cf. LIMA, Obéde Pereira. Demarcação dos terrenos de marinha e seus acrescidos. *Revista de Direito Imobiliário*. v. 59, jul.-dez./2005, p. 166-193,

[508] BRASIL. Decreto-Lei nº 9.760, de 5 de setembro de 1946. *Dispõe sobre os bens imóveis da União e dá outras providências*. Disponível em: http://www.planalto.gov.br/ccivil_03/decreto-lei/del9760compilado.htm. Acesso em: 15 out. 2021.

> Parágrafo único. Para esse efeito, a influência das marés é caracterizada pela oscilação periódica de 5 cm, pelo menos, do nível das águas, que ocorra em qualquer época do ano.
> Art. 3º São terrenos acrescidos de marinha os que se tiverem formado, natural ou artificialmente, para o lado do mar ou dos rios e lagoas, em seguimento aos terrenos de marinha.

Conforme lição da doutrina, "a linha da preamar-média significa a média da maré alta em determinado período; a linha da preamar-média de 1831 é a média da maré alta apurada em 1831".[509] As diretrizes para a elaboração do trabalho técnico destinado a apurar a linha da preamar média de 1831 encontram-se na Instrução Normativa nº 02, de 12 de março de 2001,[510] e na Orientação Normativa GEADE-002, de 12 de março de 2001, da Secretaria do Patrimônio da União.[511] Entretanto, não existem meios precisos de delimitação da linha da preamar média de 1831, sendo que a União tem se utilizado de uma linha da preamar presumida, conforme nos noticia a doutrina:[512]

> Desde os tempos mais remotos até os anos atuais, os terrenos de marinha e seus acrescidos vêm sendo demarcados pela Secretaria do Patrimônio da União (SPU), órgão do Ministério do Orçamento, Gestão e Planejamento, a partir de uma "linha de preamar média de 1831 presumida", porque aquele órgão do Governo Federal não tinha meios de calcular a LPM/1831 com a precisão e exatidão métrica requerida na caracterização destas parcelas imobiliárias. Com isto, em muitos casos e sem qualquer sombra de dúvida, os proprietários das parcelas alodiais limitantes com os terrenos de marinha tiveram as suas propriedades invadidas pelo Governo Federal, além de serem compulsados a pagar as correspondentes taxas de ocupações ou aforamentos anuais, em

---

509 NIEBUHR, Joel de Menezes. Terrenos de marinha: aspectos destacados. *Revista de Doutrina da 4ª Região*, v. 24, n. 2, 2004.

510 BRASIL. Secretaria do Patrimônio da União. *Instrução Normativa nº 2, de 12 de março de 2001*. Disponível em: https://www.gov.br/economia/pt-br/assuntos/patrimonio-da-uniao/legislacao/instrucoes-normativas/instrucoes-normativas-arquivos-pdf/in-02-2001-demarcacao-lpm-e-lmeo.pdf. Acesso em: 16 set. 2021.

511 BRASIL. Secretaria do Patrimônio da União. Orientação Normativa GEADE-002, de 12 de março de 2001. Disponível em: https://www.gov.br/economia/pt-br/assuntos/patrimonio-da-uniao/legislacao/orientacoes-normativas/orientacoes-normativas-arquivos-pdf/on_geade_02_terrenos_marinha.pdf. Acesso em: 16 set. 2021.

512 Cf. LIMA, Obéde Pereira. Demarcação dos terrenos de marinha e seus acrescidos. *Revista de Direito Imobiliário*. v. 59, jul.-dez./2005, p. 166-193.

caráter permanente, e mais os laudêmios nos casos de transferências desses bens para terceiros.

Existem grandes dificuldades na determinação de um valor que corresponda à média da maré alta de 1831, em razão do tempo decorrido:

> É também conveniente lembrar que há um período de quase dois séculos entre a referência temporal do estabelecimento da LPM/1831 e o momento atual. Na impossibilidade de se determinar um valor real do nível médio do mar naquele ano, por absoluta falta de dados contínuos durante todo esse período, deve-se calcular a preamar média atual através da análise dos dados amostrados. Na sequência, deve-se adotar um valor que corresponda à tendência do nível médio do mar na área em questão, em conjunto com a média dos desvios máximos ocorridos no período em torno dessa linha de tendência, como tolerância da medida altimétrica, para possibilitar a retrovisão da preamar média atual para o ano de 1831. Na impossibilidade de se calcular a tendência do nível do mar e os desvios em torno da reta de regressão para a área onde se realiza a localização geodésica da LPM/1831, deve-se adotar um valor conhecido da estação maregráfica mais próxima e que disponha de tal informação.[513]

Anote-se que, na prática, tem sido utilizado como marco a denominada "linha de jundu", a qual indica o final da praia e início da vegetação de restinga. O "jundu" é o nome que tem sido dado à vegetação de restinga. Trata-se, entretanto, de procedimento não previsto em lei que ocasiona o avanço da área de terrenos de marinha nos terrenos alodiais, de propriedade privada, conforme alerta de Joel de Menezes Niebuhr:

> [...] ao contar os terrenos de marinha a partir da linha de jundu, a União acaba, na maior parte das vezes, por usurpar parte de áreas que, a rigor jurídico, pertencem aos proprietários dos terrenos alodiais (confrontantes com os terrenos de marinha). Isso porque, em regra, a linha da preamar-média de 1831 deve se posicionar abaixo da linha de jundu, em direção às águas. Então, ao contar os terrenos de marinha da linha de jundu, a União avança os seus domínios indevidamente mais

[513] Cf. LIMA, Obéde Pereira. Demarcação dos terrenos de marinha e seus acrescidos. *Revista de Direito Imobiliário*. v. 59, jul.-dez./2005, p. 166-193.

alguns metros para o continente, sobre os terrenos alodiais, que, por dedução, perdem espaço.[514]

Os terrenos de marinha ainda não foram demarcados em todo o território brasileiro. Isso gera insegurança jurídica quanto ao início da área de propriedade da União. Nesse sentido, João Alfredo Raymundo e Silva nos informa que:

> Sucede que, em pouquíssimos pontos do litoral brasileiro este marco inicial – linha do preamar médio de 1831 – foi fixado. Como saber, então, onde começam e terminam os terrenos de marinhas e seus acrescidos. Isto acarreta sérios problemas às municipalidades quando da aprovação de plantas para construções e loteamentos e da prática de outros atos de administração.[515]

O entendimento é o de que qualquer título de propriedade em terreno de marinha não pode ser oposto à União, visto que a propriedade decorre da Constituição Federal, independentemente de registro imobiliário. Nesse sentido foi editada a Súmula 496 do Superior Tribunal de Justiça:[516]

> Os registros de propriedade particular de imóveis situados em terrenos de marinha não são oponíveis à União.

O título de propriedade em terreno de marinha não pode ser oposto à União que, em razão do mandamento constitucional decorrente do art. 20, VII, da Constituição Federal,[517] tem a propriedade da área, independentemente de registro imobiliário. Entretanto, pode o titular de um título de propriedade demonstrar que a fixação da linha da preamar de 1831, feita pela União, não foi realizada de forma correta.

---

514 NIEBUHR, Joel de Menezes. Terrenos de marinha: aspectos destacados. *Revista de Doutrina da 4ª Região*, v. 24, n. 2, 2004.

515 SILVA, João Alfredo Raymundo e. Terrenos de marinha, seus acrescidos e administração municipal. *Revista de Direito Público*, jan./jun. 1976, n. 37-38.

516 BRASIL. Superior Tribunal de Justiça. Súmula 496. Primeira Seção, julgado em: 08.08.2012.

517 BRASIL. *Constituição da República Federativa do Brasil de 1988*. Disponível em: http://www.planalto.gov.br/ccivil_03/constituicao/constituicao.htm. Acesso em: 24 set. 2021.

A União deve proporcionar momento algum aos ocupantes de terrenos de marinha, durante o procedimento de sua demarcação, na forma do art. 24, LIV,[518] da Constituição Federal, a observância do devido processo legal, garantindo o contraditório e a ampla defesa.[519] O Superior Tribunal de Justiça tem o entendimento consolidado de que a demarcação de terrenos de marinha deve ser realizada mediante a intimação pessoal dos proprietários com títulos registrados, sob pena de nulidade do procedimento, por ofensa ao devido processo legal:

> A citação dos interessados no procedimento demarcatório de terrenos de marinha e acrescidos, sempre que identificados e certo o domicílio, deverá realizar-se pessoalmente. Somente no caso de existirem interessados incertos poder-se-á realizar a convocação editalícia (Decreto-Lei nº 9.760/46, art. 11). A Administração Pública, ao proceder à convocação por edital dos recorrentes, proprietários com título registrado no Cartório de Imóveis e endereços certos, não lhes assegurou o pleno exercício do contraditório e da ampla defesa, violando, destarte, o devido processo legal constitucionalmente assegurado (CF/88, art. 5º, LIV e LV). Recurso especial parcialmente conhecido e, nessa parte, provido, para reconhecer a nulidade do processo de demarcação e a ilegalidade da cobrança da taxa de ocupação.[520]
>
> Por força da garantia do contraditório e da ampla defesa, a citação dos interessados no procedimento demarcatório de terrenos de marinha, sempre que identificados pela União e certo o domicílio, deverá realizar-se pessoalmente. Somente no caso de existirem interessados incertos, poderá a União valer-se da citação por edital. Após a demarcação da linha de preamar e a fixação dos terrenos de marinha, a propriedade passa ao domínio público e os antigos proprietários passam à condição de ocupantes, sendo provocados a regularizar a situação mediante pagamento de foro anual pela utilização do bem. Permitir a conclusão do procedimento demarcatório sem a citação pessoal dos interessados conhecidos pela Administração, representaria atentado aos princípios do contraditório e da ampla defesa, bem como à garantia da propriedade privada.[521]

---

[518] LIV – ninguém será privado da liberdade ou de seus bens sem o devido processo legal.

[519] LV – aos litigantes, em processo judicial ou administrativo, e aos acusados em geral são assegurados o contraditório e ampla defesa, com os meios e recursos a ela inerentes.

[520] BRASIL. Superior Tribunal de Justiça. REsp 617.044/SC. Rel. Min. Denise Arruda, Primeira Turma, julgado em: 21.02.2006.

[521] BRASIL Superior Tribunal de Justiça. REsp 586.859/SC. Rel. Min. Castro Meira, Segunda Turma, julgado em: 03.03.2005.

Ademais, aos possuidores do terreno de marinha com título de propriedade, existe o direito ao aforamento da área. Conforme consta do Decreto-Lei nº 9.760/1946:

> Art. 105: "Tem preferência ao aforamento:
> 1º – os que tiverem título de propriedade devidamente transcrito no Registo de Imóveis.

O foreiro do terreno de marinha pode consolidar a propriedade mediante o pagamento do valor correspondente ao valor de 17% do valor do domínio direto (art. 103, §2º do Decreto-Lei nº 9.760/1946), bem como aliená-lo, mediante o pagamento do laudêmio.

4.7 Praias

Conforme definição legal, §3º do art. 10 da Lei nº 7.661/1988,[522] "entende-se por praia a área coberta e descoberta periodicamente pelas águas, acrescida da faixa subsequente de material detrítico, tal como areias, cascalhos, seixos e pedregulhos, até o limite onde se inicie a vegetação natural, ou, em sua ausência, onde comece um outro ecossistema". Trata-se das chamadas praias marítimas.

As praias marítimas são "bens da União" (art. 20, IV, da Constituição Federal). Conforme disciplina a Lei nº 7.661/1988, art. 10, as praias são bens públicos de uso comum do povo, sendo assegurado, sempre, livre e franco acessos a elas e ao mar, em qualquer direção e sentido, ressalvados os trechos considerados de interesse de segurança nacional ou incluídos em áreas protegidas por legislação específica.

Além das praias marítimas, temos as chamadas praias fluviais, previstas no inciso III do art. 20 da Constituição Federal. Estas são terrenos ao longo de águas internas. Conforme lição de Thiago Marrara, "enquanto as praias marítimas são sempre bens públicos federais, as praias fluviais podem ser federais ou estaduais [...] elas serão federais apenas se situadas em rios, lagos e correntes igualmente federais".[523]

---

522 BRASIL. Lei nº 7.661, de 16 de maio de 1988. *Institui o Plano Nacional de Gerenciamento Costeiro e dá outras providências.* Disponível em: http://www.planalto.gov.br/ccivil_03/leis/l7661.htm. Acesso em: 15 out. 2021.

523 MARRARA, Thiago. Bens públicos na Constituição de 1988: repartição federativa, monopolização e classificação. *A&C – Revista de Direito Administrativo & Constitucional*, v. 18, n. 74, p. 125-146, 2018.

Por serem bens de uso comum do povo, as praias não comportam uso privativo. Não existe a denominada "praia de uso privativo" de hotéis e *resorts*. Estes não podem reservar parte da praia para uso exclusivo de seus hóspedes. Não se admite a limitação da praia, bem de uso comum do povo, conforme decidiu o Superior Tribunal de Justiça:

> Cuida-se de Ação Declaratória proposta por estabelecimento hoteleiro contra a União, buscando reconhecimento judicial de que o imóvel litigioso não se encontra em terreno de domínio público; alternativamente, pede que se declare que a empresa detém posse legal da área, bem como que se afirme a ilicitude de pretensão demolitória da Administração [...]. A nenhuma pessoa se faculta, ao arrepio da lei e da Administração, ocupar ou aproveitar praia de modo a se assenhorear, com finalidade comercial ou não, de espaço, benefícios ou poderes inerentes ao uso comum do povo. Livre acesso significa inexistência de obstáculos, construções ou estruturas artificiais de qualquer tipo, de tal sorte que a circulação na praia – em todas as direções, assim como nas imprescindíveis vias, estradas, ruas e caminhos de ingresso e saída – esteja completamente desimpedida. Franco acesso equivale à plenitude do direito de ir e vir, isento de pagamento e de controle de trânsito, diretos ou indiretos. Admite-se retribuição pecuniária quando decorrente de cobrança, pelo Estado, por aproveitamento de bem de uso comum do povo e limitação de acesso apenas no âmbito do exercício de legítimo poder de polícia, sobretudo para salvaguardar elevados valores coletivos, como saúde pública, meio ambiente, paisagem, patrimônio histórico e segurança nacional.[524]

Além de bens públicos de titularidade da União, as praias têm importância do ponto de vista ambiental e de lazer para a população, conforme entendimento do Superior Tribunal de Justiça:

> As praias encerram em si um feixe complexo de valores jurídicos e, em consequência, congregam, simultaneamente, bem público da União (componente do patrimônio imobiliário federal), bem ambiental (elemento vital do meio ambiente ecologicamente equilibrado) e bem de uso comum do povo (pelos serviços de lazer, paisagísticos, entre outros, a todos oferecidos). Daí se submeterem a pelo menos três microssistemas de tutela legal, cada qual garantido por esferas distintas e autônomas de responsabilidade civil, sem prejuízo de repercussões nos campos penal e administrativo.[525]

---

[524] BRASIL. Superior Tribunal de Justiça. REsp 1.457.851/RN. Rel. Min. Herman Benjamin, Segunda Turma, julgado em: 26.05.2015.

[525] BRASIL. Superior Tribunal de Justiça. REsp 1.730.402/RJ. Rel. Min. Herman Benjamin, Segunda Turma, julgado em: 07.06.2018.

Os terrenos de marinha podem se sobrepor às praias, bem de uso comum do povo. Mas nem toda praia é terreno de marinha. Se a extensão da praia ultrapassar os 33 metros da preamar média, haverá praia além do terreno de marinha:

> Os terrenos de marinha não se confundem com as praias. Segundo o §3º do artigo 10 da Lei nº 7.661, de 16 de maio de 1988, que institui o Plano Nacional de Gerenciamento Costeiro, "entende-se por praia a área coberta e descoberta periodicamente pelas águas, acrescida da faixa subsequente de material detrítico, tal como areias, cascalhos, seixos e pedregulhos, até o limite onde se inicie a vegetação natural, ou, em sua ausência, onde comece um outro ecossistema." Veja-se que a praia é de dimensão variável: há faixas de praias, por exemplo, de 1 (um) metro, 10 (dez) metros ou de 60 (sessenta) metros, dependendo da largura da faixa de material detrítico. Nesse sentido, os 33 (trinta e três) metros a partir da linha da preamar média de 1831, que constituem o terreno de marinha, podem ultrapassar a faixa da praia, bem como a faixa da praia pode ultrapassá-los, ou mesmo pode haver terreno de marinha em locais em que não haja praia. Ademais, a praia é bem de uso comum, ao contrário dos terrenos de marinha, que, como visto, são bens dominicais. Quer-se dizer que todos do povo têm acesso irrestrito às praias, podem utilizá-las livre e indistintamente, o que não ocorre com os terrenos de marinha.[526]

Mas, se houver sobreposição de terreno de marinha e praia, "prevalecerá o regime de uso comum do povo sobre aquele de bem dominical".[527]

4.8 Ilhas

Conforme art. 20, inciso IV, da Constituição Federal, são bens da União as ilhas fluviais e lacustres nas zonas limítrofes com outros países. Também, são bens da União as ilhas oceânicas e as costeiras. Não são bens da União as ilhas costeiras que contenham a sede de Municípios. Entretanto, mesmo sendo sede de Município, a ilha costeira será de domínio da União, se afetada ao serviço público federal ou se for unidade ambiental federal.

---

[526] NIEBUHR, Joel de Menezes. Terrenos de marinha: aspectos destacados. *Revista de Doutrina da 4ª Região*, v. 24, n. 2, 2004.

[527] JUSTEN FILHO, Marçal. *Curso de Direito Administrativo*. 8. ed. Belo Horizonte: Fórum, 2012. p. 1.095.

Por outro lado, são bens dos Estados, na forma do art. 26, II, da Constituição Federal, as áreas nas ilhas oceânicas e costeiras que estiverem no domínio estadual. Não são estaduais, entretanto, as áreas das ilhas oceânicas e costeiras que estiverem sob o domínio da União, de Municípios ou de terceiros. Por fim, também são de domínio dos Estados as ilhas fluviais e lacustres que não estão em zonas limítrofes com outros países.

Thiago Marrara interpreta os dispositivos acima da seguinte forma:

> As ilhas de rios e de lagos serão bens federais quando se encontrarem em "zonas limítrofes com outros países". Ilhas existentes em outros tipos de rios federais (como os interestaduais ou que provenham de outros países ou para eles rumem) não são federais, mas sim estaduais. Quanto às ilhas oceânicas e costeiras, a regra geral se inverte. A União detém todas as ilhas que se localizem dentro da área marítima sobre a qual exerce soberania (ou seja, até os limites de seu mar territorial), salvo as que "contenham a sede de Municípios, exceto aquelas áreas afetadas ao serviço público e à unidade ambiental federal, e as referidas no art. 26, II" (art. 20, IV, da CF/1988). Sobre essa disposição, há que se destacarem três aspectos: i) os Municípios podem ser proprietários de ilhas ou áreas em ilhas, desde que ali se encontre a sede do governo municipal; ii) as ilhas federais não englobam áreas que estejam no domínio dos Estados federados a qualquer título, do que resulta que uma ilha não é tratada como um imóvel unitário, mas sim como parcela do território que aceita apropriação múltipla por entes distintos; iii) o art. 26, II, em sua parte final, da CF/1988, permite que haja ilhas privadas (ao se referir a "terceiros").[528]

Deve-se atentar que a previsão da propriedade privada de ilhas, prevista no art. 26, II, da Constituição Federal como de domínio de "terceiros", conforme lição de José Cretella Júnior, refere-se ao reconhecimento, pelo Constituinte, dos "direitos adquiridos pelos particulares sobre os terrenos e as construções, bem como sobre a totalidade da superfície da ilha".[529] Ou seja, o Constituinte não realizou uma desapropriação das propriedades privadas existentes antes de 1988.

---

[528] MARRARA, Thiago. Bens públicos na Constituição de 1988: repartição federativa, monopolização e classificação. *A&C – Revista de Direito Administrativo & Constitucional*, v. 18, n. 74, p. 125-146, 2018.

[529] CRETELLA JÚNIOR, José. Dos bens públicos na Constituição de 1988. *Revista dos Tribunais*, n. 635, 1990. p. 27.

Acerca da propriedade Estadual das ilhas costeiras, estas somente são dos Estados se tiverem sido, em algum momento, a estes transferidas pela União. Antes da Emenda nº 46/2005, as costeiras eram da União; após, foram, as que contém sede de Municípios, a estes transferidas. Não houve qualquer transferência constitucional da propriedade das ilhas costeiras aos Estados. Nesse sentido foi o entendimento do Supremo Tribunal Federal:

> Incertezas acerca da dominialidade das terras devolutas, nas ilhas costeiras, até o advento da Constituição Federal de 1988, que, no art. 20, IV, inclui expressamente as ilhas da espécie entre os bens da União. A ressalva contida no mencionado dispositivo quanto às áreas nela situadas, que estiverem no domínio dos Estados, tem sentido explicitativo quanto à possibilidade de parcelas de tais ilhas terem sido, no passado, e vierem a ser, no futuro, transferidas para os Estados, pelos meios regulares de Direito. Dessas áreas é que cuida o art. 26, II da Carta de 1988, ao referir as áreas, nas olhas costeiras, que estiverem no domínio dos Estados.[530]

A Constituição Federal em sua redação originária tinha a seguinte redação:

> Art. 20. São bens da União:
> IV – as ilhas fluviais e lacustres nas zonas limítrofes com outros países; as praias marítimas; as ilhas oceânicas e as costeiras, excluídas, destas, as áreas referidas no art. 26, II.

A Emenda Constitucional nº 46/2005 excluiu dos bens da União as ilhas que contenham sede de Município:

> Art. 20. São bens da União:
> IV – as ilhas fluviais e lacustres nas zonas limítrofes com outros países; as praias marítimas; as ilhas oceânicas e as costeiras, *excluídas, destas, as que contenham a sede de Municípios,* exceto aquelas áreas afetadas ao serviço público e a unidade ambiental federal, e as referidas no art. 26, II.

A expressão "destas", se literalmente interpretada, teria abrangido somente as ilhas costeiras, e não as oceânicas que

---

530 BRASIL. Supremo Tribunal Federal. ACO 317. Rel. Min. Ilmar Galvão, Tribunal Pleno, julgado em: 17.09.1992.

contenham sede de Municípios. Entretanto, partindo-se de uma "interpretação histórica",[531] ou seja, aquela que busca verificar a vontade do elaborador da norma no momento em que a produziu, constata-se que a finalidade era a transferência da dominialidade das ilhas oceânicas e costeiras aos Municípios. A Emenda Constitucional nº 46/2005 decorreu da Proposta de Emenda Constitucional nº 15, de 2004. No relatório do Senador Jorge Bornhausen, nota-se a clara finalidade de atribuir a propriedade de tais áreas aos Municípios:[532]

> À época da Assembleia Nacional Constituinte, que culminou com a promulgação da Constituição Cidadã, defendemos com veemência, juntamente com o ilustre Deputado Cláudio Ávila, *a tese de que as ilhas oceânicas e costeiras*, onde há sede de Municípios, não deveriam ser incorporadas aos bens da União.
> Na oportunidade, lamentavelmente, a emenda por nós apoiada restou rejeitada. Agora, todavia, vislumbramos a oportunidade de, finalmente, trilharmos o caminho correto e corrigirmos o equívoco em que incorreu a Assembleia Nacional Constituinte.
> A proposta claramente cuida apenas de restabelecer a normalidade dos fatos, retirando do patrimônio da União terras que lhe foram indevidamente atribuídas, e restituindo aos Municípios tais glebas que, em face do processo de urbanização, passaram a integrar suas respectivas áreas administrativas.
> Não se pode olvidar que sob a égide do regime constitucional anterior, os Municípios não possuíam a mesma estatura jurídica à qual foram alçados pela Carta Magna de 1988, e isto nos convence de que foi um lamentável equívoco da Assembleia Nacional Constituinte ignorar seu *status* de ente federativo pleno, outorgando à União a propriedade de terras devolutas localizadas em ilhas costeiras ou oceânicas que contenham sede de Município.
> Cuida-se de um evidente entrave ao perfeito desenvolvimento local, cabendo ressaltar que, além de Florianópolis/SC, outras duas capitais de Estados – São Luís/MA e Vitória/ES –, além de outros tantos Municípios

[531] "A interpretação histórica do texto normativo busca auxílio nos projetas e debates parlamentares, nas emendas, nos votos vencedores ou vencidos na Constituinte, as discussões à época na Assembleia e, até mesmo, as revelações daqueles que presenciaram os trabalhos legislativos, ou seja, elementos que apontem para o fim de cada preceito". (AYDOS, Elena de Lemos Pinto. Hermenêutica e Interpretação: um estudo dos cânones de Carlos Maximiliano. *Cadernos do Programa de Pós-Graduação em Direito PPGDir./ UFRGS,* v. 4, n. 7, 2005. Disponível em: http://seer.ufrgs.br/index.php/ppgdir/article/viewFile/50818/31648. Acesso em: 17 out. 2017.).

[532] BRASIL. Senado Federal. *Proposta de Emenda Constitucional nº 15 de 2004*. Disponível em: http://legis.senado.leg.br/sdleg-getter/documento?dm=4647574&disposition=inline. Acesso em: 18 out. 2017.

que, a despeito de não serem capitais de seus Estados, possuem relevante importância estratégica para o desenvolvimento regional, estão na mesma injustificável situação jurídica.

A doutrina tem partilhado do entendimento acima, qual seja, de que as áreas das *ilhas oceânicas e costeiras* que são sedes de Municípios foram transferidas para o domínio destes, após a Emenda Constitucional nº 46/2005:

> A EC 46, de 5.5.2005, transferiu ao domínio dos Municípios as ilhas oceânicas e as costeiras que contenham as suas sedes, salvo as áreas afetadas ao serviço público e a unidade ambiental federal.[533]
> No que diz respeito às ilhas oceânicas e costeiras integram elas o patrimônio da União, com as ressalvas que a Constituição estabelece [...]. Entretanto, no que concerne às ilhas costeiras, as que contenham sede de Municípios a estes pertencem, como é o caso, por exemplo, da Ilha de Florianópolis.[534]

Assim, as ilhas oceânicas e costeira que contêm sede de Município são de titularidade deste. Entretanto, os terrenos de marinha existentes nas ilhas transferidas aos Municípios pela Emenda Constitucional nº 46/2005 continuam de propriedade da União. Nesse sentido, deliberou o Supremo Tribunal Federal:[535]

> Controvérsia sobre a situação dominial dos terrenos de marinha e seus acrescidos localizados em ilha costeira com sede de Município, à luz do art. 20, IV, da Constituição da República, após a promulgação da Emenda Constitucional nº 46/2005. 2. O domínio da União sobre as terras situadas nas ilhas litorâneas (art. 20, IV) foi reconhecido pelo Supremo Tribunal Federal no julgamento da ACO 317 (Relator Ministro Ilmar Galvão, Tribunal Pleno, DJ 20.11.1992), resguardada a legitimidade de eventual transferência da titularidade para os Estados, pelos meios regulares de direito (art. 26, II). 3. A alteração introduzida pela Emenda Constitucional nº 46/2005 criou, no ordenamento jurídico,

533 MEIRELLES, Hely Lopes. *Direito Administrativo Brasileiro*. 32. ed. Atualizada por Eurico de Andrade Azevedo, Délcio Balestero Aleixo, José Emmanuel Burle Filho. São Paulo: Malheiros, 2006. p. 554.

534 COUTO E SILVA, Almiro. *In*: CANOTILHO, José Joaquim Gomes; MENDES, Gilmar Ferreira; SARLET, Ingo Wolfgang; STRECK, Lenio Luiz. *Comentários à Constituição do Brasil*. São Paulo: Saraiva, 2014. p. 718.

535 BRASIL. Supremo Tribunal Federal. RE 636.199. Relatora: Min. Rosa Weber, Tribunal Pleno, julgado em: 27.04.2017.

exceção à regra geral então vigente sobre a propriedade das ilhas costeiras. Com a redação conferida ao art. 20, IV, da Constituição da República pelo constituinte derivado, deixaram de pertencer à União as ilhas costeiras em que sediados entes municipais, expressamente ressalvadas, no novo comando constitucional, as "áreas afetadas ao serviço público e a unidade ambiental federal e as referidas no art. 26, II", que remanesceram no patrimônio federal. Antes da Emenda Constitucional nº 46/2005, todos os imóveis situados nas ilhas costeiras que não pertencessem, por outro título, a estado, município ou particular, eram propriedade da União. Promulgada a aludida emenda, deixa de constituir título hábil a ensejar o domínio da União o simples fato de que situada determinada área em ilha costeira, se nela estiver sediado Município, não mais se presumindo a propriedade da União sobre tais terras, que passa a depender da existência de outro título que a legitime. Controvérsia sobre a exegese de norma erigida pelo constituinte derivado. Interpretação sistemática do art. 20, IV e VII, da Constituição da República. Concepção hermenêutica da Constituição como um todo orgânico, conjunto coerente de normas, vinculantes e compatíveis entre si. A EC nº 46/2005 não alterou o regime patrimonial dos terrenos de marinha, tampouco dos potenciais de energia elétrica, dos recursos minerais, das terras tradicionalmente ocupadas pelos índios e de nenhum outro bem arrolados no art. 20 da CF. Conformação do conteúdo e alcance da Emenda Constitucional nº 46/2005 ao primado da isonomia, princípio informador – a um só tempo – dos âmbitos de elaboração, interpretação e aplicação da lei [...]. Ao equiparar o regime jurídico-patrimonial das ilhas costeiras em que sediados Municípios àquele incidente sobre a porção continental do território brasileiro, a Emenda Constitucional nº 46/2005 não interferiu na propriedade da União, nos moldes do art. 20, VII, da Constituição da República, sobre os terrenos de marinha e seus acrescidos situados em ilhas costeiras sede de Municípios, incólumes as relações jurídicas daí decorrentes [...].

4.9 Terras tradicionalmente ocupadas pelos índios

Conforme dispõe o art. 20, inciso XI, da Constituição Federal,[536] são bens da União as terras tradicionalmente ocupadas pelos índios. Conforme definição constante do §1º do art. 231, da Constituição Federal, são terras tradicionalmente ocupadas pelos índios as por eles habitadas em caráter permanente, as utilizadas para suas atividades produtivas, as imprescindíveis à preservação

[536] BRASIL. *Constituição da República Federativa do Brasil de 1988*. Disponível em: http://www.planalto.gov.br/ccivil_03/constituicao/constituicao.htm. Acesso em: 24 set. 2021.

dos recursos ambientais necessários a seu bem-estar e as necessárias à sua reprodução física e cultural, segundo seus usos, costumes e tradições. As terras tradicionalmente ocupadas pelos índios destinam-se à sua posse permanente, cabendo-lhes o usufruto exclusivo das riquezas do solo, dos rios e dos lagos nelas existentes, conforme §2º do art. 231, da Constituição Federal.

Decorre da disciplina constitucional vigente, que a propriedade das terras tradicionalmente ocupadas pelos índios é da União, cabendo aos indígenas o usufruto de tais áreas. Entretanto, a União não pode alienar as terras indígenas, em razão de vedação constitucional expressa (§4º do art. 231). Os indígenas podem explorar as riquezas do solo, dos rios e dos lagos existentes nas terras indígenas. Entretanto, o usufruto exclusivo dos índios não lhes permite cobrar pedágios por vias que cortem suas terras:

> A exclusividade de usufruto das riquezas do solo, dos rios e dos lagos nas terras indígenas é conciliável com a eventual presença de não índios, bem assim com a instalação de equipamentos públicos, a abertura de estradas e outras vias de comunicação, a montagem ou construção de bases físicas para a prestação de serviços públicos ou de relevância pública, desde que tudo se processe sob a liderança institucional da União, controle do Ministério Público e atuação coadjuvante de entidades tanto da administração federal quanto representativas dos próprios indígenas. O que já impede os próprios índios e suas comunidades, por exemplo, de interditar ou bloquear estradas, cobrar pedágio pelo uso delas e inibir o regular funcionamento das repartições públicas.[537]

Somente mediante prévia autorização do Congresso Nacional e somente em caso de catástrofe ou epidemia, que ponha em risco sua população, ou no interesse da soberania do País, poderão os indígenas serem removidos das terras tradicionalmente por eles ocupadas. Entretanto, deve ser garantido, em qualquer hipótese, o retorno imediato logo que cesse o risco.

Em razão de as terras indígenas serem de propriedade da União, mediante autorização legislativa emanada do Congresso Nacional, ouvidas as comunidades afetadas, pode ser autorizado, na forma prevista no §3º do art. 231, da Constituição Federal, o

---

537 BRASIL. Supremo Tribunal Federal. Pet 3.388. Relator: Min. Ayres Britto, julgado em: 19.03.2009.

aproveitamento dos recursos hídricos, incluídos os potenciais energéticos, a pesquisa e a lavra das riquezas minerais em terras indígenas. Deve, entretanto, ser garantida a participação da comunidade indígena nos resultados da lavra.

A Constituição Federal procurou proteger os indígenas, seu modo de vida e as áreas tradicionalmente por eles ocupadas. Procurou-se pagar uma dívida histórica, em razão da colonização, da escravidão do indígena e da tomada de suas terras. Nesse sentido é a lição de Irene Patrícia Nohara:

> A organização de um sistema que protegesse direitos e interesses das comunidades indígenas foi, além de reflexo da democratização (uma vez que houve nos trabalhos da Constituinte maior abertura para a participação de diversos grupos sociais), uma forma encontrada para minimizar impactos negativos de séculos de colonização e de governos autoritários que desconsideravam a dívida histórica existente para com os habitantes que se encontravam no local ao tempo do 'descobrimento'.[538]

No mesmo sentido foi o entendimento do Supremo Tribunal Federal:

> Os arts. 231 e 232 da CF são de finalidade nitidamente fraternal ou solidária, própria de uma quadra constitucional que se volta para a efetivação de um novo tipo de igualdade: a igualdade civil-moral de minorias, tendo em vista o protovalor da integração comunitária. Era constitucional compensatória de desvantagens historicamente acumuladas, a se viabilizar por mecanismos oficiais de ações afirmativas. No caso, os índios a desfrutar de um espaço fundiário que lhes assegure meios dignos de subsistência econômica para mais eficazmente poderem preservar sua identidade somática, linguística e cultural. Processo de uma aculturação que não se dilui no convívio com os não índios, pois a aculturação de que trata a Constituição não é perda de identidade étnica, mas somatório de mundividências. Uma soma, e não uma subtração. Ganho, e não perda.[539]

Conforme dispõe o art. 231, da Constituição Federal, compete à União demarcar as terras tradicionalmente ocupadas pelos índios

[538] NOHARA, Irene Patrícia. *Direito Administrativo*. 9. ed. São Paulo: Atlas, 2019. p. 810.

[539] BRASIL. Supremo Tribunal Federal, Pet 3.388. Rel. Min. Ayres Britto, julgado em: 19.03.2009.

que se destinam à sua posse permanente. Na verdade, deveria a União, conforme preceito do art. 67, do ADCT, ter concluído a demarcação de todas as terras indígenas em até 5 (cinco) anos, contados a partir da promulgação da Constituição Federal de 1988. Entretanto, não houve o cumprimento do mandamento constitucional, o que gerou e continua gerando conflitos entre indígenas e demais possuidores de terras.

As terras tradicionalmente ocupadas pelos índios são inalienáveis e indisponíveis, e os direitos sobre elas, imprescritíveis, conforme dispõe o §4º do art. 231, da Constituição Federal. Conforme lição da doutrina, "pretendeu-se resguardar seu *habitat* natural, de modo que se mantivessem sua tradição, seus costumes e o prosseguimento de sua descendência genética, enquanto não se inserem no processo de aculturação com o meio civilizado".[540]

São nulos e extintos, não produzindo efeitos jurídicos, os atos que tenham por objeto a ocupação, o domínio e a posse das terras tradicionalmente ocupadas pelos índios, conforme dispõe o §6º do art. 231, da Constituição Federal. Não há qualquer direito à indenização ou a ações contra a União, salvo na forma da lei, quanto às benfeitorias derivadas da ocupação de boa-fé, sobre eventual título de propriedade em terras tradicionalmente ocupadas pelos índios. Houve uma desapropriação constitucional das terras tradicionalmente ocupadas pelos índios, sem qualquer direito à indenização de eventual titular de propriedade ou de posse destas terras. Nesse sentido, conforme o §6º, do art. 231, da CF:

> A eventual existência de registro imobiliário em nome de particular, a despeito do que dispunha o art. 859 do CC/1916 ou do que prescreve o art. 1.245 e parágrafos do vigente Código Civil, não torna oponível à União Federal esse título de domínio privado, pois a Constituição da República pré-excluiu do comércio jurídico as terras indígenas *res extra commercium*, proclamando a nulidade e declarando a extinção de atos que tenham por objeto a ocupação, o domínio e a posse de tais áreas, considerando ineficazes, ainda, as pactuações negociais que sobre elas incidam, sem possibilidade de quaisquer consequências de ordem jurídica, inclusive aquelas que provocam, por efeito de expressa recusa constitucional, a própria denegação do direito à indenização ou do

540 CARVALHO FILHO, José dos Santos. *Manual de Direito Administrativo*. 27. ed. São Paulo: Atlas, 2014. p. 1.229.

acesso a ações judiciais contra a União Federal, ressalvadas, unicamente, as benfeitorias derivadas da ocupação de boa-fé.[541]

O reconhecimento de que uma área é tradicionalmente ocupada pelos índios é um ato meramente declaratório. A demarcação das terras indígenas apenas reconhece um direito já existente. Não há outorga de direito, mas apenas a formalização de um direito já reconhecido pela Constituição Federal. Decidiu o Supremo Tribunal Federal, no §6º, do art. 231, da CF, que:

> Os direitos dos índios sobre as terras que tradicionalmente ocupam foram constitucionalmente "reconhecidos", e não simplesmente outorgados, com o que o ato de demarcação se orna de natureza declaratória, e não propriamente constitutiva. Ato declaratório de uma situação jurídica ativa preexistente. Essa a razão de a Carta Magna havê-los chamado de "originários", a traduzir um direito mais antigo do que qualquer outro, de maneira a preponderar sobre pretensos direitos adquiridos, mesmo os materializados em escrituras públicas ou títulos de legitimação de posse em favor de não índios. Atos, estes, que a própria Constituição declarou como "nulos e extintos.[542]

O substantivo "índios", usado pela Constituição Federal, abrange numerosas etnias de aborígenes e retrata uma diversidade indígena tanto interétnica quanto intraétnica. Os índios em processo de aculturação permanecem índios para o fim de proteção constitucional. Assim, a proteção constitucional não se limita aos silvícolas, os índios ainda em primitivo estádio de habitantes da selva, abrangendo também os índios aculturados.

4.9.1 O marco temporal para a apuração das terras tradicionalmente ocupadas pelos índios

Segundo entendimento do Supremo Tribunal Federal, sobre as terras tradicionalmente ocupadas pelos índios, "entende-se que

---

[541] BRASIL. Supremo Tribunal Federal. RMS 29.193 AgR-ED. Rel. Min Celso de Mello, julgado em: 16.12.2014, 2ª T.

[542] BRASIL. Supremo Tribunal Federal. Pet 3.388. Rel. Min. Ayres Britto, julgado em: 19.03.2009.

não significa terras ocupadas desde os tempos imemoriais, mas um modo tradicional de os índios ocuparem e utilizarem suas terras".[543] De acordo com a Súmula nº 650/STF,[544] o conceito de "terras tradicionalmente ocupadas pelos índios" não abrange aquelas que eram possuídas pelos nativos no passado remoto. Assim, firmou-se, na Jurisprudência do Supremo Tribunal Federal, um marco temporal para a referida ocupação, qual seja, a data da promulgação da Constituição Federal de 1988. Nesse sentido:

> A CF trabalhou com data certa – a data da promulgação dela própria (5 de outubro de 1988) – como insubstituível referencial para o dado da ocupação de um determinado espaço geográfico por esta ou aquela etnia aborígene; ou seja, para o reconhecimento, aos índios, dos direitos originários sobre as terras que tradicionalmente ocupam. [...] É preciso que esse estar coletivamente situado em certo espaço fundiário também ostente o caráter da perdurabilidade, no sentido anímico e psíquico de continuidade etnográfica. A tradicionalidade da posse nativa, no entanto, não se perde onde, ao tempo da promulgação da Lei Maior de 1988, a reocupação apenas não ocorreu por efeito de renitente esbulho por parte de não índios.[545]

Entretanto, o referido marco temporal foi objeto de críticas. Em tese, não haveria na Constituição Federal a previsão do referido marco temporal.[546] Nos casos em que houve a perda involuntária da posse das terras pelos indígenas, seria uma injustiça o não reconhecimento do direito da comunidade silvícola às terras que lhes foram esbulhadas.[547] Dever-se-ia, caso a caso, analisar se a terra foi de ocupação tradicional pela comunidade indígena, mesmo que inexistente a efetiva ocupação na data da promulgação

---

543 NOHARA, Irene Patrícia. *Direito Administrativo*. 9. ed. São Paulo: Atlas, 2019. p. 812.

544 BRASIL. Supremo Tribunal Federal. Súmula 650. Sessão Plenária de 24/09/2003. Disponível em: https://jurisprudencia.stf.jus.br/pages/search/seq-sumula650/false. Acesso em: 15 out. 2021.

545 BRASIL. Supremo Tribunal Federal, Pet 3.388. Rel. Min. Ayres Britto, julgado em: 19.03.2009, P, *DJE* de 1º-7-2010.

546 Nesse sentido: STARCK, Gilberto; BRAGATO, Fernanda Frizzo. O impacto da tese do marco temporal nos processos judiciais que discutem direitos possessórios indígenas. *Revista Direitos Sociais e Políticas Públicas (UNIFAFIBE)*, v. 8, n. 1, p. 245-282, 2020.

547 Nesse sentido: PEGORARI, Bruno. A tese do "marco temporal da ocupação" como interpretação restritiva do direito à terra dos povos indígenas no Brasil: um olhar sob a perspectiva da Corte Interamericana de Direitos Humanos. *Aracê – Direitos Humanos em Revista*, v. 4, n. 5, p. 242-262, 2017.

da Constituição Federal ou em qualquer outro marco temporal. Assim, a interpretação dada pelo Supremo Tribunal Federal, de que somente são terras indígenas as por estes ocupadas na data de 5 de outubro de 1988, estaria retirando direitos da comunidade indígena expressamente assegurados pela Constituição Federal.

Por outro lado, o art. 67, do ADCT, ao dispor que a União deveria ter concluído a demarcação das terras indígenas no prazo de cinco anos a partir da promulgação da Constituição parece indicar que o próprio Constituinte Originário teria considerado a posse da terra indígena na data da promulgação da Constituição Federal. Ademais, se não estabelecido um marco temporal, poderia haver insegurança jurídica em relação à propriedade fundiária em todo o território nacional que era originalmente ocupado por indígenas e, por isso, em tese, poderia ser declarada de ocupação tradicional antes de 1988. Por fim, a ausência de um critério objetivo irá gerar decisões díspares, fundadas em laudos antropológicos que nem sempre seguem os mesmos critérios e que podem ser marcados pela subjetividade de quem os elaboram.

O Supremo Tribunal Federal, no julgamento do Tema 1031 no Recurso Extraordinário nº 1.017.365 fixou as seguintes teses:

> i) A demarcação consiste em procedimento declaratório do direito originário territorial à posse das terras ocupadas tradicionalmente por comunidade indígena;
> ii) A posse tradicional indígena é distinta da posse civil, consistindo na ocupação das terras habitadas em caráter permanente pelos indígenas, nas utilizadas para suas atividades produtivas, nas imprescindíveis à preservação dos recursos ambientais necessários a seu bem-estar e nas necessárias a sua reprodução física e cultural, segundo seus usos, costumes e tradições, nos termos do §1º do artigo 231 do texto constitucional;
> iii) A proteção constitucional aos direitos originários sobre as terras que tradicionalmente ocupam independe da existência de um marco temporal em 05 de outubro de 1988 ou da configuração do renitente esbulho, como conflito físico ou controvérsia judicial persistente à data da promulgação da Constituição;
> iv) Existindo ocupação tradicional indígena ou renitente esbulho contemporâneo à promulgação da Constituição Federal, aplica-se o regime indenizatório relativo às benfeitorias úteis e necessárias, previsto no §6º do art. 231 da CF/88;
> v) Ausente ocupação tradicional indígena ao tempo da promulgação da Constituição Federal ou renitente esbulho na data da promulgação

da Constituição, são válidos e eficazes, produzindo todos os seus efeitos, os atos e negócios jurídicos perfeitos e a coisa julgada relativos a justo título ou posse de boa-fé das terras de ocupação tradicional indígena, assistindo ao particular direito à justa e prévia indenização das benfeitorias necessárias e úteis, pela União; e quando inviável o reassentamento dos particulares, caberá a eles indenização pela União (com direito de regresso em face do ente federativo que titulou a área) correspondente ao valor da terra nua, paga em dinheiro ou em títulos da dívida agrária, se for do interesse do beneficiário, e processada em autos apartados do procedimento de demarcação, com pagamento imediato da parte incontroversa, garantido o direito de retenção até o pagamento do valor incontroverso, permitidos a autocomposição e o regime do §6º do art. 37 da CF;

vi) Descabe indenização em casos já pacificados, decorrentes de terras indígenas já reconhecidas e declaradas em procedimento demarcatório, ressalvados os casos judicializados e em andamento;

vii) É dever da União efetivar o procedimento demarcatório das terras indígenas, sendo admitida a formação de áreas reservadas somente diante da absoluta impossibilidade de concretização da ordem constitucional de demarcação, devendo ser ouvida, em todo caso, a comunidade indígena, buscando-se, se necessário, a autocomposição entre os respectivos entes federativos para a identificação das terras necessárias à formação das áreas reservadas, tendo sempre em vista a busca do interesse público e a paz social, bem como a proporcional compensação às comunidades indígenas (art. 16.4 da Convenção 169 OIT);

viii) A instauração de procedimento de redimensionamento de terra indígena não é vedada em caso de descumprimento dos elementos contidos no artigo 231 da Constituição da República, por meio pedido de revisão do procedimento demarcatório apresentado até o prazo de cinco anos da demarcação anterior, sendo necessário comprovar grave e insanável erro na condução do procedimento administrativo ou na definição dos limites da terra indígena, ressalvadas as ações judiciais em curso e os pedidos de revisão já instaurados até a data de conclusão deste julgamento;

ix) O laudo antropológico realizado nos termos do Decreto nº 1.775/1996 é um dos elementos fundamentais para a demonstração da tradicionalidade da ocupação de comunidade indígena determinada, de acordo com seus usos, costumes e tradições, na forma do instrumento normativo citado;

x) As terras de ocupação tradicional indígena são de posse permanente da comunidade, cabendo aos indígenas o usufruto exclusivo das riquezas do solo, dos rios e lagos nelas existentes;

xi) As terras de ocupação tradicional indígena, na qualidade de terras públicas, são inalienáveis, indisponíveis e os direitos sobre elas imprescritíveis;

xii) A ocupação tradicional das terras indígenas é compatível com a tutela constitucional do meio ambiente, sendo assegurado o exercício das atividades tradicionais dos povos indígenas;
xiii) Os povos indígenas possuem capacidade civil e postulatória, sendo partes legítimas nos processos em que discutidos seus interesses, sem prejuízo, nos termos da lei, da legitimidade concorrente da FUNAI e da intervenção do Ministério Público como fiscal da lei.

O Supremo Tribunal Federal, dessa forma, alterou o seu entendimento acerca do "marco temporal". Este ainda é relevante, mas apenas para se delimitar os casos em que haverá indenização ao proprietário da área considerada como tradicionalmente ocupada pelos indígenas. Entretanto, a controvérsia persiste. O Congresso Nacional aprovou a Lei nº 14.701/2023 que restabeleceu o marco temporal. Desde então, foram apresentadas quatro ações no Supremo Tribunal Federal questionando a validade da lei (ADI nº 7582, ADI nº 7583, ADI nº 7586 e ADO nº 86) e uma pedindo que o STF declare sua constitucionalidade (ADC nº 87). Tais ações, até a presente data, não haviam sido julgadas.

4.10 Vias terrestres

Conforme definição do Código de Trânsito Brasileiro[548] (Lei nº 9.503/1997), são vias terrestres urbanas e rurais, as ruas, as avenidas, os logradouros, os caminhos, as passagens, as estradas e as rodovias. As vias terrestres são bens de uso comum do povo, nos termos do art. 99, I, do CC.

Conforme lição de José Afonso da Silva,[549] "as estradas públicas são, por princípio, construídas em solo público e pertencem à entidade que as tenha construído". Entretanto, é possível que um imóvel de propriedade particular se torne uma estrada, seja por construção realizada pelo ente público sem prévia desapropriação, seja por ter sido historicamente utilizado pela comunidade para a movimentação de pessoas e coisas. Uma área, após se tornar uma

[548] BRASIL. Lei nº 9.503, de 23 de setembro de 1997. *Institui o Código de Trânsito Brasileiro.* Disponível em: http://www.planalto.gov.br/ccivil_03/leis/l9503compilado.htm. Acesso em: 16 out. 2021.

[549] SILVA, José Afonso. *Direito Urbanístico Brasileiro.* 2. ed. São Paulo, Malheiros, 1995. p. 172-173.

estrada, adquire a condição de bem público de uso comum do povo, em razão da sua destinação, independentemente da propriedade tabular que eventualmente constar do Cartório de Registro de Imóveis. Nesse sentido é a lição de Hely Lopes Meirelles:[550]

> Tais áreas ou são originariamente do Poder Público que as utiliza com a rodovia, ou lhe são transferidas por qualquer dos meios comuns de alienação (compra e venda, doação, permuta, desapropriação), ou são integradas no domínio público, excepcionalmente, por simples destinação, que as torna irreivindicáveis por seus primitivos proprietários. Esta transferência por destinação opera-se pelo só fato da transformação da propriedade privada em via pública sem oportuna oposição do particular, independentemente, para tanto, de qualquer transcrição ou formalidade administrativa. Isto, todavia, não impede que o particular despojado de suas terras obtenha a justa indenização do dano causado pelo Poder Público por essa desapropriação indireta.

Uma via pública compreende, além do local por onde circulam os veículos, outras áreas adjacentes. Conforme lição de José Cretella Júnior, "as *estradas de rodagem* compreendem, além da faixa de terra ocupada com o revestimento da *pista,* os *acostamentos* e as *faixas de arborização,* áreas, essas, pertencentes ao domínio público da entidade que as constrói, como elementos integrantes da via pública".[551] Tais áreas são as denominadas faixas de domínio.

A "faixa de domínio" é a base física sobre a qual assenta uma rodovia, constituída pelas pistas de rolamento, canteiros, obras de arte, acostamentos, sinalização e faixa lateral de segurança, até o alinhamento das cercas que separam a estrada dos imóveis marginais ou da faixa do recuo. Trata-se de bem público de uso comum.

Além das faixas de domínio, existem as denominadas áreas "*non aedificand*", previstas no inciso III do art. 4º da Lei nº 6.766/1999.[552] A propriedade da área "*non aedificandi*" é privada, mas sofre uma limitação ao direito do proprietário que não pode nela edificar. Conforme

---

[550] MEIRELLES, Hely Lopes. *Direito Administrativo Brasileiro*. 31. ed. São Paulo: Malheiros, 2005. p. 551-552.

[551] MEIRELLES, Hely Lopes. *Direito Administrativo Brasileiro*. 35. ed. São Paulo: Malheiros, 2009. p. 562.

[552] BRASIL. Lei nº 6.766, de 19 de dezembro de 1979. *Dispõe sobre o Parcelamento do Solo Urbano e dá outras Providências*. Disponível em: http://www.planalto.gov.br/ccivil_03/leis/l6766.htm. Acesso em: 24 set. 2021.

lição de Hely Lopes Meirelles, "a legislação rodoviária impõe uma *limitação administrativa* aos terrenos marginais das estradas de rodagem, consistente na proibição de construções a menos de quinze metros da rodovia, contado o recuo da divisão do domínio público com o particular".[553] As áreas "*non aedificandi*" têm por finalidade garantir a segurança de pessoas e de bens que trafegam nas rodovias, bem como das pessoas que, indevidamente, constroem prédios às margens das rodovias. Também se destinam a propiciar condições de realizar obras de conservação das vias. Assim, existe um Interesse Público para a preservação das áreas "*non aedificandi*". Em razão desse Interesse Público, a Jurisprudência tem determinado a demolição de construções irregulares em áreas "*non aedificandi*":

> Administrativo. Ação demolitória. DNIT. Legitimidade ativa. Barracão. Comprovação de edificação parcial na faixa *non aedificandi*. Preponderância da segurança no trânsito sobre o direito de propriedade.
> 1. O DNIT possui legitimidade para ajuizar ação demolitória com o objetivo de coibir a ocupação desordenada às margens de rodovia federal, pois, conforme o art. 82 da Lei nº 10.233/01, a autarquia é órgão gestor e executor da infraestrutura do Sistema Viário Federal.
> 2. Comprovado que parte do barracão situa-se dentro da área não edificável, corretas a demolição e a limpeza determinadas na sentença.
> 3. *Em caso de eventual colisão dos princípios do direito de propriedade em face da segurança pública, deve-se conferir, na espécie, maior peso e importância a este último, sob pena de ficar inviabilizado, em breve espaço de tempo, a circulação automobilística do local.*[554]

A Lei Federal nº 13.913/2019,[555] ao permitir que o Município possa, por meio de lei, reduzir o tamanho da área *non aedificandi*, a Lei Federal nº 13.913/2019 também impôs um limite a essa redução. O limite da redução da extensão da área *non aedificandi* (em até cinco metros), é aplicável também aos Estados. A disciplina do

---

[553] MEIRELLES, Hely Lopes. *Direito Administrativo Brasileiro*. 35. ed. São Paulo: Malheiros, 2009. p. 563.

[554] BRASIL. Tribunal Regional Federal da 4ª Região. APELREEX 5000090-17.2010.404.7212, Terceira Turma. Relatora p/ Acórdão Maria Lúcia Luz Leiria, DE. 29.07.2011 (grifos nossos).

[555] BRASIL. Lei nº 13.913, de 25 de novembro de 2019. *Altera a Lei nº 6.766, de 19 de dezembro de 1979, para assegurar o direito de permanência de edificações na faixa não edificável contígua às faixas de domínio público de rodovias e para possibilitar a redução da extensão dessa faixa não edificável por lei municipal ou distrital*. Disponível em: http://www.planalto.gov.br/ccivil_03/_ato2019-2022/2019/lei/L13913.htm. Acesso em: 16 out. 2021.

uso do solo urbano é matéria de competência dos Municípios, em razão da norma constante do art. 30, VIII, da Constituição Federal. Os Municípios têm competência para suplementar as legislações federal e estadual, na forma do art. 30, II, da Constituição Federal.[556] Apesar de não constarem do rol do art. 24 da Constituição Federal, os Municípios também detêm competência suplementar nas matérias de sua competência.[557] Assim, somente o Município poderia suplementar a norma do art. 4º, III, da Lei Federal nº 6.766/1979 (com a redação dada pela Lei nº 13.913/2019) e reduzir de 15 metros (até o limite de 5 metros) a extensão da área *non aedificandi*. Qualquer lei estadual que disciplinasse de forma diversa à extensão da área *non aedificandi* no perímetro urbano seria inconstitucional por tratar de assunto de competência do Município.

Resulta do art. 4º, III, da Lei Federal nº 6.766/1979 (com a redação dada pela Lei nº 13.913/2019), que a área *non aedificandi* não pode ter extensão inferior a 5 (cinco) metros. Trata-se de norma geral de direito urbanístico. Conforme lição de Celso Antônio Bandeira de Mello, "cumpre reconhecer como incluído no campo das normas gerais a fixação, pela União, de padrões mínimos de defesa do Interesse Público concernente àquelas matérias em que tais padrões deveriam estar assegurados em todo o País, sob pena de ditos interesses ficarem à míngua de proteção".[558] A área *non aedificandi* é instituída para garantir a segurança de pessoas e de bens que trafegam nas rodovias, bem como das pessoas que, indevidamente, constroem prédios às margens das rodovias. A previsão da extensão mínima da área *non aedificandi* positivada no art. 4º, III, da Lei

---

556 BRASIL. *Constituição da República Federativa do Brasil de 1988*. Disponível em: http://www.planalto.gov.br/ccivil_03/constituicao/constituicao.htm. Acesso em: 24 set. 2021.

557 Nesse sentido: "A Constituição não inseriu os Municípios no campo da legislação concorrente estabelecido no art. 24, em cujos parágrafos normatiza sobre a relação entre normas gerais e legislação suplementar. No entanto, admite, no inciso II do art. 30, a competência municipal para legislar suplementarmente à legislação federal e estadual, no que couber [...]. Em síntese, a *competência suplementar* do Município só pode verificar-se em torno de assuntos que sejam também de interesse local, além de sua dimensão federal ou estadual". (SILVA, José Afonso da. *Comentário contextual à Constituição*. 4. ed. São Paulo: Malheiros, 2007. p. 309.).

558 BANDEIRA DE MELLO, Celso Antônio. O conceito de normas gerais no direito constitucional brasileiro. *Interesse Público (IP)*, Belo Horizonte, ano 13, n. 66, mar./abr. 2011. Disponível em: https://www.editoraforum.com.br/noticias/o-conceito-de-normas-gerais-no-direito-constitucional-brasileiro/. Acesso em: 28 jun. 2022.

Federal nº 6.766/1979 (com a redação dada pela Lei nº 13.913/2019), por constituir um padrão mínimo para o atendimento do Interesse Público, tem natureza de norma geral.

No exercício da competência suplementar, poderia o Estado adotar medidas mais enérgicas que as adotadas pela União, por meio de normas gerais, visando ao atendimento do Interesse Público, mas não poderia adotar medidas que implicassem ineficácia da norma federal. Nesse sentido é a lição de Celso Antônio Bandeira de Mello:[559]

> Dessarte, de fora parte diretrizes, princípios e delineamentos genéricos, a União estaria autorizada também a qualificar, em casos de símile compostura, um patamar, um piso defensivo do Interesse Público que as legislações estadual e distrital não poderiam desatender. Porém, acima daquele piso e obviamente respeitados os princípios e diretrizes pertinentes, Estados e Distrito Federal legislariam livremente sobre as matérias da legislação concorrente. Isto é, poderiam neste campo sempre estabelecer exigências defensivas do Interesse Público, ainda mais enérgicas, mais intensas ou mais extensas do que as fixadas pela União; o que não poderiam seria rebaixá-las porque, aí sim, estariam contrariando normas gerais, é dizer, normas instituídas para caracterizar o patamar mínimo imposto para defesa do Interesse Público atinente àquele objeto legislado.

O Superior Tribunal de Justiça[560] já demonstrou o entendimento de que os estados e municípios não teriam competência para restringir a área *non adificandi* de forma a reduzir a proteção mínima estabelecida na legislação federal:

> Como limitação administrativa de gênese *ope legis* e imposição geral e abstrata, a área *non aedificandi* é imprescritível. É dever do Município fielmente observar as normas federais e estaduais, em especial as ambientais, urbanísticas, sanitárias e de segurança. Se violam a legislação, pouco importa estarem a planta e/ou o projeto da atividade, da obra ou construção aprovados por Conselho de Engenharia e Arquitetura ou por

---

[559] MELLO, Celso Antônio Bandeira de. O conceito de normas gerais no direito constitucional brasileiro. *Interesse Público (IP)*, Belo Horizonte, a. 13, n. 66, mar.-abr./2011. Disponível em: https://www.editoraforum.com.br/noticias/o-conceito-de-normas-gerais-no-direito-constitucional-brasileiro/. Acesso em: 28 jun. 2022 (grifos nossos.).

[560] BRASIL. Superior Tribunal de Justiça. REsp 1.344.793/MG. Rel. Min Herman Benjamin, Segunda Turma, julgado em: 06.08.2015.

agente municipal, pois a ninguém é lícito passar a borracha em exigências legais, inafastáveis, por vontade individual. Conforme ressaltou o Tribunal de origem, de acordo com a Lei nº 6.766/1979: "os Municípios poderão estabelecer normas complementares relativas ao parcelamento do solo municipal para adequar o previsto nesta Lei às peculiaridades regionais e locais" (art. 1º, parágrafo único, grifo acrescentado). Entenda-se, o poder do estado e do município é apenas para complementar a Lei nº 6.766/1979, isto é, adicionar proteção, nunca para reduzir ou enfraquecer o microssistema federal, que é piso mínimo, e sempre de maneira a adequá-la a peculiaridades regionais e locais que demandem disciplina mais rigorosa.

Assim, poderia a legislação Estadual e/ou Municipal impor uma área *non aedificandi* superior a 5 metros, mas nunca inferior, tendo em vista que essa medida foi considerada como o mínimo necessário ao atendimento do Interesse Público pela norma geral federal (Lei Federal nº 13.913/2019. Se houver norma do Município, ela prevalece, por se tratar de assunto de competência do Município, desde que observada a norma geral federal. A superveniência da Lei Federal nº 13.913/2019 ocasionou, com fundamento no §4º do art. 24 da Constituição Federal, a suspensão de todas as normas estaduais e municipais que previam uma extensão inferior a 5 (cinco) metros das áreas *non aedificandi*.

4.11 Os recursos naturais da plataforma continental e da zona econômica exclusiva

Conforme dispõe o inciso V, do art. 20, da Constituição Federal,[561] os recursos naturais da plataforma continental e da zona econômica exclusiva são bens da União. Anote-se, primeiramente, que são bens públicos os recursos naturais da plataforma continental e da zona econômica exclusiva, e não a faixa de terras por estas compreendida. Consequentemente, a área da plataforma continental e da zona econômica exclusiva pode ser considerada, pela legislação estadual, como pertencente ao Estado, para fins tributários, conforme já decidiu o Supremo Tribunal Federal.[562]

---

[561] BRASIL. *Constituição da República Federativa do Brasil de 1988*. Disponível em: http://www.planalto.gov.br/ccivil_03/constituicao/constituicao.htm. Acesso em: 24 set. 2021.

[562] BRASIL. Supremo Tribunal Federal. ADI 2.080. Voto do Rel. Min. Gilmar Mendes, julgado em: 18.10.2019.

Conforme disciplina da Lei nº 8.617/1993,[563] a plataforma continental do Brasil compreende o leito e o subsolo das áreas submarinas que se estendem além do seu mar territorial, em toda a extensão do prolongamento natural de seu território terrestre, até o bordo exterior da margem continental, ou até uma distância de duzentas milhas marítimas das linhas de base, a partir das quais se mede a largura do mar territorial, nos casos em que o bordo exterior da margem continental não atinja essa distância.[564] O limite exterior da plataforma continental será fixado em conformidade com os critérios estabelecidos no art. 76 da Convenção das Nações Unidas sobre o Direito do Mar, celebrada em Montego Bay, em 10 de dezembro de 1982.[565]

O Brasil exerce direitos de soberania sobre a plataforma continental, para efeitos de exploração dos recursos naturais.[566] Os recursos naturais considerados bens públicos da União são os recursos minerais e outros não-vivos do leito do mar e do subsolo, bem como os organismos vivos pertencentes a espécies sedentárias, isto é, àquelas que, no período de captura, estão imóveis no leito do mar ou no seu subsolo, ou que só podem mover-se em constante contato físico com esse leito ou subsolo.[567]

Conforme decidiu o Supremo Tribunal Federal, "embora os recursos naturais da plataforma continental e os recursos minerais sejam bens da União (CF, art. 20, V e IX), a participação ou compensação aos estados, Distrito Federal e municípios no resultado da exploração de petróleo, xisto betuminoso e gás natural são receitas originárias destes últimos entes federativos (CF, art. 20, §1º)".[568]

Na *plataforma continental*, o Brasil, no exercício de sua jurisdição, tem o direito exclusivo de regulamentar a investigação científica marinha, a proteção e a preservação do meio marinho, bem como a

[563] BRASIL. Lei nº 8.617, de 4 de janeiro de 1993. *Dispõe sobre o mar territorial, a zona contígua, a zona econômica exclusiva e a plataforma continental brasileiros, e dá outras providências*. Disponível em: http://www.planalto.gov.br/ccivil_03/leis/l8617.htm. Acesso em: 24 out. 2021.

[564] Art. 11 da Lei nº 8.617/1993.

[565] Parágrafo único do art. 11 da Lei nº 8.617/1993.

[566] Art. 12 da Lei nº 8.617/1993.

[567] Parágrafo único do art. 12 da Lei nª 8.617/1993.

[568] BRASIL. Supremo Tribunal Federal. MS 24.312. Relatora: Min. Ellen Gracie, julgado em: 19.02.2003.

construção, a operação e o uso de todos os tipos de ilhas artificiais, instalações e estruturas. A investigação científica marinha, na plataforma continental, só poderá ser conduzida por outros Estados com o consentimento prévio do Governo brasileiro, nos termos da legislação em vigor que regula a matéria. O Governo brasileiro tem o direito exclusivo de autorizar e regulamentar as perfurações na plataforma continental, quaisquer que sejam os seus fins.[569]

A zona econômica exclusiva brasileira compreende uma faixa que se estende das doze às duzentas milhas marítimas, contadas a partir das linhas de base que servem para medir a largura do mar territorial.[570] Na zona econômica exclusiva, o Brasil tem direitos de soberania para fins de exploração e aproveitamento, conservação e gestão dos recursos naturais, vivos ou não vivos, das águas sobrejacentes ao leito do mar, do leito do mar e do seu subsolo, e no que se refere a outras atividades com vistas à exploração e ao aproveitamento da zona para fins econômicos.[571] Na *zona econômica exclusiva*, o Brasil, no exercício de sua jurisdição, tem o direito exclusivo de regulamentar a investigação científica marinha, a proteção e a preservação do meio marítimo, bem como a construção, a operação e o uso de todos os tipos de ilhas artificiais, instalações e estruturas; a investigação científica marinha, na zona econômica exclusiva, só poderá ser conduzida por outros Estados com o consentimento prévio do Governo brasileiro, nos termos da legislação em vigor que regula a matéria.[572]

A realização por outros Estados, na zona econômica exclusiva, de exercícios ou manobras militares, em particular as que impliquem o uso de armas ou explosivos, somente poderá ocorrer com o consentimento do Governo brasileiro.[573] São reconhecidos a todos os Estados o gozo, na zona econômica exclusiva, das liberdades de navegação e sobrevoo, bem como de outros usos do mar internacionalmente lícitos, relacionados com as referidas liberdades, tais como os ligados à operação de navios e aeronaves.[574]

---

[569] Art. 13 da Lei nº 8.617/1993.

[570] Art. 6º da Lei nº 8.617/1993.

[571] Art. 7º da Lei nº 8.617/1993.

[572] Art. 8º da Lei nº 8.617/1993.

[573] Art. 9º da Lei nº 8.617/1993.

[574] Art. 10 da Lei nº 8.617/1993.

4.12 O mar territorial

Conforme dispõe o inciso VI, do art. 20, da Constituição Federal,[575] o mar territorial é um bem público de domínio da União. A Lei nº 8.617/1993[576] disciplina o mar territorial brasileiro. Este compreende uma faixa de doze milhas marítimas de largura, medidas a partir da linha de baixa-mar do litoral continental e insular, tal como indicada nas cartas náuticas de grande escala, reconhecidas oficialmente no Brasil.[577] Nos locais em que a costa apresente recortes profundos e reentrâncias, ou em que exista uma franja de ilhas ao longo da costa na sua proximidade imediata, será adotado o método das linhas de base retas, ligando pontos apropriados, para o traçado da linha de base, a partir da qual será medida a extensão do mar territorial.[578]

Existem duas teorias acerca da natureza jurídica da soberania exercida pelo Estado na área do mar territorial. A primeira sustenta que o mar territorial faz parte do território do Estado. A segunda entende que o mar territorial é parte do alto-mar, mas o direito atribui ao Estado ribeirinho alguns direitos, como o de vigilância e controle.[579] A soberania do Brasil estende-se ao mar territorial, ao espaço aéreo sobrejacente, bem como ao seu leito e subsolo.[580] É reconhecido aos navios de todas as nacionalidades o direito de passagem inocente no mar territorial brasileiro.[581] A passagem será considerada inocente desde que não seja prejudicial à paz, à boa ordem ou à segurança do Brasil, devendo ser contínua e rápida.[582] A passagem inocente poderá compreender o parar e o fundear, mas apenas na medida em que tais procedimentos constituam incidentes

---

[575] BRASIL. *Constituição da República Federativa do Brasil de 1988*. Disponível em: http://www.planalto.gov.br/ccivil_03/constituicao/constituicao.htm. Acesso em: 24 set. 2021.

[576] BRASIL. Lei nº 8.617, de 4 de janeiro de 1993. *Dispõe sobre o mar territorial, a zona contígua, a zona econômica exclusiva e a plataforma continental brasileiros, e dá outras providências*. Disponível em: http://www.planalto.gov.br/ccivil_03/leis/l8617.htm. Acesso em: 24 out. 2021.

[577] Art. 1º da Lei nº 8.617/1993

[578] Parágrafo único do art. 1º da Lei nº 8.617/1993.

[579] MONDIN, Tito. Mar territorial. *Revista de informação legislativa*, v. 4, n. 15/16, p. 181-216, jul./dez. 1967. Disponível em: https://www2.senado.leg.br/bdsf/bitstream/handle/id/180792/000349483.pdf?sequence=1&isAllowed=y. Acesso em: 3 jun. 2022.

[580] Art. 2º da Lei nº 8.617/1993.

[581] Art. 3º da Lei nº 8.617/1993.

[582] §1º do art. 3º da Lei nº 8.617/1993.

comuns de navegação ou sejam impostos por motivos de força ou por dificuldade grave, ou tenham por fim prestar auxílio a pessoas, navios ou aeronaves em perigo ou em dificuldade grave.[583] Os navios estrangeiros no mar territorial brasileiro estarão sujeitos aos regulamentos estabelecidos pelo Governo brasileiro.[584]

O Supremo Tribunal Federal já decidiu que a área do mar territorial pode ser considerada, pela legislação estadual, como pertencente ao Estado, para fins tributários.[585]

4.13 Os potenciais de energia hidráulica

Conforme dispõe o inciso VIII, do art. 20, da Constituição Federal,[586] os potenciais de energia hidráulica são bens públicos de titularidade da União. O potencial de energia hidráulica decorre da "capacidade natural de produção de energia elétrica com base na força das águas e que decorre de características geográficas presentes em um determinado imóvel".[587]

Conforme entendimento da doutrina acerca dos potencias hidráulicos, "a lei que então vigorava – e ainda vigora – é o Código de Águas (Decreto nº 24.643, de 10 de julho de 1934) cujos arts. 139 e seguintes disciplinam as forças hidráulicas e regulamentam a indústria hidrelétrica".[588] Segundo o Código de Águas:

> Art. 145. As quedas-d'água e outras fontes de energia hidráulica são bens imóveis e tidas como coisas distintas e não integrantes das terras em que se encontrem. Assim a propriedade superficial não abrange a água, o álveo do curso no trecho em que se acha a queda-d'água, nem a respectiva energia hidráulica, para o efeito de seu aproveitamento industrial.

---

583 §2º do art. 3º da Lei nº 8.617/1993.

584 §3º do art. 3º da Lei nº 8.617/1993.

585 BRASIL. Supremo Tribunal Federal. ADI 2.080. Voto do Rel. Min. Gilmar Mendes, julgado em: 18.10.2019.

586 BRASIL. *Constituição da República Federativa do Brasil de 1988*. Disponível em: http://www.planalto.gov.br/ccivil_03/constituicao/constituicao.htm. Acesso em: 24 set. 2021.

587 MARRARA, Thiago; FERRAZ, Luciano. *Direito Administrativo dos bens e restrições estatais à propriedade.* Tratado de Direito Administrativo. v. 3. DI PIETRO, Maria Sylvia Zanella (coord.). São Paulo: Revista dos Tribunais, 2014. p. 114.

588 SILVA, José Afonso da. *Comentário Contextual à Constituição.* 4. ed. São Paulo: Malheiros, 2007. p. 257.

Da disciplina legal acima, resulta que *os potenciais de energia hidráulica não se confundem com as terras onde se encontram*. A faixa de terra onde se encontra o potencial de energia elétrica não é bem público. Conforme lição da doutrina,

> O potencial de energia hidráulica tem uma natureza autônoma em relação aos bens materiais a eles relativos. Se um rio nasce e deságua dentro de um mesmo Estado da federação e possui potencial de hidroenergético, ter-se-á sobre este recurso natural dois bens distintos, sujeitos a autônomos regimes de titularidade [...] da mesma forma como o potencial de energia hidráulica (bem público da União) não se confunde com o recurso hídrico específico de que depende sua existência (bem público do Estado do RS), submetendo-se cada qual a um regime próprio de administração e uso (ressalvado o dever de articulação entre os entes federados previsto no artigo 21, XII, b, da CF), quer me parecer também inconfundíveis o potencial hidroenergético e a infraestrutura de transportes hidroviários ali alocada pelo MT ou pela Concessionária [...] sendo o potencial de energia hidráulica um bem imaterial associado aos bens materiais que lhe dão suporte físico, mas distinto e autônomo em relação a eles.[589]

Assim, o potencial de energia hidráulica é um bem imaterial que não se confunde com os bens eventualmente utilizados na sua exploração nem com a área de terra onde se encontra o curso-d'água.

Os potenciais de energia hidráulica classificam-se como bens públicos de uso especial, conforme lição de Gilberto Bercovici:[590]

> Os potenciais de energia hidráulica são bens públicos de uso especial, bens indisponíveis cuja destinação pública está definida constitucionalmente: a exploração e aproveitamento de seus potenciais, que, por determinação constitucional (artigo 176, §1º), deve ser feita no interesse nacional. A exploração dos potenciais de energia hidráulica está vinculada aos objetivos fundamentais dos artigos 3º, 170 e 219, da Constituição de 1988, ou seja, o desenvolvimento, a redução das desigualdades e a garantia da soberania econômica nacional. Tratase de um patrimônio nacional irrenunciável.

---

[589] MARQUES NETO, Floriano Peixoto de Azevedo. Regime jurídico dos bens públicos empregados na geração de energia. *Revista de Direito Administrativo*, v. 232, p. 333-354, 2003.

[590] BERCOVICI, Gilberto. A exploração dos potenciais de energia hidráulica e o seu "aproveitamento ótimo". *Revista de Direito Público da Economia (RDPE)*. Belo Horizonte, a. 9, n. 35, p. 3.148, jul.-set./ 2011.

4.14 Recursos minerais

Conforme dispõe o inciso IX, do art. 20, da Constituição Federal,[591] os recursos naturais, inclusive os do subsolo, são bens públicos de titularidade da União. O Código Civil dispõe, no art. 1.229, que "a propriedade do solo abrange a do espaço aéreo e subsolo correspondentes, em altura e profundidade úteis ao seu exercício, não podendo o proprietário opor-se a atividades que sejam realizadas, por terceiros, a uma altura ou profundidade tais, que não tenha ele interesse legítimo em impedi-las". Entretanto, segundo o art. 1.230, "a propriedade do solo não abrange as jazidas, minas e demais recursos minerais, os potenciais de energia hidráulica, os monumentos arqueológicos e outros bens referidos por leis especiais". Assim, a propriedade do subsolo também é do titular da propriedade do solo, mas as riquezas do subsolo[592] têm disciplina diferenciada, em razão do interesse econômico que delas decorrem.

A disciplina da matéria é feita pelo Decreto-Lei nº 227/1967.[593] Compete à União administrar os recursos minerais, a indústria de produção e a distribuição mineral, o comércio e o consumo de produtos minerais.[594]

A atividade de mineração abrange a pesquisa, a lavra, o desenvolvimento da mina, o beneficiamento, o armazenamento de estéreis e rejeitos e o transporte e a comercialização dos minérios, mantida a responsabilidade do titular da concessão diante das obrigações impostas pelo Decreto-Lei nº 227/1967 até o fechamento da mina,

---

591 BRASIL. *Constituição da República Federativa do Brasil de 1988*. Disponível em: http://www.planalto.gov.br/ccivil_03/constituicao/constituicao.htm. Acesso em: 24 set. 2021.

592 "Subsolo é o que fica debaixo do solo. As riquezas do subsolo representam, no conjunto da economia do Estado, um dos elementos de maior relevância e, em torno desse assunto, a Política, a Economia e o Direito disputam a primazia. É que não somente se deve levar em conta, no exame dos problemas ligados à exploração das riquezas minerárias, aquelas ligadas aos meios ou processo de extração, mas também ao domínio, à utilização da propriedade, ao aproveitamento do solo e do subsolo". (CRETELLA JÚNIOR, Dos bens públicos na Constituição de 1988. *Revista dos Tribunais*, v. 653, 1990, p. 16-48, mar. 1990).

593 BRASIL. Decreto-Lei nº 227, de 28 de fevereiro de 1967. *Dá nova redação ao Decreto-Lei nº 1.985, de 29 de janeiro de 1940. (Código de Minas)*. Disponível em: http://www.planalto.gov.br/ccivil_03/decreto-lei/Del0227compilado.htm. Acesso em: 27 out. 2021.

594 Art. 1º do Decreto-Lei nº 227/1967.

que deverá ser obrigatoriamente convalidado pelo órgão regulador da mineração e pelo órgão ambiental licenciador.[595]

Entende-se por pesquisa mineral a execução dos trabalhos necessários à definição da jazida, sua avaliação e a determinação da exequibilidade do seu aproveitamento econômico.[596] Entende-se por lavra o conjunto de operações coordenadas objetivando o aproveitamento industrial da jazida, desde a extração das substâncias minerais úteis que contiver, até o beneficiamento dessas substâncias.[597]

Os regimes de aproveitamento das substâncias minerais são: i) regime de concessão, quando depender de portaria de concessão do Ministro de Estado de Minas e Energia; ii) regime de autorização, quando depender de expedição de alvará de autorização do Diretor-Geral do Departamento Nacional de Produção Mineral (DNPM); iii) regime de licenciamento, quando depender de licença expedida em obediência a regulamentos administrativos locais e de registro da licença no Departamento Nacional de Produção Mineral (DNPM); iv) regime de permissão de lavra garimpeira, quando depender de portaria de permissão do Diretor-Geral do Departamento Nacional de Produção Mineral (DNPM); v) regime de monopolização, quando, em virtude de lei especial, depender de execução direta ou indireta do Governo Federal.[598]

Conforme dispõe o art. 27, do Decreto-Lei nº 227/1967, o titular de autorização de pesquisa poderá realizar os trabalhos respectivos, e também as obras e os serviços auxiliares necessários, em terrenos de domínio público ou particular, abrangidos pelas áreas a pesquisar, desde que pague aos respectivos proprietários ou posseiros uma renda pela ocupação dos terrenos e uma indenização pelos danos e prejuízos que possam ser causados pelos trabalhos de pesquisa, observadas as seguintes regras: i) a renda não poderá exceder ao montante do rendimento líquido máximo da propriedade na extensão da área a ser realmente ocupada; ii) a indenização por

---

595 Art. 6-A do Decreto-Lei nº 227/1967.

596 Art. 14 do Decreto-Lei nº 227/1967.

597 Art. 36 do Decreto-Lei nº 227/1967.

598 Art., 2º do Decreto-Lei nº 227/1967.

danos causados não poderá exceder o valor venal da propriedade na extensão da área efetivamente ocupada pelos trabalhos de pesquisa, salvo no caso previsto no inciso seguinte; iii) quando os danos forem de molde a inutilizar para fins agrícolas e pastoris toda a propriedade em que estiver encravada a área necessária aos trabalhos de pesquisa, a indenização correspondente a tais danos poderá atingir o valor venal máximo de toda a propriedade; iv) os valores venais a que se referem os incisos II e III serão obtidos por comparação com valores venais de propriedade da mesma espécie, na mesma região; v) no caso de terrenos públicos, é dispensado o pagamento da renda, ficando o titular da pesquisa sujeito apenas ao pagamento relativo a danos e prejuízos.

O direito à pesquisa e/ou à exploração de atividade mineral pode ser concedido pela União, proprietária dos recursos minerais, para entes privados. Tal direito pode ser concedido em terrenos de propriedade pública ou particular. Entretanto, em regra, existe o dever atribuído ao titular do direito de pesquisa e/ou de exploração de pagar aos proprietários ou posseiros uma renda pela ocupação dos terrenos e uma indenização pelos danos e prejuízos que possam ser causados pelos trabalhos de pesquisa.

A previsão do inciso V, do art. 27, do Decreto-Lei Federal nº 227, de 28 de fevereiro de 1967, para a qual, "no caso de terrenos públicos, é dispensado o pagamento da renda, ficando o titular da pesquisa sujeito apenas ao pagamento relativo a danos e prejuízos", não foi recepcionada pela Constituição de 1988. A previsão no Decreto-Lei de dispensa de pagamento da renda pelo uso de terrenos do Estado ofende o princípio federativo insculpido no art. 18 da Constituição Federal, do qual decorre a autonomia na gestão patrimonial.

Por fim, tendo em vista que o direito à pesquisa e/ou à exploração de atividade mineral representa uma atividade econômica e lucrativa, tendo por objeto bem público da União, deve-se observar o princípio da impessoalidade para a escolha do beneficiário da autorização, conforme determina o art. 37 da Constituição Federal. Caso exista mais de um interessado, devem ser adotados os procedimentos necessários para que a escolha seja determinada pelo maior retorno econômico à União, proprietária dos recursos minerais.

4.15 As cavidades naturais subterrâneas

Conforme dispõe o inciso X, do art. 20, da Constituição Federal,[599] as cavidades naturais subterrâneas são bens públicos de titularidade da União. O Decreto Federal nº 10.935/2022[600] disciplina a proteção das cavidades naturais subterrâneas, revogando a disciplina anterior do Decreto nº 99.556/1990.[601]

Considera-se cavidade natural subterrânea o espaço subterrâneo acessível pelo ser humano, com ou sem abertura identificada, conhecido como caverna, gruta, lapa, toca, abismo, furna ou buraco, incluídos o seu ambiente, o conteúdo mineral e hídrico, a fauna e a flora presentes e o corpo rochoso onde se inserem, desde que tenham sido formados por processos naturais, independentemente de suas dimensões ou tipo de rocha encaixante.[602] Há 6.040 (seis mil e quarenta) cavernas subterrâneas identificadas no Brasil.[603] Somente o Estado de Minas Gerais possui 2.284 cavernas subterrâneas.

Conforme lição da doutrina, "para que seja considerada um bem exclusivo federal, é preciso que a cavidade tenha se formado ou venha a se formar por processo natural, e não em decorrência da ação humana".[604] Por fim, a cavidade deve ser subterrânea; se existente sobre o solo, não é um bem da União.

Conforme lição de estudiosos especializados, "as cavidades naturais subterrâneas são bens que apresentam um ecossistema

---

[599] BRASIL. *Constituição da República Federativa do Brasil de 1988*. Disponível em: http://www.planalto.gov.br/ccivil_03/constituicao/constituicao.htm. Acesso em: 24 set. 2021.

[600] BRASIL. Decreto nº 10.935, de 12 de janeiro de 2022. *Dispõe sobre a proteção das cavidades naturais subterrâneas existentes no território nacional*. Disponível em: https://www.planalto.gov.br/ccivil_03/_ato2019-2022/2022/decreto/d10935.htm. Acesso em: 22 jan. 2022.

[601] Brasil. Decreto nº 99.556, de 1º de outubro de 1990. *Dispõe sobre a proteção das cavidades naturais subterrâneas existentes no território nacional, e dá outras providências*. Disponível em: http://www.planalto.gov.br/ccivil_03/decreto/1990-1994/d99556.htm. Acesso em: 27 out. 2021.

[602] Parágrafo único do art. 1º do Decreto nº 10.935/2022.

[603] GANEM, Roseli Senna. *As cavidades naturais subterrâneas e o Decreto nº 6.640/2008*. Brasília: Câmara dos Deputados, Consultoria Legislativa, 2009.

[604] MARRARA, Thiago; FERRAZ, Luciano. *Direito Administrativo dos bens e restrições estatais à propriedade*. Tratado de Direito Administrativo. v. 3. DI PIETRO, Maria Sylvia Zanella (coord.). São Paulo: Revista dos Tribunais, 2014. p. 116.

frágil e delicado, contendo, normalmente, além do corpo rochoso, conteúdo mineral e hídrico, fauna, flora, sítios arqueológicos e paleontológicos".[605] As cavidades naturais subterrâneas existentes no território nacional deverão ser protegidas, de modo que permitam a realização de estudos e de pesquisas de ordem técnico-científica e atividades de cunho espeleológico, étnico-cultural, turístico, recreativo e educativo.[606] A localização, a construção, a instalação, a ampliação, a modificação e a operação de empreendimentos e atividades, considerados efetiva ou potencialmente poluidores ou degradadores de cavidades naturais subterrâneas e de sua área de influência, dependerão de licenciamento prévio emitido pelo órgão ambiental licenciador competente.[607]

A União, por meio do Ibama e do Instituto Chico Mendes, os estados, o Distrito Federal e os municípios têm a competência comum de preservar, conservar, fiscalizar e controlar o uso do patrimônio espeleológico brasileiro e fomentar levantamentos, estudos e pesquisas que possibilitem ampliar o conhecimento sobre as cavidades naturais subterrâneas existentes no território nacional, nos termos do disposto no art. 23 da Constituição.[608]

O grau de relevância da cavidade natural subterrânea será classificado como máximo, alto, médio ou baixo, de acordo com a análise de atributos ecológicos, biológicos, geológicos, hidrológicos, paleontológicos, cênicos, histórico-culturais e socioeconômicos, avaliados sob enfoques regional e local. A análise dos atributos geológicos para a determinação do grau de relevância será realizada por meio da comparação de cavidades da mesma litologia.[609]

Além de um bem público de titularidade da União, na forma do inciso X, do art. 20, da Constituição Federal, a cavidade natural é um patrimônio cultural. Dessa forma, a cavidade natural está inserida dentre os bens e valores elencados no inciso V, do art. 216, da Constituição Federal, podendo ser objeto de atos específicos

[605] RIBAS, Lídia Maria LR; CARVALHO, Luciani Coimbra de. Cavidade natural subterrânea: natureza jurídica. *Interações (Campo Grande)*, v. 10, p. 83-93, 2009.

[606] Art. 1º do Decreto nº 10.935/2022.

[607] Art. 3º do Decreto nº 10.935/2022.

[608] Art. 9º do Decreto nº 10.935/2022.

[609] Art. 2º do Decreto nº 10.935/2022.

de preservação, tais como inventários, registros, vigilância, tombamento e desapropriação, na forma do §1º do art. 216. Todos os entes da Federação, em razão da competência material comum, têm o dever de proteger as cavidades naturais, na forma do inciso III, do art. 23, da Constituição Federal.

Por serem bens integrantes do patrimônio cultural, as cavidades naturais devem ser objeto de preservação por todos os entes federativos. Dessa forma, é de constitucionalidade questionável a previsão constante do art. 4º, do Decreto nº 10.935/2022, da possibilidade de destruição da cavidade natural, denominada pela norma regulamentar como "impactos negativos irreversíveis", quando autorizada pelo órgão ambiental licenciador competente, no âmbito do licenciamento ambiental da atividade ou do empreendimento, desde que o empreendedor demonstre que os impactos decorrem de atividade ou de empreendimento de utilidade pública, a inexistência de alternativa técnica e locacional viável ao empreendimento ou à atividade proposta, a viabilidade do cumprimento da medida compensatória e que os impactos negativos irreversíveis não gerarão a extinção de espécie que conste na cavidade impactada. Anote-se que, mesmo as cavidades naturais com alto grau de relevância, podem ser suprimidas, desde que autorizadas pelo órgão ambiental licenciador competente, conforme art. 5º, do Decreto nº 10.935/2022. Por fim, o art. 6º do Decreto nº 10.935/2022 permite o licenciamento de empreendimentos nas cavidades naturais subterrâneas.

O poder regulamentar atribuído ao Presidente da República tem contornos muito bem definidos e deve ser guiado pelo princípio da constitucionalidade e legalidade. Salvo melhor juízo, não poderia o Presidente da República, por meio de decreto, criar hipóteses de destruição de um bem público da União, parte integrante do patrimônio cultural, na forma do art. 216, V, da Constituição Federal. Tais previsões poderiam ser suspendidas pelo Congresso Nacional, na forma do inciso V do art. 49 da Constituição Federal. Foi proposta uma Ação de Descumprimento de Preceito Fundamental (ADPF) contra a medida no Supremo Tribunal Federal, ainda não julgada em definitivo; entretanto, na referida ação, o Tribunal, em 26.04.2024, por unanimidade, referendou a concessão parcial da medida cautelar pleiteada para suspender, até julgamento final, a eficácia dos arts. 4º,

I, II, III e IV, e 6º do Decreto nº 10.935/2022, de modo a propiciar a imediata retomada dos efeitos do então revogado art. 3º do Decreto nº 99.556/1990, com a redação dada pelo Decreto nº 6.640/2008.[610]

4.16 Sítios arqueológicos e pré-históricos

Pode-se definir os sítios arqueológicos e pré-históricos como "locais onde se encontram vestígios de civilizações pré-históricas e são delimitados pela arqueologia em virtude do interesse para estudos".[611] Conforme dispõe o inciso X, do art. 20, da Constituição Federal,[612] os sítios arqueológicos e pré-históricos são bens públicos de titularidade da União. Os sítios arqueológicos e pré-históricos são objeto da disciplina da Lei nº 3.924/1961.[613]

Consideram-se monumentos arqueológicos ou pré-históricos:

> a) as jazidas de qualquer natureza, origem ou finalidade, que representem testemunhos de cultura dos paleoameríndios do Brasil, tais como sambaquis, montes artificiais ou tesos, poços sepulcrais, jazigos, aterrados, estearias e quaisquer outras não especificadas aqui, mas de significado idêntico a juízo da autoridade competente; b) os sítios nos quais se encontram vestígios positivos de ocupação pelos paleoameríndios, tais como grutas, lapas e abrigos sob rocha; c) os sítios identificados como cemitérios, sepulturas ou locais de pouso prolongado ou de aldeiamento, "estações" e "cerâmios", nos quais se encontram vestígios humanos de interesse arqueológico ou paleoetnográfico; d) as inscrições rupestres ou os locais como sulcos de polimentos de utensílios e outros vestígios de atividade de paleoameríndios.[614]

O direito de realizar escavações para fins arqueológicos, em terras de domínio público ou particular, constitui-se mediante

---

[610] BRASIL. Supremo Tribunal Federal. *ADPF nº 935*. Disponível em: http://portal.stf.jus.br/processos/detalhe.asp?incidente=6331624http://portal.stf.jus.br/processos/detalhe.asp?incidente=6331624. Acesso em: 02 out. 2024.

[611] FREDERICO, Lilian Nina Silva; CARNEIRO, Andréa Flávia Tenório. Os bens territoriais da União e seus cadastros. *Revista Brasileira de Cartografia*, v. 68, n. 10, p. 1.937-1.950, 2016.

[612] BRASIL. *Constituição da República Federativa do Brasil de 1988*. Disponível em: http://www.planalto.gov.br/ccivil_03/constituicao/constituicao.htm. Acesso em: 24 set. 2021.

[613] BRASIL. Lei nº 3.924, de 26 de julho de 1961. *Dispõe sobre os monumentos arqueológicos e pré-históricos*. Disponível em: http://www.planalto.gov.br/ccivil_03/leis/1950-1969/l3924.htm. Acesso em: 27 out. 2021.

[614] Art. 2º da Lei nº 3.924/1961.

permissão do Governo da União, através da Diretoria do Patrimônio Histórico e Artístico Nacional, ficando obrigado a respeitá-lo o proprietário ou possuidor do solo.[615] A União, bem como os estados e municípios mediante autorização federal, poderão proceder a escavações e pesquisas, no interesse da arqueologia e da pré-história, em terrenos de propriedade particular, com exceção das áreas muradas que envolvem construções domiciliares.[616]

Além de um bem público de titularidade da União, na forma do inciso X, do art. 20, da Constituição Federal, os sítios arqueológicos e pré-históricos são patrimônios culturais. Dessa forma, os sítios arqueológicos e pré-históricos estão inseridos dentre os bens e valores elencados no inciso V, do art. 216, da Constituição Federal, podendo ser objeto de atos específicos de preservação, tais como inventários, registros, vigilância, tombamento e desapropriação, na forma do §1º do art. 216. Todos os entes da Federação, em razão da competência material comum, têm o dever de proteger os sítios arqueológicos e pré-históricos, na forma do inciso III, do art. 23, da Constituição Federal.

---

[615] Art. 8º da Lei nº 3.924/1961.

[616] Art. 13 da Lei nº 3.924/1961.

REFERÊNCIAS

AGRA, Walber de Moura. Direitos Sociais. *In*: MARTINS, Ives Gandra da Silva; MENDES, Gilmar Ferreira; NASCIMENTO, Carlos Valder do. *Tratado de Direito Constitucional*. v. 1, 2. ed. São Paulo: Saraiva, 2012.

Aplica-se a nova Lei nº 14.133/2021 para concessões e permissões de uso de bens públicos? Qual será o procedimento a ser observado? *Zênite*, 30 jun. 2022. Disponível em: https://zenite.blog.br/aplica-se-a-nova-lei-no-14-133-2021-para-concessoes-e-permissoes-de-uso-de-bens-publicos-qual-sera-o-procedimento-a-ser-observado/?doing_wp_cron=1712880053.6014239788055419921875. Acesso em: 11 abr. 2024.

AMORIM, Victor Aguiar Jardim de. O que "sobra" para estados e municípios na competência de licitações e contratos? *Consultor Jurídico*, 22 jan. 2017. Disponível em: https://www.conjur.com.br/2017-jan-22/sobra-estados-municipios-licitacoes-contratos#_ftnref6https://www.conjur.com.br/2017-jan-22/sobra-estados-municipios-licitacoes-contratos#_ftnref6. Acesso em: 8 nov. 2018.

ARAGÃO, Alexandre Santos de. *Curso de Direito Administrativo*. 2. ed. Rio de Janeiro: Forense, 2013.

ARAÚJO, Edmir Netto de. *Curso de Direito Administrativo*. 5. ed. São Paulo: Saraiva, 2010.

ARMELIN, Donaldo. Aspectos Processuais da Ação Discriminatória. *Doutrinas Essenciais de Processo Civil*, out. 2011.

ASSUNÇÃO, Xavier Lutero. *Direito Fundiário Brasileiro*. Bauru/SP: Edipro, 2008.

AYDOS, Elena de Lemos Pinto. Hermenêutica e Interpretação: um estudo dos cânones de Carlos Maximiliano. *Cadernos do Programa de Pós-Graduação em Direito PPGDir./UFRGS*, v. 4, n. 7, 2005. Disponível em: http://seer.ufrgs.br/index.php/ppgdir/article/viewFile/50818/31648http://seer.ufrgs.br/index.php/ppgdir/article/viewFile/50818/31648. Acesso em: 17 out. 2017.

BAPTISTA, Patrícia. A funcionalização da propriedade pública: problemas da perspectiva civilista sobre o regime jurídico dos bens públicos. *RFD-Revista da Faculdade de Direito da UERJ*, n. 31, p. 246-271, 2017.

BARROSO, Luís Roberto. *Regime Jurídico da Petrobras, delegação legislativa e poder regulamentar: validade constitucional do procedimento licitatório simplificado instituído pelo Decreto nº 2.745/98*. Disponível em: http://www.luisrobertobarroso.com.br/wp-content/themes/LRB/pdf/regime_juridico_petrobras.pdfhttp://www.luisrobertobarroso.com.br/wp-content/themes/LRB/pdf/regime_juridico_petrobras.pdf. Acesso em: 17 jul. 2017.

BASTOS, Celso Ribeiro; MARTINS, Ives Gandra da Silva. *Comentários à Constituição do Brasil*. v. 3, tomo I. São Paulo: Saraiva, 1992.

BERCOVICI, Gilberto. A exploração dos potenciais de energia hidráulica e o seu "aproveitamento ótimo". *Revista de Direito Público da Economia (RDPE)*. Belo Horizonte, a. 9, n. 35, p. 3148, jul./set. 2011.

BEVILÁCQUA, Clóvis. *Código Civil dos Estados Unidos do Brazil Comentado*. v. 1. Rio de Janeiro: Livraria Francisco Alves, 1916.

BITTAR, Carlos Alberto. *Direitos Reais*. 2. ed. Rio de Janeiro: Forense, 2011.

BORGES, Alice Gonzalez. Interesse público: um conceito a determinar. *Revista de Direito Administrativo*. Rio de Janeiro, v. 205, p. 109-116, jul./1996.

BORGES, Alice Gonzalez. A administração pública como locatária. *Revista de Direito Administrativo*, v. 201, p. 71-87, 1995.

BRASIL. Decreto nº 10.935, de 12 de janeiro de 2022. *Dispõe sobre a proteção das cavidades naturais subterrâneas existentes no território nacional*. Disponível em: https://www.planalto.gov.br/ccivil_03/_ato2019-2022/2022/decreto/d10935.htm. Acesso em: 22 jan. 2022.

BRASIL. Decreto nº 24.643, de 10 de julho de 1934. *Decreta o Código de Águas*. Disponível em: http://www.planalto.gov.br/ccivil_03/decreto/d24643compilado.htm. Acesso em: 12 out. 2021.

BRASIL. Decreto nº 99.556, de 1º de outubro de 1990. *Dispõe sobre a proteção das cavidades naturais subterrâneas existentes no território nacional, e dá outras providências*. Disponível em: http://www.planalto.gov.br/ccivil_03/decreto/1990-1994/d99556.htmhttp://www.planalto.gov.br/ccivil_03/decreto/1990-1994/d99556.htm. Acesso em: 27 out. 2021.

BRASIL. Lei nº 8.617, de 4 de janeiro de 1993. *Dispõe sobre o mar territorial, a zona contígua, a zona econômica exclusiva e a plataforma continental brasileiros, e dá outras providências*. Disponível em: http://www.planalto.gov.br/ccivil_03/leis/l8617.htmhttp://www.planalto.gov.br/ccivil_03/leis/l8617.htm. Acesso em: 24 out. 2021.

BRASIL. Advocacia Geral da União. Orientação Normativa nº 13, de 1º de abril de 2009.

BRASIL. *Constituição da República Federativa do Brasil de 1988*. Disponível em: http://www.planalto.gov.br/ccivil_03/constituicao/constituicao.htmhttp://www.planalto.gov.br/ccivil_03/constituicao/constituicao.htm. Acesso em: 24 set. 2021.

BRASIL. Decreto nº 4.105, de 22 de fevereiro de 1868. *Regula a concessão dos terrenos de marinha, dos reservados nas margens dos rios e dos acrescidos natural ou artificialmente*. Disponível em: https://www2.camara.leg.br/legin/fed/decret/1824-1899/decreto-4105-22-fevereiro-1868-553319-publicacaooriginal-71152-pe.htmlhttps://www2.camara.leg.br/legin/fed/decret/1824-1899/decreto-4105-22-fevereiro-1868-553319-publicacaooriginal-71152-pe.html. Acesso em: 12 out. 2021.

BRASIL. Decreto-Lei nº 271, de 28 de fevereiro de 1967. *Dispõe sobre loteamento urbano, responsabilidade do loteador concessão de uso e espaço aéreo e dá outras providências*. Disponível em: http://www.planalto.gov.br/ccivil_03/Decreto-Lei/Del0271.htmhttp://www.planalto.gov.br/ccivil_03/Decreto-Lei/Del0271.htm. Acesso em: 1º nov. 2021.

BRASIL. Lei nº 9.433, de 8 de janeiro de 1997. *Institui a Política Nacional de Recursos Hídricos, cria o Sistema Nacional de Gerenciamento de Recursos Hídricos, regulamenta o inciso XIX do art. 21 da Constituição Federal, e altera o art. 1º da Lei nº 8.001, de 13 de março de 1990, que modificou a Lei nº 7.990, de 28 de dezembro de 1989*. Disponível em: http://www.planalto.gov.br/ccivil_03/leis/l9433.htmhttp://www.planalto.gov.br/ccivil_03/leis/l9433.htm. Acesso em: 12 out. 2021.

BRASIL. Lei nº 9.472, de 16 de julho de 1997. *Dispõe sobre a organização dos serviços de telecomunicações, a criação e funcionamento de um órgão regulador e outros aspectos institucionais, nos termos da Emenda Constitucional nº 8, de 1995*. Disponível em: http://www.planalto.gov.br/ccivil_03/Leis/L9472.htmhttp://www.planalto.gov.br/ccivil_03/Leis/L9472.htm. Acesso em: 14 out. 2021.

BRASIL. Lei nº 9.503, de 23 de setembro de 1997. *Institui o Código de Trânsito Brasileiro.* Disponível em: http://www.planalto.gov.br/ccivil_03/leis/l9503compilado.htmhttp://www.planalto.gov.br/ccivil_03/leis/l9503compilado.htm. Acesso em: 16 out. 2021.

BRASIL. Lei nº 9.636, de 15 de maio de 1998. *Dispõe sobre a regularização, administração, aforamento e alienação de bens imóveis de domínio da União, altera dispositivos dos Decretos-Leis nº 9.760, de 5 de setembro de 1946, e 2.398, de 21 de dezembro de 1987, regulamenta o §2º do art. 49 do Ato das Disposições Constitucionais Transitórias, e dá outras providências.* Disponível em: http://www.planalto.gov.br/ccivil_03/LEIS/L9636.htmhttp://www.planalto.gov.br/ccivil_03/LEIS/L9636.htm. Acesso em: 29 set. 2021.

BRASIL. Lei nº 9.790, de 23 de março de 1999. *Dispõe sobre a qualificação de pessoas jurídicas de direito privado, sem fins lucrativos, como Organizações da Sociedade Civil de Interesse Público, institui e disciplina o Termo de Parceria, e dá outras providências.* Disponível em: http://www.planalto.gov.br/ccivil_03/leis/l9790.htmhttp://www.planalto.gov.br/ccivil_03/leis/l9790.htm. Acesso em: 24 set. 2021.

BRASIL. Medida Provisória nº 2.220, de 4 de setembro de 2001. *Dispõe sobre a concessão de uso especial de que trata o §1º do art. 183 da Constituição, cria o Conselho Nacional de Desenvolvimento Urbano (CNDU) e dá outras providências.* Disponível em: http://www.planalto.gov.br/ccivil_03/mpv/2220.htmhttp://www.planalto.gov.br/ccivil_03/mpv/2220.htm. Acesso em: 8 out. 2021.

BRASIL. REsp 1.846.075-DF. Rel. Min. Herman Benjamin, Segunda Turma, por unanimidade, julgado em: 03.03.2020.

BRASIL. REsp 80.210/PE. Rel. Min. Milton Luiz Pereira, Primeira Turma, julgado em: 19.05.1997.

BRASIL. RMS 18.952/RJ. Rel. Min. Eliana Calmon, Segunda Turma, julgado em: 26.04.2005.

BRASIL. RMS 29.193 AgR-ED. Rel. Min. Celso de Mello, julgado em: 16.12.2014, 2ª T.

BRASIL. Secretaria do Patrimônio da União. *Instrução normativa nº 2, de 12 de março de 2001.* Disponível em: https://www.gov.br/economia/pt-br/assuntos/patrimonio-da-uniao/legislacao/instrucoes-normativas/instrucoes-normativas-arquivos-pdf/in-02-2001-demarcacao-lpm-e-lmeo.pdfhttps://www.gov.br/economia/pt-br/assuntos/patrimonio-da-uniao/legislacao/instrucoes-normativas/instrucoes-normativas-arquivos-pdf/in-02-2001-demarcacao-lpm-e-lmeo.pdf. Acesso em: 16 set. 2021.

BRASIL. Senado Federal. *Proposta de Emenda Constitucional nº 15, de 2004.* Disponível em: http://legis.senado.leg.br/sdleg-getter/documento?dm=4647574&disposition=inlinehttp://legis.senado.leg.br/sdleg-getter/documento?dm=4647574&disposition=inline. Acesso em: 18 out. 2017.

BRASIL. Superior Tribunal de Justiça. REsp 33.493/SP. Rel. Min. Cesar Asfor Rocha, Primeira Turma, julgado em: 22.11.1993.

BRASIL. Recurso Especial. REsp 586.859/SC. Rel. Min. Castro Meira, Segunda Turma, julgado em: 03.03.2005.

BRASIL. REsp 28.058/SP. Rel. Min. Adhemar Maciel, Segunda Turma, julgado em: 13.10.1998.

BRASIL. Supremo Tribunal Federal. ADI 5.624 MC-Ref. Relator: Ricardo Lewandowski, Tribunal Pleno, julgado em: 06.06.2019.

BRASIL. Decreto-Lei nº 2.848, de 7 de dezembro de 1940. *Código Penal.* Disponível em: http://www.planalto.gov.br/ccivil_03/decreto-lei/del2848compilado.htmhttp://www.planalto.gov.br/ccivil_03/decreto-lei/del2848compilado.htm. Acesso em: 16 out. 2021.

BRASIL. Decreto-Lei nº 200, de 25 de fevereiro de 1967. *Dispõe sobre a organização da Administração Federal, estabelece diretrizes para a Reforma Administrativa e dá outras providências.* Disponível em: https://www.planalto.gov.br/ccivil_03/decreto-lei/Del0200.htmhttps://www.planalto.gov.br/ccivil_03/decreto-lei/Del0200.htm. Acesso em: 1º out. 2021.

BRASIL. Decreto-Lei nº 227, de 28 de fevereiro de 1967. *Dá nova redação ao Decreto-lei nº 1.985, de 29 de janeiro de 1940. (Código de Minas).* Disponível em: http://www.planalto.gov.br/ccivil_03/decreto-lei/Del0227compilado.htmhttp://www.planalto.gov.br/ccivil_03/decreto-lei/Del0227compilado.htm. Acesso em: 27 out. 2021.

BRASIL. Decreto-Lei nº 25, de 30 de novembro de 1937. *Organiza a proteção do patrimônio histórico e artístico nacional.* Disponível em: http://www.planalto.gov.br/ccivil_03/decreto-lei/del0025.htmhttp://www.planalto.gov.br/ccivil_03/decreto-lei/del0025.htm. Acesso em: 6 jun. 2022.

BRASIL. Decreto-Lei nº 3.365, de 21 de junho de 1942. *Dispõe sobre desapropriações por utilidade pública.* Disponível em: http://www.planalto.gov.br/ccivil_03/decreto-lei/del3365.htmhttp://www.planalto.gov.br/ccivil_03/decreto-lei/del3365.htm. Acesso em: 24 set. 2021.

BRASIL. Decreto-Lei nº 9.760, de 5 de setembro de 1946. *Dispõe sobre os bens imóveis da União e dá outras providências.* Disponível em: http://www.planalto.gov.br/ccivil_03/decreto-lei/del9760compilado.htmhttp://www.planalto.gov.br/ccivil_03/decreto-lei/del9760compilado.htm. Acesso em: 15 out. 2021.

BRASIL. Lei Complementar nº 101, de 4 de maio de 2000. *Estabelece normas de finanças públicas voltadas para a responsabilidade na gestão fiscal e dá outras providências.* Disponível em: http://www.planalto.gov.br/ccivil_03/Leis/LCP/Lcp101.htmhttp://www.planalto.gov.br/ccivil_03/Leis/LCP/Lcp101.htm. Acesso em: 29 nov. 2021.

BRASIL. Lei nº 1.507, de 26 de setembro de 1867. *Fixa a despesa e orça a receita geral do Império para os exercícios de 1867-1868 e 18681869, e dá outras providencias.* Disponível em: http://www.planalto.gov.br/ccivil_03/leis/lim/lim1507.htmhttp://www.planalto.gov.br/ccivil_03/leis/lim/lim1507.htm. Acesso em: 12 out. 2021.

BRASIL. Lei nº 10.406, de 10 de janeiro de 2002. *Institui o Código Civil.* Disponível em: http://www.planalto.gov.br/ccivil_03/leis/2002/l10406compilada.htmhttp://www.planalto.gov.br/ccivil_03/leis/2002/l10406compilada.htm. Acesso em: 24 set. 2021.

BRASIL. Lei nº 11.952, de 25 de junho de 2009. *Dispõe sobre a regularização fundiária das ocupações incidentes em terras situadas em áreas da União, no âmbito da Amazônia Legal; altera as Leis nos 8.666, de 21 de junho de 1993, e 6.015, de 31 de dezembro de 1973; e dá outras providências.* Disponível em: http://www.planalto.gov.br/ccivil_03/_Ato2007-2010/2009/Lei/L11952.htmhttp://www.planalto.gov.br/ccivil_03/_Ato2007-2010/2009/Lei/L11952.htm. Acesso em: 1º out. 2021.

BRASIL. Lei nº 13.019, de 31 de julho de 2014. *Estabelece o regime jurídico das parcerias entre a administração pública e as organizações da sociedade civil, em regime de mútua cooperação, para a consecução de finalidades de interesse público e recíproco, mediante a execução de atividades ou de projetos previamente estabelecidos em planos de trabalho inseridos em termos de colaboração, em termos de fomento ou em acordos de cooperação; define diretrizes para a política de fomento, de colaboração e de cooperação com organizações da sociedade civil; e altera as Leis nº 8.429, de 2 de junho de 1992, e 9.790, de 23 de março de 1999. (Redação dada pela Lei nº 13.204, de 2015).* Disponível em: http://www.planalto.gov.br/ccivil_03/_ato2011-2014/2014/lei/l13019.htmhttp://www.planalto.gov.br/ccivil_03/_ato2011-2014/2014/lei/l13019.htm. Acesso em: 24 set. 2021.

BRASIL. Lei nº 13.105, de 16 de março de 2015. *Código de Processo Civil.* Disponível em: http://www.planalto.gov.br/ccivil_03/_ato2015-2018/2015/lei/l13105.htmhttp://www.planalto.gov.br/ccivil_03/_ato2015-2018/2015/lei/l13105.htm. Acesso em: 24 set. 2021.

BRASIL. Lei nº 13.465, de 11 de julho de 2017. *Dispõe sobre a regularização fundiária rural e urbana, sobre a liquidação de créditos concedidos aos assentados da reforma agrária e sobre a regularização fundiária no âmbito da Amazônia Legal; institui mecanismos para aprimorar a eficiência dos procedimentos de alienação de imóveis da União; altera as Leis n os 8.629, de 25 de fevereiro de 1993, 13.001, de 20 de junho de 2014, 11.952, de 25 de junho de 2009, 13.340, de 28 de setembro de 2016, 8.666, de 21 de junho de 1993, 6.015, de 31 de dezembro de 1973, 12.512, de 14 de outubro de 2011, 10.406, de 10 de janeiro de 2002 (Código Civil), 13.105, de 16 de março de 2015 (Código de Processo Civil), 11.977, de 7 de julho de 2009, 9.514, de 20 de novembro de 1997, 11.124, de 16 de junho de 2005, 6.766, de 19 de dezembro de 1979, 10.257, de 10 de julho de 2001, 12.651, de 25 de maio de 2012, 13.240, de 30 de dezembro de 2015, 9.636, de 15 de maio de 1998, 8.036, de 11 de maio de 1990, 13.139, de 26 de junho de 2015, 11.483, de 31 de maio de 2007, e a 12.712, de 30 de agosto de 2012, a Medida Provisória nº 2.220, de 4 de setembro de 2001, e os Decretos-Leis nº 2.398, de 21 de dezembro de 1987, 1.876, de 15 de julho de 1981, 9.760, de 5 de setembro de 1946, e 3.365, de 21 de junho de 1941; revoga dispositivos da Lei Complementar nº 76, de 6 de julho de 1993, e da Lei nº 13.347, de 10 de outubro de 2016; e dá outras providências.* Disponível em: http://www.planalto.gov.br/ccivil_03/_ato2015-2018/2017/lei/l13465.htmhttp://www.planalto.gov.br/ccivil_03/_ato2015-2018/2017/lei/l13465.htm. Acesso em: 24 set. 2021.

BRASIL. Lei nº 13.913, de 25 de novembro de 2019. *Altera a Lei nº 6.766, de 19 de dezembro de 1979, para assegurar o direito de permanência de edificações na faixa não edificável contígua às faixas de domínio público de rodovias e para possibilitar a redução da extensão dessa faixa não edificável por lei municipal ou distrital.* Disponível em: http://www.planalto.gov.br/ccivil_03/_ato2019-2022/2019/lei/L13913.htmhttp://www.planalto.gov.br/ccivil_03/_ato2019-2022/2019/lei/L13913.htm. Acesso em: 16 out. 2021.

BRASIL. Lei nº 14.133, de 1º de abril de 2021. *Lei de Licitações e Contratos Administrativos.* Disponível em: http://www.planalto.gov.br/ccivil_03/_ato2019-2022/2021/lei/L14133.htmhttp://www.planalto.gov.br/ccivil_03/_ato2019-2022/2021/lei/L14133.htm. Acesso em: 24 set. 2021.

BRASIL. Lei nº 14.285, de 29 de dezembro de 2021. *Altera as Leis nº 12.651, de 25 de maio de 2012, que dispõe sobre a proteção da vegetação nativa, nº 11.952, de 25 de junho de 2009, que dispõe sobre regularização fundiária em terras da União, e nº 6.766, de 19 de dezembro de 1979, que dispõe sobre o parcelamento do solo urbano, para dispor sobre as áreas de preservação permanente no entorno de cursos-d'água em áreas urbanas consolidadas.* Disponível em: http://www.planalto.gov.br/ccivil_03/_ato2019-2022/2021/lei/L14285.htmhttp://www.planalto.gov.br/ccivil_03/_ato2019-2022/2021/lei/L14285.htm. Acesso em: 22 jan. 2021.

BRASIL. Lei nº 3.071, de 1º de janeiro de 1916. *Código Civil dos Estados Unidos do Brasil.* Disponível em: http://www.planalto.gov.br/ccivil_03/leis/L3071impressao.htmhttp://www.planalto.gov.br/ccivil_03/leis/L3071impressao.htm. Acesso em: 24 set. 2021.

BRASIL. Lei nº 3.924, de 26 de julho de 1961. *Dispõe sobre os monumentos arqueológicos e pré-históricos.* Disponível em: http://www.planalto.gov.br/ccivil_03/leis/1950-1969/l3924.htmhttp://www.planalto.gov.br/ccivil_03/leis/1950-1969/l3924.htm. Acesso em: 27 out. 2021.

BRASIL. Lei nº 4.717, de 29 de junho de 1965. *Regula a ação popular.* Disponível em: https://www.planalto.gov.br/ccivil_03/leis/l4717.htmhttps://www.planalto.gov.br/ccivil_03/leis/l4717.htm. Acesso em: 9 out. 2021.

BRASIL. Lei nº 5.172, de 25 de outubro de 1966. *Dispõe sobre o Sistema Tributário Nacional e institui normas gerais de direito tributário aplicáveis à União, Estados e Municípios*. Disponível em: http://www.planalto.gov.br/ccivil_03/leis/L5172Compilado.htmhttp://www.planalto.gov.br/ccivil_03/leis/L5172Compilado.htm. Acesso em: 17 out. 2021.

BRASIL. Lei nº 5.194, de 24 de dezembro de 1966. *Regula o exercício das profissões de Engenheiro, Arquiteto e Engenheiro-Agrônomo, e dá outras providências*. Disponível em: http://www.planalto.gov.br/ccivil_03/_Ato2019-2022/2021/Lei/L14133.htmhttp://www.planalto.gov.br/ccivil_03/_Ato2019-2022/2021/Lei/L14133.htm. Acesso em: 29 set. 2021.

BRASIL. Lei nº 6.015, de 31 de dezembro de 1973. *Dispõe sobre os registros públicos, e dá outras providências*. Disponível em: http://www.planalto.gov.br/ccivil_03/Leis/L6015compilada.htmhttp://www.planalto.gov.br/ccivil_03/Leis/L6015compilada.htm. Acesso em: 8 out. 2021.

BRASIL. Lei nº 6.530, de 12 de maio de 1978. *Dá nova regulamentação à profissão de Corretor de Imóveis, disciplina o funcionamento de seus órgãos de fiscalização e dá outras providências*. Disponível em: http://www.planalto.gov.br/ccivil_03/leis/l6530.htmhttp://www.planalto.gov.br/ccivil_03/leis/l6530.htm. Acesso em: 9 jun. 2022.

BRASIL. Lei nº 6.766, de 19 de dezembro de 1979. *Dispõe sobre o Parcelamento do Solo Urbano e dá outras Providências*. Disponível em: http://www.planalto.gov.br/ccivil_03/leis/l6766.htmhttp://www.planalto.gov.br/ccivil_03/leis/l6766.htm. Acesso em: 24 set. 2021.

BRASIL. Lei nº 601, de 18 de setembro de 1850. *Dispõe sobre as terras devolutas do Império*. Disponível em: http://www.planalto.gov.br/ccivil_03/Leis/L0601-1850.htmhttp://www.planalto.gov.br/ccivil_03/Leis/L0601-1850.htm. Acesso em: 8 out. 2021.

BRASIL. Lei nº 7.661, de 16 de maio de 1988. *Institui o Plano Nacional de Gerenciamento Costeiro e dá outras providências*. Disponível em: http://www.planalto.gov.br/ccivil_03/leis/l7661.htmhttp://www.planalto.gov.br/ccivil_03/leis/l7661.htm. Acesso em: 15 out. 2021.

BRASIL. Lei nº 8.245, de 18 de outubro de 1991. *Dispõe sobre as locações dos imóveis urbanos e os procedimentos a elas pertinentes*. Disponível em: http://www.planalto.gov.br/ccivil_03/leis/l8245.htmhttp://www.planalto.gov.br/ccivil_03/leis/l8245.htm. Acesso em: 21 mar. 2022.

BRASIL. Lei nº 8.666, de 21 de junho de 1993. *Regulamenta o art. 37, inciso XXI, da Constituição Federal, institui normas para licitações e contratos da Administração Pública e dá outras providências*. Disponível em: http://www.planalto.gov.br/ccivil_03/Leis/L8666cons.htmhttp://www.planalto.gov.br/ccivil_03/Leis/L8666cons.htm. Acesso em: 29 set. 2021.

BRASIL. Lei nº 8.987, de 13 de fevereiro de 1995. *Dispõe sobre o regime de concessão e permissão da prestação de serviços públicos previsto no art. 175 da Constituição Federal, e dá outras providências*. Disponível em: http://www.planalto.gov.br/ccivil_03/LEIS/L8987cons.htmhttp://www.planalto.gov.br/ccivil_03/LEIS/L8987cons.htm. Acesso em: 14 out. 2021.

BRASIL. Lei nº 9.074, de 7 de julho de 1995. *Estabelece normas para outorga e prorrogações das concessões e permissões de serviços públicos e dá outras providências*. Disponível em: https://www.planalto.gov.br/ccivil_03/Leis/L9074cons.htmhttps://www.planalto.gov.br/ccivil_03/Leis/L9074cons.htm. Acesso em: 14 out. 2021.

BRASIL. Lei nº 9.637, de 15 de maio de 1998. *Dispõe sobre a qualificação de entidades como organizações sociais, a criação do Programa Nacional de Publicização, a extinção dos órgãos e entidades que menciona e a absorção de suas atividades por organizações sociais, e dá outras providências*. Disponível em: http://www.planalto.gov.br/ccivil_03/leis/l9637.htmhttp://www.planalto.gov.br/ccivil_03/leis/l9637.htm. Acesso em: 24 set. 2021.

BRASIL. Lei nº 14.701, de 20 de outubro de 2023. Regulamenta o art. 231 da Constituição Federal, para dispor sobre o reconhecimento, a demarcação, o uso e a gestão de terras indígenas; e altera as Leis nºs 11.460, de 21 de março de 2007, 4.132, de 10 de setembro de 1962, e 6.001, de 19 de dezembro de 1973. Casa Civil, Presidência da República, Brasília, DF, 28 dez. 2023. Disponível em: https://www.planalto.gov.br/ccivil_03/_ato2023-2026/2023/lei/l14701.htm. Acesso em: 02 out. 2024.

BRASIL. Supremo Tribunal Federal. Súmula 340. *Sessão Plenária de 13.12.1963*. Disponível em: http://www.stf.jus.br/portal/jurisprudencia/menuSumarioSumulas.asp?sumula=3319http://www.stf.jus.br/portal/jurisprudencia/menuSumarioSumulas.asp?sumula=3319. Acesso em: 24 set. 2021.

BRASIL. Tribunal de Contas da União. Acórdão nº 6.931/2009, 1ª Câmara. Rel. Min. Walter Alencar Rodrigues, DOU de 04.12.2009.

BRASIL. Tribunal Regional Federal da 1ª Região. Agravo de instrumento nº 2005.01.00.055362-5/TO. Rel. Cândido Ribeiro.

BRASIL. Tribunal Regional Federal da 4ª Região. APELREEX 5000090-17.2010.404.7212, Terceira Turma, Relatora p/ Acórdão Maria Lúcia Luz Leiria, D.E. 29.07.2011.

BRASIL. Supremo Tribunal Federal. ACO 1.953 AgR. Rel. Ricardo Lewandowski, Tribunal Pleno, julgado em: 18.12.2013.

BRASIL. Supremo Tribunal Federal. ACO 317. Rel. Min. Ilmar Galvão, Tribunal Pleno, julgado em: 17.09.1992.

BRASIL. Supremo Tribunal Federal. Acórdão 1.816/2013. Segunda Câmara. Data da sessão: 09.04.2013, Relator: Marcos Bemquerer.

BRASIL. Supremo Tribunal Federal. Acórdão 2.853/2011. Plenário. Data da sessão: 25.10.2011. Relator: Marcos Bemquerer.

BRASIL. Supremo Tribunal Federal. ADI 2.080. Voto do Rel. Min. Gilmar Mendes, julgado em: 18.10.2019.

BRASIL. Supremo Tribunal Federal. ADI 6.482. Relator: Gilmar Mendes, Tribunal Pleno, julgado em: 18.02.2021.

BRASIL. Supremo Tribunal Federal. ADI 6602. Relatora: Cármen Lúcia, Tribunal Pleno, julgado em: 14.06.2021.

BRASIL. Supremo Tribunal Federal. ADI 927 MC. Relator: Min. Carlos Velloso, Tribunal Pleno, julgado em: 03.11.1993.

BRASIL. Supremo Tribunal Federal. ADPF 935. Disponível em: http://portal.stf.jus.br/processos/detalhe.asp?incidente=6331624http://portal.stf.jus.br/processos/detalhe.asp?incidente=6331624. Acesso em: 02 out. 2022.

BRASIL. Supremo Tribunal Federal. AgInt no REsp 1.669.338/SP. Rel. Min. Antonio Carlos Ferreira, Quarta Turma, julgado em: 24.08.2020.

BRASIL. Supremo Tribunal Federal. AgInt no REsp 1.255.350/MG. Rel. Min. Regina Helena Costa, Primeira Turma, julgado em: 21.03.2017.

BRASIL. Supremo Tribunal Federal. AgInt no REsp 1.642.495/RO. Rel. Min. Marco Buzzi, Quarta Turma, julgado em: 23.05.2017.

BRASIL. Supremo Tribunal Federal. AgInt no REsp 1.719.589/SP. Rel. Min. Luis Felipe Salomão, Quarta Turma, julgado em: 06.11.2018.

BRASIL. Supremo Tribunal Federal. AgRg no AREsp 470.565/PA. Rel. Min. Humberto Martins. Rel. p/ Acórdão Min. Herman Benjamin, Segunda Turma, julgado em: 10.03.2015.

BRASIL. Supremo Tribunal Federal. AI 598.790 AgR. Rel. Cármen Lúcia, Primeira Turma, julgado em: 09.11.2010.

BRASIL. Supremo Tribunal Federal. AR 387/SP. Rel. Ministro Barros Monteiro, Segunda Seção, julgado em: 29.11.1995.

BRASIL. Supremo Tribunal Federal. EREsp 1.335.535-RJ. Rel. Min. Herman Benjamin, Primeira Seção, por unanimidade, julgado em: 26.09.2018.

BRASIL. Supremo Tribunal Federal. HC 93.050. Rel. Min. Celso de Mello, julgado em: 10.06.2008, Segunda Turma.

BRASIL. Supremo Tribunal Federal. MS 24.312. Relatora: Min. Ellen Gracie, julgado em: 19.02.2003.

BRASIL. Supremo Tribunal Federal. MS 25.295. Relator: Joaquim Barbosa, Tribunal Pleno, julgado em: 20.04.2005.

BRASIL. Secretaria do Patrimônio da União. Orientação Normativa GEADE-002, de 12 de março de 2001. Disponível em: https://www.gov.br/economia/pt-br/assuntos/patrimonio-da-uniao/legislacao/orientacoes-normativas/orientacoes-normativas-arquivos-pdf/on_geade_02_terrenos_marinha.pdfhttps://www.gov.br/economia/pt-br/assuntos/patrimonio-da-uniao/legislacao/orientacoes-normativas/orientacoes-normativas-arquivos-pdf/on_geade_02_terrenos_marinha.pdf. Acesso em: 16 set. 2021.

BRASIL. Supremo Tribunal Federal. Pet 3.388. Relator: Min. Ayres Britto, julgado em: 19.03.2009.

BRASIL. Supremo Tribunal Federal. RE 264.289/CE. Rel. Min. Sepúlveda Pertence, julgado em: 14.12.2001.

BRASIL. Supremo Tribunal Federal. RE 49.158. Voto do Ministro Aliomar Baleeiro, julgado em: 02.08.1966.

BRASIL. Supremo Tribunal Federal. RE 51.290/GO. Rel. Min. Evandro Lins e Silva, julgado em: 24.09.1968.

BRASIL. Supremo Tribunal Federal. RE 581.947. Relator: Min. Eros Grau, Tribunal Pleno, julgado em: 27.05.2010, repercussão geral – mérito.

BRASIL. Supremo Tribunal Federal. RE 607.940. Relator: Teori Zavascki, Tribunal Pleno, julgado em: 29.10.2015.

BRASIL. Supremo Tribunal Federal. RE 636.199. Relatora: Min. Rosa Weber, Tribunal Pleno, julgado em: 27.04.2017.

BRASIL. Supremo Tribunal Federal. RE 695.911. Relator: Dias Toffoli, Tribunal Pleno, julgado em: 15.12.2020.

BRASIL. Supremo Tribunal Federal. RE 84.327/SP. Relator: Min. Cordeiro Guerra, Segunda Turma, DJ 19.11.1976.

BRASIL. Supremo Tribunal Federal. REsp 1.148.631/DF. Rel. Min. Luis Felipe Salomão. Rel. p/ Acórdão Min. Marco Buzzi, Quarta Turma, julgado em: 15.08.2013.

BRASIL. Supremo Tribunal Federal. REsp 1344793/MG. Rel. Min Herman Benjamin, Segunda Turma, julgado em: 06.08.2015.

BRASIL. Supremo Tribunal Federal. REsp 1.352.673/SP. Rel. Ministro Herman Benjamin, Segunda Turma, julgado em: 06.05.2014.

BRASIL. Supremo Tribunal Federal. REsp 1.457.851/RN. Rel. Min. Herman Benjamin, Segunda Turma, julgado em: 26.05.2015.

BRASIL. Supremo Tribunal Federal. REsp 1.605.701/MG. Rel. Min. Napoleão Nunes Maia Filho, Primeira Turma, julgado em: 16.06.2016.

BRASIL. Supremo Tribunal Federal. REsp 1.681.210/RN. Rel. Min. Regina Helena Costa, Primeira Turma, julgado em: 05.02.2019.

BRASIL. Supremo Tribunal Federal. REsp 1.730.402/RJ. Rel. Min. Herman Benjamin, Segunda Turma, julgado em: 07.06.2018.

BRASIL. Supremo Tribunal Federal. REsp 1.755.340/RJ. Rel. Min. Herman Benjamin, Segunda Turma, julgado em: 10.03.2020.

BRASIL. Supremo Tribunal Federal. REsp 508.377/MS. Rel. Min. João Otávio de Noronha, Segunda Turma, julgado em: 23.10.2007.

BRASIL. Supremo Tribunal Federal. REsp 617.044/SC. Rel. Min. Denise Arruda, Primeira Turma, julgado em: 21.02.2006.

BRASIL. Supremo Tribunal Federal. REsp 995.290/SP. Rel. Min. Castro Meira, segunda turma, julgado em: 11.11.2008.

BRASIL. Supremo Tribunal Federal. RMS 11.688/RJ. Rel. Min. Francisco Peçanha Martins, Segunda Turma, julgado em: 18.04.2002.

BRASIL. Supremo Tribunal Federal. SS 1.203. Rel. Min. Celso de Mello, julgado em: 08.09.1997.

BRASIL. Supremo Tribunal Federal. Súmula 479. Sessão Plenária de 03/12/1969. Disponível em: https://jurisprudencia.stf.jus.br/pages/search/seq-sumula479/falsehttps://jurisprudencia.stf.jus.br/pages/search/seq-sumula479/false. Acesso em: 12 out. 2021.

BRASIL. Supremo Tribunal Federal. Súmula nº 496. Primeira Seção, julgado em: 08.08.2012.

BRASIL. Supremo Tribunal Federal. Súmula nº 619. Julgado em: 24.10.2018.

BRASIL. Supremo Tribunal Federal. Súmula nº 650. Sessão Plenária de 24/09/2003. Disponível em: https://jurisprudencia.stf.jus.br/pages/search/seq-sumula650/falsehttps://jurisprudencia.stf.jus.br/pages/search/seq-sumula650/false. Acesso em: 15 out. 2021.

BRASIL. Superior Tribunal de Justiça. REsp nº 779.196/RS. Rel. Min. Teori Albino Zavascki, Primeira Turma, julgado em: 25.08.2009.

BRASIL. Superior Tribunal de Justiça. REsp nº 1.990.245/SP. Relator Ministro Afrânio Vilela, Segunda Turma, julgado em 17.09.2024, DJe de 19.09.2024.

BULOS, Uadi Lammêgo. *Constituição Federal Anotada.* 12. ed. São Paulo: Saraiva, 2017.

CANOTILHO, José Joaquim Gomes; MENDES, Gilmar Ferreira; SARLET, Ingo Wolfgang; STRECK, Lenio Luiz. *Comentários à Constituição do Brasil.* São Paulo: Saraiva, 2014.

CARDOZO, José Eduardo Martins. As Empresas Estatais que Exploram Atividade Econômica e seu Dever de Licitar. *In*: FIGUEIREDO, Marcelo; PONTES FILHO, Valmir. *Estudos de Direito Público em homenagem a Celso Antônio Bandeira de Mello.* São Paulo: Malheiros, 2006.

CARVALHO FILHO, José dos Santos. *Manual de Direito Administrativo*. 27. ed. São Paulo: Atlas, 2014.

CARVALHO, Afrânio de. As margens dos rios e os "terrenos reservados". *Revista de Direito Administrativo*, v. 133, p. 1-58, 1978.

CAVALCANTI, Themistocles Brandão. Concessão de serviço público – Reversão de bens. *Revista de Direito Administrativo*, Rio de Janeiro, v. 102, p. 453-462, jan. 1970.

CENEVIVA, Walter. *Lei dos Registros Públicos Comentada*. 15. ed. São Paulo: Saraiva, 2003.

CRETELLA JÚNIOR. José. Dos bens públicos na Constituição de 1988. *Revista dos Tribunais*, n. 635, 1990.

CRETELLA JÚNIOR. José. *Tratado do Domínio Público*. Rio de Janeiro: Forense, 1984.

CRUZ, Rachel Pellizzoni da. Da cobrança pela utilização de bens públicos de uso comum para a prestação de serviços públicos em regime de concessão. *Revista de Direito Administrativo*, Rio de Janeiro, a. 231, p. 157-167, jan./mar. 2003.

DALLARI, Adilson Abreu. Uso oneroso de bens públicos por empresas concessionárias de serviços públicos. *Revista da Faculdade de Direito de São Bernardo do Campo*. 2001, p. 7-16.

DERZI, Misabel Abreu Machado. *In*: MARTINS, Ives Gandra da Silva; NASCIMENTO, Carlos Valber (org.). *Comentários à Lei de Responsabilidade Fiscal*. 7. ed. São Paulo: Saraiva, 2014, p. 377.

DETTER, Dag; FÖLSTER, Stefan. *A riqueza pública das nações*. São Paulo: Cultrix, 2016.

DI PIETRO, Maria Sylvia Zanella. Concessão de Uso Especial para Fins de Moradia. *In*: DALLARI, A. A; FERRAZ, S (coord.). *Estatuto da cidade*: Comentários à Lei Federal nº 10.257/2001. São Paulo: Malheiros, 2003.

DI PIETRO, Maria Sylvia Zanella. *Direito Administrativo*. 28. ed. São Paulo: Atlas, 2015.

DI PIETRO, Maria Sylvia Zanella. *Temas polêmicos sobre licitações e contratos*. 3. ed. São Paulo: Malheiros, 1998.

DI PIETRO, Maria Sylvia Zanella; MOTTA, Fabrício. *Tratado de Direito Administrativo: Administração Pública e Servidores Públicos*. v. 2. São Paulo: Revista dos Tribunais, 2014.

DI PIETRO, Maria Sylvia Zanella; GUIMARÃES, Edgar; MOTTA, Fabrício *et al*. *Licitações e Contratos Administrativos* – Inovações da Lei 14.133, de 1º de Abril de 2021. 2. ed. Rio de Janeiro: Forense, 2022. p. 24. Edição do Kindle.

DIAS, Fabio Henrique Di Lallo. Locação de bens públicos. *In*: DI PIETRO, Maria Sylvia Zanella (org.). *Direito Administrativo Privado*. São Paulo: Atlas, 2013. p. 226-235.

FAGUNDES, Miguel Seabra. *O Controle dos Atos Administrativos pelo Poder Judiciário*. 8. ed. Rio de Janeiro: Forense, 2010.

FERNANDES, Jorge Ulisses Jacoby. *Contratação Direta sem licitação*. 8. ed. Belo Horizonte: Fórum, 2009.

FERRAZ JÚNIOR, Tercio Sampaio. Da permuta no Direito brasileiro. *Revista de Direito Privado*. v. 62, 2015, p. 47-58, abr./jun. 2015.

FERRAZ, Sérgio. A alienação de bens públicos na Lei Federal de Licitações. *Revista de Direito Administrativo*, v. 198, p. 53-59, 1994.

FERREIRA FILHO, Miguel; FERREIRA, Daniel. Legalidade e regulação na Constituição Federal de 1988. *Revista de Direito Administrativo e Gestão Pública*. Curitiba, v. 2, n. 2, p. 124-144, jul./dez. 2016.

FIGUEIREDO, Lúcia Valle. *Curso de Direito Administrativo*. 8. ed. São Paulo: Malheiros, 2006.

FIGUEIREDO, Lúcia Valle. O Princípio da Moralidade Administrativa e o Direito Tributário. *In:* MELLO, Celso Antônio Bandeira. *Estudos em Homenagem a Geraldo Ataliba*. São Paulo: Malheiros, 1999. p. 417-433.

FORTES, Bonifácio. Delegação legislativa. *Revista de Direito Administrativo*, Rio de Janeiro, v. 62, p. 353-387, jan./1960.

FRANCO JUNIOR, Raul de Mello. *Alienação de bem público*. São Paulo: RT, 2011.

FRATINI, Hidely; IMPARATO, Ellade. *A Regularização Fundiária e a Sobreposição de Títulos*. Disponível em: http://www.ibdu.org.br/imagens/AREGULARIZAcaO%20 FUNDIaRIAEASOBREPOSIcaODETiTULOS.pdfhttp://www.ibdu.org.br/imagens/ AREGULARIZAcaO%20FUNDIaRIAEASOBREPOSIcaODETiTULOS.pdf. Acesso em: 1º jan. 2017.

FREDERICO, Lilian Nina Silva; CARNEIRO, Andréa Flávia Tenório. Os bens territoriais da União e seus cadastros. *Revista Brasileira de Cartografia*, v. 68, n. 10, p. 1.937-1.950, 2016.

FREITAS, José Carlos. Da legalidade dos condomínios fechados. *In*: *Doutrinas Essenciais de Direito Registral*. v. 4, p. 1.095.

FREITAS, José Carlos. Loteamentos clandestinos e suas modalidades fraudulentas: atuação preventiva dos agentes públicos. *Revista de Direito Imobiliário*, v. 48, p. 11-28, jan./jun. 2000.

FUNDAÇÃO JOÃO PINHEIRO. *Relatório Inadequação de domicílios*. Disponível em: https://fjp.mg.gov.br/wp-content/uploads/2021/03/14.05_Relatorio-Inadequacao-de-Domicilios-no-Brasil-2016-2019-versao-2.0_compressed.pdf. Acesso em: 03 ago. 2023.

GABARDO, Emerson. *Princípio constitucional da eficiência administrativa*. São Paulo: Dialética, 2002.

GANEM, Roseli Senna. *As cavidades naturais subterrâneas e o Decreto nº 6.640/2008*. Brasília. Câmara dos Deputados, Consultoria Legislativa, 2009.

GARCÍA DE ENTERRÍA, Eduardo; FERNÁNDEZ, Tomás-Ramón. *Curso de Derecho Administrativo I*. Madrid: Thomson Civitas, 2004.

GARCIA, Paulo. *Terras Devolutas*. Belo Horizonte: Oscar Nicolai, 1958.

GASPARINI, Diogenes. *Alienação de bens públicos*: procedimento. ILC 123/317. Zenite: Curitiba, 2004.

GASPARINI, Diogenes. *Direito Administrativo*. 17. ed. São Paulo: Saraiva, 2012.

GN Engenharia. *Entenda o que significa Valor de Liquidação Forçada*. Disponível em: https://www.gnengenharia.com.br/post/blog-entenda-o-que-significa-valor-de-liquida%C3%A7%C3%A3o-for%C3%A7ada. Acesso em: 04 ago. 2024.

GOMES, Orlando. *Contratos*. 17. ed. Rio de Janeiro: Forense, 1997.

GOMES, Orlando. *Contratos*. 20. ed. Rio de Janeiro: Forense, 2000.

GOMES, Orlando. *Direitos Reais*. 17. ed. Rio de Janeiro: Forense, 2000.

GOMES, Orlando. *Introdução ao Direito Civil*. 12. ed. Rio de Janeiro: Forense, 1996.

GONÇALVES, Carlos Roberto. *Curso de Direito* Civil. v. 3. Contratos e Atos Unilaterais. São Paulo: Saraiva, 2004.

GONÇALVES, Carlos Roberto. *Direito Civil Brasileiro – Direito das Coisas*. v. 5. São Paulo: Saraiva, 2007.

GONÇALVES, Marcus Vinicius Rios. Aspectos relevantes da posse de bens imóveis no Código Civil. *In*: GUERRA, Alexandre; BENACCHIO, Marcelo (coord.). *Direito Imobiliário Brasileiro*. São Paulo: Quartier Latin, 2011. p. 120-127.

GONÇALVES, Pedro Américo Rios. Bem Público – Desafetação – Concessão Real de Uso. *Revista de Direito Administrativo*. v. 193, p. 287-289, 1993.

GONZÁLEZ PÉREZ, Jesús. *El principio general de la buena fe en el derecho administrativo*. 3. ed. Madrid: Civitas.

GRANZIERA, Maria Luiza Machado. *Direito das Águas*. 2. ed. São Paulo: Atlas, 2003.

GUIMARÃES, Fernando Vernalha. *Concessão de serviço público*. 2. ed. São Paulo: Saraiva, 2014.

HORBACH, Carlos Bastide. Dos instrumentos da política urbana. *In*: MEDAUAR, Odete; ALMEIDA, Fernando Dias Menezes. *Estatuto da cidade*: Lei nº 10.257, de 10.07.2001 – comentários. 2. ed. São Paulo: RT, 2004.

JACOBY FERNANDES, Ana Luiza; JACOBY FERNANDES, Jorge Ulisses; JACOBY FERNANDES, Murilo. *Contratação Direta Sem Licitação*. 11. ed. Belo Horizonte: Fórum, 2021. p. 34-35. Edição do Kindle.

JUNQUEIRA, Messias. *O Instituto das Terras Devolutas*. São Paulo: Lael, 1976.

JUSTEN FILHO, Marçal. *Comentários à Lei de Licitações e Contratos Administrativos*. 15. ed. São Paulo: Dialética, 2012.

JUSTEN FILHO, Marçal. *Comentários à Lei de Licitações e Contratos*. 17. ed. São Paulo: Revista dos Tribunais, 2016.

JUSTEN FILHO, Marçal. *Curso de Direito Administrativo*. 8. ed. Belo Horizonte: Fórum, 2012.

JUSTEN FILHO, Marçal. *Teoria Geral das Concessões de Serviço Público*. São Paulo: Dialética, 2003.

KLEIN, Aline Lícia; SARTAL, Estevam Palazzi. Impactos da Lei nº 13.465/17 na Lei nº 8.666/93: alienação de bens públicos para regularização fundiária, p. 65. *In*: CAMBLER, Everaldo Augusto; BATISTA, Alexandre Jamal; ALVES, André Cordelli. *Estatuto Fundiário Brasileiro*: Comentários à Lei nº 13.465/17. São Paulo: IASP. p. 47-71.

LACERDA, Linhares de. *Tratado das Terras do Brasil*. Rio de Janeiro: Alba, 1960.

LIMA, Obéde Pereira. Demarcação dos terrenos de marinha e seus acrescidos. *Revista de Direito Imobiliário*. v. 59, p. 166-193, jul./dez. 2005.

LIMA, Ruy Cirne. *Princípios de Direito Administrativo*. 7. ed. Revista e reelaborada por Paulo Roberto Pasqualini. São Paulo: Malheiros, 2007.

LIMA, Ruy Cirne. *Terras Devolutas – História, Doutrina, Legislação*. Porto Alegre: Globo, 1935.

MACHADO, Paulo Affonso Leme. *Direito Ambiental Brasileiro.* 17. ed. São Paulo, Malheiros, 2009.

MALUF, Carlos Alberto Dabus. As presunções na teoria da prova. *Revista da Faculdade de Direito,* Universidade de São Paulo, v. 79, p. 192-223, 1984.

MALUF, Carlos Alberto Dabus. Comentário ao art. 1.276. In: SILVA, Regina Beatriz Tavares da (coord.). *Código Civil Comentado.* 6. ed. São Paulo: Saraiva, 2008.

MÂNICA, Fernando Borges. A concessão de uso de bem público na Nova Lei de Licitações e seu cabimento para hospitais. *Revista Jurídica da Procuradoria-Geral do Estado do Paraná,* Curitiba, n. 13, p. 11-20, 2022. Disponível em: https://www.pge.pr.gov.br/sites/default/arquivos_restritos/files/documento/2022-07/e-book_pge_revista_juridica_13o_edicao_-_2022_0.pdf#page=11. Acesso em: 11 abr. 2022.

MARQUES NETO, Floriano Azevedo. *Bens Públicos: função social e exploração econômica. O regime jurídico das utilidades públicas.* Belo Horizonte: Fórum, 2009.

MARQUES NETO, Floriano Azevedo. *Concessões.* Belo Horizonte: Fórum, 2016.

MARQUES NETO, Floriano Azevedo. Domínio público estadual e serviço público federal: aspectos jurídicos sobre o uso de bens estaduais para instalações de energia elétrica. *Revista de Direito Público da Economia (RDPE).* Belo Horizonte, a. 5, n. 17, jan./mar. 2007.

MARQUES NETO, Floriano Azevedo. Regime jurídico dos bens públicos empregados na geração de energia. *Revista de Direito Administrativo,* v. 232, p. 333-354, 2003.

MARRARA, Thiago; FERRAZ, Luciano. A boa-fé do administrado e do administrador como fator limitador da discricionariedade administrativa. *Revista de Direito Administrativo,* v. 259, p. 207-247, 2012.

MARRARA, Thiago; FERRAZ, Luciano. Bens públicos na Constituição de 1988: repartição federativa, monopolização e classificação. *A&C – Revista de Direito Administrativo & Constitucional,* v. 18, n. 74, p. 125-146, 2018.

MARRARA, Thiago; FERRAZ, Luciano. Direito Administrativo dos bens e restrições estatais à propriedade. DI PIETRO, Maria Sylvia Zanella (coord.). *Tratado de Direito Administrativo,* v. 3. São Paulo: Revista dos Tribunais, 2014.

MAURER, Harmut. *Direito Administrativo Geral.* Tradução de Luiz Afonso Heck. São Paulo: Manole, 2006.

MAZZILLI, Hugo Nigro. Observações sobre loteamentos. *Revista de Direito Imobiliário,* v. 9, 1982, p. 24-35, jan./jun. 1982.

MEDAUAR, Odete. *Direito Administrativo Moderno.* 16. ed. São Paulo: Revista dos Tribunais, 2012.

MEDEIROS, José Saboia Viriato. Concessão de serviço público – Reversão de bens imóveis. *Revista de Direito Administrativo,* Rio de Janeiro, v. 41, p. 503-522, jan./1955.

MEIRELLES, Hely Lopes. Concessão de serviço público - Reversão - Propriedade de bens. *Revista de Direito Administrativo,* Rio de Janeiro, v. 102, p. 462-473, jan./1970.

MEIRELLES, Hely Lopes. *Direito Administrativo Brasileiro.* 35. ed. São Paulo: Malheiros, 2009.

MEIRELLES, Hely Lopes. *Direito Administrativo Brasileiro.* 40. ed. São Paulo: Malheiros, 2014.

MEIRELLES, Hely Lopes. *Direito Municipal Brasileiro.* 8. ed. São Paulo: Malheiros, 1996.

MEIRELLES, Hely Lopes. *Poder de polícia e segurança nacional. In*: Revista dos Tribunais, v. 61, n 445, p. 287-298, nov./1972.

MELLO, Celso Antônio Bandeira de. *Curso de Direito Administrativo*. 27. ed. São Paulo: Malheiros, 2010.

MELLO, Celso Antônio Bandeira de. O conceito de normas gerais no direito constitucional brasileiro. *Interesse Público – IP*, Belo Horizonte, a. 13, n. 66, mar./abr. 2011. Disponível em: https://www.editoraforum.com.br/noticias/o-conceito-de-normas-gerais-no-direito-constitucional-brasileiro/. Acesso em: 28 jun. 2022.

MELLO, Celso Antônio Bandeira de. Terra Devoluta. Imóvel particular assim qualificado em discriminatória administrativa – inadmissibilidade – origens e histórico da propriedade imobiliária no Brasil. *In*: *Revista de Direito Imobiliário*. v. 4, p. 57, jul./1979.

MELLO, Oswaldo Aranha Bandeira de. Do domínio público sobre os terrenos reservados. *Revista de Direito Administrativo*, n. 1, v. 2, p. 17-42, 1945.

MELLO, Oswaldo Aranha Bandeira de. *Princípios Gerais de Direito Administrativo*. 3. ed. São Paulo: Malheiros. v. 1.

MENDES, Gilmar Ferreira; COELHO, Inocêncio Mártires; BRANCO, Paulo Gustavo Gonet. *Curso de Direito Constitucional*. 4. ed. São Paulo: Saraiva, 2009.

MIRANDA, Jorge. *Manual de direito constitucional*: direitos fundamentais. Tomo IV. Coimbra: Coimbra, 1988.

MIRANDA, Jorge. *Perspectivas constitucionais*: nos 20 anos da Constituição de 1976. Coimbra: Coimbra, 1997. v. 2.

MONDIN, Tito. Mar territorial. *Revista de informação legislativa*. v. 4, n. 15/16, p. 181-216, jul./dez. 1967. Disponível em: https://www2.senado.leg.br/bdsf/bitstream/handle/id/180792/000349483.pdf?sequence=1&isAllowed=yhttps://www2.senado.leg.br/bdsf/bitstream/handle/id/180792/000349483.pdf?sequence=1&isAllowed=y. Acesso em: 3 jun. 2022.

MORAES, Alexandre de. *Direito Constitucional*. 24. ed. São Paulo: Atlas, 2009.

MOREIRA NETO, Diogo de Figueiredo. *Curso de Direito Administrativo*. 15. ed. Rio de Janeiro: Forense, 2009.

MOREIRA, Egon Bockmann; GUIMARÃES, Fernando Vernalha. *Licitação Pública*: A Lei Geral de Licitação (LGL) e o Regime Diferenciado de Contratação (RDC). São Paulo: Malheiros, 2012.

MOREIRA, José Carlos Barbosa. Sentença Executiva? *Revista de Processo*. v. 114, p. 147, mar. 2004.

MESMO com mais de 10 mil imóveis vazios, governo gasta 1,6 bi com aluguel. *BBC News Brasil*, 27 out. 2017. Disponível em: https://www.bbc.com/portuguese/brasil-41719519. Acesso em: 25 set. 2021.

MOTTA, Eduardo Vianna. Bens de uso comum do povo. Natureza Jurídica da relação entre eles e a pessoa de direito público – modos de aquisição. *Doutrinas Essenciais de Direito Civil*, v. 4, p. 1.083-1.191, out. 2010.

MOTTA, Márcia Maria Menendes. Sesmarias e o mito da primeira ocupação. *In*: *Justiça & História*, v. 4, n. 7. 2004.

MULLER, Friedrich. *O novo paradigma do Direito*. 2. ed. São Paulo: RT, 2009.

NAKAMURA, André Luiz dos Santos Nakamura. *Desapropriação*: comentários ao Decreto-Lei nº 3.365/1941. Belo Horizonte: Fórum, 2021.

NAKAMURA, André Luiz dos Santos. Atualidades acerca do regime dos precatórios. *Revista da AGU*, v. 15, n. 2, p. 65-92, maio/2016.

NAKAMURA, André Luiz dos Santos. Doação de bens imóveis pela Administração Pública. *Revista dos Tribunais*, v. 945, p. 17-35, 2014.

NAKAMURA, André Luiz dos Santos. Segurança jurídica, boa-fé e terras devolutas. *Revista da AGU*, v. 16, p. 35-60, 2017.

NALINI, José Renato; LEVY, Wilson. *Regularização Fundiária*. Rio de Janeiro: Forense, 2013.

NIEBUHR, Joel de Menezes. Terrenos de marinha: aspectos destacados. *Revista de Doutrina da 4ª Região*, v. 24, n. 2, 2004.

NOGUEIRA, Rodrigo de Souza. Considerações sobre a alienação de bens públicos móveis no âmbito da Administração Pública Federal. *Publicações da Escola da AGU - Pós-Graduação em Direito Público – PUC/MG*. Disponível em: https://seer.agu.gov.br/index.php/EAGU/article/viewFile/1786/1462https://seer.agu.gov.br/index.php/EAGU/article/viewFile/1786/1462. Acesso em: 6 maio 2019.

NOHARA, Irene Patrícia. *Direito Administrativo*. 9. ed. São Paulo: Atlas, 2019.

NOHARA, Irene Patrícia; CÂMARA, Jacintho Arruda. DI PIETRO, Maria Sylvia Zanella. *Tratado de Direito Administrativo*. Licitações e contratos administrativos. v. 6. São Paulo: Revista dos Tribunais, 2014.

NOVAIS, Jorge Reis. *Direitos Sociais*. Coimbra: Editora Coimbra, 2010.

OLIVEIRA, Antônio Flávio de. Comentários à Lei de Licitações e Contratações Públicas (art. 17). *Fórum de Contratação e Gestão Pública (FCGP)*, Belo Horizonte, ano 10, n. 115, jul./2011. Disponível em: http://bid.editoraforum.com.br/bid/PDI0006.aspx?pdiCntd=74031. Acesso em: 8 abr. 2014.

OLIVEIRA, Rafael Carvalho Rezende. *Curso de Direito Administrativo*. 9. ed. Rio de Janeiro: Forense, 2021, p. 640. Edição do Kindle.

ORTIZ, Gaspar Ariño. A afetação de bens ao serviço público. O caso das redes. *Revista de Direito Administrativo*, Rio de Janeiro, v. 258, p. 11-25, maio/2013.

PAIVA, João Pedro Lamana. Da Moradia à Propriedade. In: MARCHI, Eduardo C. Silveira; KUMPEL, Vitor Frederico; BORGARELLI, Bruno de Ávila. *Regularização Fundiária Urbana*. São Paulo: YK, 2019.

PEGORARI, Bruno. A tese do "marco temporal da ocupação" como interpretação restritiva do direito à terra dos povos indígenas no Brasil: um olhar sob a perspectiva da Corte Interamericana de Direitos Humanos. *Aracê–Direitos Humanos em Revista*, v. 4, n. 5, p. 242-262, 2017.

PENTEADO, Luciano de Camargo. *Direito das Coisas*. 2. ed. São Paulo: Atlas, 2012.

PERNAMBUCO. Lei nº 10.403, de 29 de dezembro de 1989. *Institui os tributos no âmbito do Distrito Estadual de Fernando de Noronha, dispõe sobre a sua competência tributária e dá outras providencias*. Disponível em: https://legis.alepe.pe.gov.br/texto.aspx?tiponorma=1&numero=10403&complemento=0&ano=1989&tipo=&url=https://legis.alepe.pe.gov.br/texto.aspx?tiponorma=1&numero=10403&complemento=0&ano=1989&tipo=&url=. Acesso em: 24 set. 2021.

POMPEU, Cid Tomanik. Aspectos jurídicos da cobrança pela utilização dos recursos hídricos. *Revista de Direito Administrativo*. Rio de Janeiro, v. 196, p. 56-84, abr./1994.

PONTES DE MIRANDA. *Tratado de Direito Privado*. Tomo 11. Campinas: Bookseller, 2001.

PONTES DE MIRANDA. *Tratado de Direito Privado*. Tomo II: Bens. Fatos Jurídicos. 2. ed. Campinas: Bookseller, 2000.

PONTES DE MIRANDA. *Comentários à Constituição de 1967 (com a Emenda nº 1, de 1969)*. 2. ed. Tomo VI. São Paulo: Revista dos Tribunais, 1972.

PONTES DE MIRANDA. *Comentários à Constituição de 1967 (com a Emenda nº 1, de 1969)*. Tomo II. São Paulo: RT, 1970.

PONTES DE MIRANDA. *Comentários à Constituição de 1967 (com a Emenda n° 1, de 1969)*. Tomo I. São Paulo: RT, 1969.

PRADO, Inês Maria dos Santos Coimbra de Almeida. *Instrumentos estatais de outorga de uso privativo de bens públicos*. 208 p. Dissertação (Mestrado). – Direito, Pontifícia Universidade Católica de São Paulo, São Paulo, 2010. Disponível em: https://tede2.pucsp.br/handle/handle/9092. Acesso em: 3 dez. 2021.

RIBAS, Lídia Maria LR; CARVALHO, Luciani Coimbra de. Cavidade natural subterrânea: natureza jurídica. *Interações (Campo Grande)*, v. 10, p. 83-93, 2009.

RIZZARDO, Arnaldo. *Direito das coisas*. 5. ed. Rio de Janeiro: Forense, 2011.

RIZZARDO, Arnaldo. *Manual de Direito Administrativo*. São Paulo: Malheiros, 2013.

RIZZARDO, Arnaldo. *Parte Geral do Código Civil*. 5. ed. Rio de Janeiro: Forense, 2007.

ROCHA, Silvio Luís Ferreira da. *A função social da propriedade pública*. São Paulo: Malheiros, 2005.

ROLNIK, Raquel. Direito à moradia. *Desafios do Desenvolvimento*, n. 51, p. 41, 2009. Disponível em: http://repositorio.ipea.gov.br/bitstream/11058/8264/1/Direito%20%C3%A0%20moradia.pdf. Acesso em: 01 maio 2023.

SAAD, Amauri Feres. Permuta de bens públicos imóveis. *Revista de Direito Administrativo*, v. 265, p. 111-147, 2014.

SABBAGH, Roberta Buendia. Bens públicos e recursos de acesso comum: instituições que influenciam sua conservação nos bairros Cota do Parque Estadual da Serra do Mar de São Paulo. *Revista de Administração Pública*, v. 46, n. 6, p. 1.625-1.647, 2012.

SANTIN, Janaína Rigo; COMIRAN, Rafaela. Direito urbanístico e regularização fundiária. *Revista de Direito da Cidade*, v. 10, n. 3, p. 1595-1621, 2018.

SÃO PAULO. 1º Tribunal de Alçada Civil. Ap. nº 1.201.33441. Rel. Juiz Erbetta Filho.

SÃO PAULO. 1º Tribunal de Alçada Civil/SP. Apelação nº 808.933-02. Rel. Luis Carlos de Barros.

SÃO PAULO. Constituição Estadual, de 5 de outubro de 1989. Disponível em: https://www.al.sp.gov.br/repositorio/legislacao/constituicao/1989/compilacao-constituicao-0-05.10.1989.htmlhttps://www.al.sp.gov.br/repositorio/legislacao/constituicao/1989/compilacao-constituicao-0-05.10.1989.html. Acesso em: 6 out. 2021.

SÃO PAULO. Decreto nº 61.163, de 10 de março de 2015. *Reformula o Sistema de Gestão do Patrimônio Imobiliário do Estado (SGPI) e dá providências correlatas*. Disponível em: https://www.al.sp.gov.br/repositorio/legislacao/decreto/2015/decreto-61163-10.03.2015.htmlhttps://www.al.sp.gov.br/repositorio/legislacao/decreto/2015/decreto-61163-10.03.2015.html. Acesso em: 7 out. 2021.

SÃO PAULO. Lei nº 16.338, de 14 de dezembro de 2016. *Autoriza a alienação dos imóveis que especifica e dá outras providências*. Disponível em: https://www.al.sp.gov.br/repositorio/legislacao/lei/2016/lei-16338-14.12.2016.html. Acesso em: 29 set. 2021.

SÃO PAULO. Lei nº 17.293, de 15 de outubro de 2020. *Estabelece medidas voltadas ao ajuste fiscal e ao equilíbrio das contas públicas e dá providências correlatas*. Disponível em: https://www.al.sp.gov.br/repositorio/legislacao/lei/2020/lei-17293-15.10.2020.htmlhttps://www.al.sp.gov.br/repositorio/legislacao/lei/2020/lei-17293-15.10.2020.html. Acesso em: 9 jun. 2022.

SÃO PAULO. Sistema de Gerenciamento de Imóveis. *SGI*. Disponível em: http://sgi.governo.sp.gov.br/http://sgi.governo.sp.gov.br/. Acesso em: 31 maio 2022.

SÃO PAULO. Tribunal de Justiça. Apelação 9063835-91.2009.8.26.0000. Relator: Osni de Souza. Órgão julgador: 8ª Câmara de Direito Público. Data do julgamento: 09.11.2011.

SÃO PAULO. Tribunal de Justiça. Conselho Superior da Magistratura, Ap. Cív. 9000002-48.2013.8.26.0101.

SÃO PAULO. Tribunal de Justiça. Processo 9000115-83.2012.8.26.0053. Rel. Maria Laura Tavares, 5ª Câmara de Direito Público, julgado em: 28.09.2015.

SCHREIBER, Anderson *et al*. *Código Civil Comentado* – Doutrina e Jurisprudência. Rio de Janeiro: Forense, 2023. Edição do Kindle.

SILVA, João Alfredo Raymundo e. Terrenos de marinha, seus acrescidos e administração municipal. Revista de Direito Público, n. 37-38, jan./jun. 1976.

SILVA, José Afonso. *Comentário Contextual à Constituição*. 4. ed. São Paulo: Malheiros, 2007.

SILVA, José Afonso. *Direito Urbanístico Brasileiro*. 2. ed. São Paulo, Malheiros, 1995.

STARCK, Gilberto; BRAGATO, Fernanda Frizzo. O impacto da tese do marco temporal nos processos judiciais que discutem direitos possessórios indígenas. *Revista Direitos Sociais e Políticas Públicas (UNIFAFIBE)*, v. 8, n. 1, p. 245-282, 2020.

SUNDFELD, Carlos Ari; CÂMARA, Jacintho Arruda. Bens reversíveis nas concessões públicas: a inviabilidade de uma teoria geral. *Revista da Faculdade de Direito – UFPR*, Curitiba, v. 61, n. 2, maio-ago./2016, p. 149-174.

WOLOCHN, Regina Fátima. A função social da propriedade e o Artigo 1276 do Código Civil de 2002. *Revista Jurídica*, v. 1, n. 34, p. 270-288, 2014.

TAVARES, André Ramos. Religião e neutralidade do Estado. *Revista Brasileira de Estudos Constitucionais (RBEC)*, Belo Horizonte, a. 2, n. 5, p. 13-25, jan./mar. 2008.

TEPEDINO, Gustavo. *Comentários ao Código Civil*. v. 14. São Paulo: Saraiva, 2011.

TEPEDINO, Gustavo; BARBOZA, Heloisa Helena; MORAES, Maria Celina Bodin. *Código Civil Interpretado conforme a Constituição da República*. 2. ed. v. 1. Rio de Janeiro: Renovar, 2007.

TEPEDINO, Gustavo; BARBOZA, Heloisa Helena; MORAES, Maria Celina Bodin. *Código Civil Interprestado conforme a Constituição da República*. v. 2. Rio de Janeiro: Renovar, 2006.

ULPIANO. Digesto, Livro 50, Tít. 17, Frag. 54.

VARELA, Laura Beck. *Das Sesmarias à Propriedade Moderna: Um Estudo de História do Direito Brasileiro.* Rio de Janeiro: Renovar, 2005.

VENOSA, Silvio de Salvo. *Código Civil Comentado*. v. 12. Atlas: 2003.

VENOSA, Silvio de Salvo. *Direito Civil*: contratos em espécie. 10. ed. São Paulo: Atlas, 2013.

VIANA, Marco Aurélio S. *In*: TEIXEIRA, Sálvio de Figueiredo. *Comentários ao Novo Código Civil*: dos direitos reais. v. 16. Rio de Janeiro: Forense, 2007.

Esta obra foi composta em fonte Palatino Linotype, corpo 10,5
e impressa em papel Pólen Bold 70g (miolo) e Supremo 250g (capa)
pela Gráfica Star7.